# Kinder und Jugendliche mit Fluchterfahrungen in der Schule

## Impulse für eine inklusive Praxis

Herausgegeben
von

Gesa Markmann / Claudia Osburg

Schneider Verlag Hohengehren GmbH

**Umschlagentwurf:** Gabriele Majer

**Umschlagfoto:** Lea Reinhart

Gedruckt auf umweltfreundlichem Papier (chlor- und säurefrei hergestellt).

---

**Bibliografische Information der Deutschen Nationalbibliothek**

Die Deutsche Nationalbibliothek verzeichnet diese Publikation in der Deutschen Nationalbibliografie; detaillierte bibliografische Daten sind im Internet über ›http://dnb.d-nb.de‹ abrufbar.

---

ISBN 978-3-8340-1593-8
Schneider Verlag Hohengehren, 73666 Baltmannsweiler
Homepage: www.paedagogik.de

Alle Rechte, insbesondere das Recht der Vervielfältigung sowie der Übersetzung, vorbehalten. Kein Teil des Werkes darf in irgendeiner Form (durch Fotokopie, Mikrofilm oder ein anderes Verfahren) ohne schriftliche Genehmigung des Verlages reproduziert werden.
© Schneider Verlag Hohengehren, Baltmannsweiler 2016.
Printed in Germany – Druck: Esser, Bretten

# INHALTSVERZEICHNIS

*GESA MARKMANN & CLAUDIA OSBURG*
Ein Stück des Weges gemeinsam gehen – Vorwort ........... 1

## Teil I: Lebens- und Lernbedingungen

*KATRIN HIRSELAND*
Flucht und Asyl: Aktuelle Entwicklungen ........... 5

*NORA VON DEWITZ*
Rahmenbedingungen der schulorganisatorischen Einbindung
geflüchteter Schülerinnen und Schüler ........... 18

*UTA RIEGER*
Flucht und Ankommen – Warum Kinder ihre Heimat verlassen
und was sie in ihrer neuen Heimat erwartet ........... 30

*KATRIN SCHOCK & LINA HEUER*
Flüchtlingskinder – Auswirkungen von Krieg und Flucht ........... 42

*FRANKA METZNER & CAROLIN MOGK*
Auswirkungen traumatischer Erlebnisse von Flüchtlingskindern
auf die Teilhabemöglichkeiten im Alltagsleben und in der Schule ........... 48

*ANGELA KALMUTZKE & ANDRÉ FRANK ZIMPEL*
Lernen zwischen Willkommensein und Abschiebung ........... 64

*JOACHIM SCHROEDER*
Unterricht im Asylverfahren und in der Duldung ........... 72

*GESA MARKMANN*
Gekommen, um zu bleiben – Ein Interview ........... 79

## Teil II: Lernkontexte

*NATASCHA KHAKPOUR & İNCİ DİRİM*
Deutschförderung unter migrationspädagogischer Perspektive:
Spracharbeit mit Schüler_innen, auch geflüchteten – Umgang mit
Lehrmaterialien ........... 87

*CLAUDIA OSBURG*
Sprache als Lerngegenstand im Unterricht ........... 96

INGELORE OOMEN-WELKE & YVONNE DECKER-ERNST
Ein „Start in Deutsch" für Kinder nach der Flucht ___102

GESA MARKMANN
Sprachliche Strukturen sichtbar machen ___117

BEATE LEßMANN
Heimisch werden in Sprache, Schrift und Klasse ___126

CHRISTINA HEIN
Ein Lapbook: Auf den Spuren von Karlinchen ___132

CHRISTOPH SCHIEFELE
Spiele als Eisbrecher – Erste Begegnungen und Kommunikationsgestaltung mit minimierten Sprachbarrieren ___138

ERBIN DIKONGUE
CHAT der WELTEN Brandenburg – Ein Bildungsprogramm des Globalen Lernens und der Bildung für nachhaltige Entwicklung ___147

## Teil III: Schule und Hochschule entwickeln

RITA PANESAR, KATJA REINECKE & KIRSTEN ULLMANN
Lernchancen für alle! Schulentwicklung als Strategie zur Integration von Schülerinnen und Schülern mit Fluchterfahrung ___161

ANDREA PAHL
Grundschulen auf der Suche nach (globalen) Perspektiven ___177

ANGELIKA FIEDLER & MARTIN GÖRTZ
Kinder mit Fluchterfahrungen an Grundschulen ___180

MIRJAM GERULL, ANNE KRULL & KATHARINA WALDMANN
Schulalltag in Babel – Schulische Integration von Schülerinnen und Schülern mit Fluchterfahrung im Rahmen einer Sprachlernklasse ___187

CHRISTOPH JANTZEN
„Im besten Fall verwebt sich das irgendwie ineinander." Eine Collage zum gesellschaftlichen Engagement von Lehramtsstudierenden in der Spracharbeit mit Geflüchteten ___192

ANDREAS KÖRBER & PATRIZIA SEIDL
Interkulturelles Geschichtslernen 2.0? Aktualisierte und neue Herausforderungen angesichts der Integration Geflüchteter ___197

Autorinnen und Autoren des Werkes ___203

GESA MARKMANN & CLAUDIA OSBURG

# Ein Stück des Weges gemeinsam gehen – Vorwort

Die italienische Ärztin und Reformpädagogin Maria Montessori beobachtete, dass Kinder Entdecker der sie umgebenden Welt sind. „Hilf mir, es selbst zu tun", so formuliert sie das Bedürfnis der Lernenden. In inklusiven Lernkontexten wird dieses Postulat häufig zitiert, denn Montessori zeigt, dass *alle* Kinder die Welt entdecken wollen – unabhängig von ihren individuellen Fähigkeiten und Lebensbedingungen.

Wie aber kann wertschätzende Hilfe aussehen, wenn Helfende und jene, die Hilfe empfangen (sollen), einander fremd sind? Wie begegnen Pädagoginnen und Pädagogen Lernenden, deren Lebenswelten ihnen nicht bekannt sind oder kaum rekonstruierbar scheinen? Im Kontext der Entwicklung einer inklusiven Schule sind dies grundlegende Fragen, die Lehrende seit Langem bewegen. Kinder und Jugendliche, die die Erfahrung der Flucht machen mussten, lassen sie aktueller denn je erscheinen.

Wörter vermögen den Blick zu weiten oder zu verengen, manchmal transportieren sie auch Ideologien. Begriffe formen das Denken, sind machtvoll und rufen Emotionen auf den Plan: Eine ‚Flüchtlingswelle' *überrollt* ‚uns' mit bedrohlicher Kraft, der ‚Flüchtlingsstrom' *reißt* nicht ab, eine ‚Obergrenze' *schützt* Deutschland und zeigt an, wann *das Maß voll ist*. Die Reflexion über Sprache und eine bewusste Wortwahl können helfen, Menschen wertschätzend zu begegnen, statt Ängste zu schüren. Ein sensibler Umgang mit Begriffen ist ein erster Schritt zum Perspektivwechsel. Er verändert Situationen nicht, kann jedoch ein Fundament für Wertschätzung schaffen.

Neben den Kindern und Jugendlichen benötigen auch Pädagoginnen und Pädagogen Unterstützung, um der aktuellen Situation gerecht zu werden. Wir, die Herausgeberinnen, haben deshalb Autorinnen und Autoren unterschiedlicher Expertise eingeladen, über ihre Erfahrungen und

Konzepte zu berichten. Das so entstandene Buch gliedert sich in drei Abschnitte:

Im ersten Teil werden *Lebens- und Lernbedingungen* beleuchtet. Leserinnen und Leser bekommen Einblicke in Zahlen und Beobachtungen zu Flucht und Asyl, erhalten Informationen zu aktuellen Beschulungsformen, Fluchtmotiven und Auswirkungen traumatischer Erlebnisse. Sie blicken in Erlebenswelten von Menschen mit Fluchterfahrungen. Wie werden sie „willkommen geheißen", wie „abgeschoben", wie erleben sie diese Situationen?

Im zweiten Teil werden *Lernkontexte* thematisiert. Wie können Kinder und Jugendliche dabei unterstützt werden, (in der Sprache) anzukommen, mit anderen in Kontakt zu treten, Strukturen der Sprache zu entdecken und in ihr heimisch zu werden? Welche Angebote können Lehrende machen, um Lernenden einen Perspektivwechsel zu ermöglichen?

Für *Schule und Hochschule* ergeben sich aus der derzeitigen Situation Konsequenzen, die im dritten Teil diskutiert werden. Bestehende Systeme werden hinterfragt, verändert, fortgeführt, aber auch neu gedacht. Viele Lehrende haben sich den Herausforderungen bereits gestellt und berichten über Chancen und Hindernisse. Hochschulen begeben sich auf den Weg der Öffnung, um Angebote für Studierende zu optimieren.

Dieses Buch bietet Impulse, die es ermöglichen, die Lebenswelten aller Beteiligten besser zu verstehen und die Perspektive zu wechseln. Ziel ist, Akteurinnen und Akteure von Schule dabei zu unterstützen, es – wie Maria Montessori sagt – „selbst zu tun". Die Verantwortlichkeit des Tuns liegt bei jedem Einzelnen – doch im Austausch lässt sich ein Stück des Weges gemeinsam gehen.

# Teil I:
# Lebens- und Lernbedingungen

KATRIN HIRSELAND[1]

# Flucht und Asyl: Aktuelle Entwicklungen

## 1. Flüchtlinge weltweit: Daten und Trends

Die Statistik bestätigt, was wir fast täglich in den Nachrichten sehen: Die Zahl der Flüchtlinge steigt. 2013 waren es weltweit 51 Millionen Menschen, nur ein Jahr später ist ihre Zahl auf fast 60 Millionen gestiegen, die höchste Zahl, die der Hohe Flüchtlingskommissar der Vereinten Nationen (UNHCR) jemals verzeichnet hat. Für 2015 liegen noch keine abschließenden Daten vor, es ist jedoch davon auszugehen, dass die Zahl der Flüchtlinge weltweit erneut gestiegen ist.

Die Mehrzahl der Vertriebenen sucht dabei Schutz im eigenen Land. Rund ein Drittel, 19,5 Millionen, haben dagegen ihr Land verlassen. Einen Asylantrag, d.h. einen Antrag auf Schutz in einem anderen Land, stellt jedoch nur ein Teil von ihnen: Weltweit befanden sich Ende 2014 1,8 Millionen Menschen in einem Asylverfahren.

**Warum und aus welchen Ländern fliehen die Menschen?**

Allein in der ersten Jahreshälfte 2015 sind rund 5 Millionen Menschen geflohen, insbesondere aus den Bürgerkriegsregionen des Nahen Ostens und Afrikas. Sie fliehen vor gewaltsamen Konflikten, Menschenrechtsverletzungen oder politischer, ethnischer und religiöser Verfolgung – Gründe, die es nach der Genfer Flüchtlingskonvention ermöglichen, sie als Flüchtling in einem anderen Land anzuerkennen. Kinder sind in diesen Situationen häufig besonders gefährdet, sie laufen etwa Gefahr, als Kindersoldaten rekrutiert, zur Zwangsarbeit eingesetzt oder zwangsverheiratet zu werden.

Insbesondere die Kriege und Unruhen in Syrien und dem Nordirak haben die regionalen Schwerpunkte der Fluchtbewegungen verschoben: Seit 2014 hat Syrien Afghanistan als Hauptherkunftsland abgelöst. Ende

---

[1] Der Beitrag gibt ausschließlich die persönliche Meinung der Autorin wieder.

2015 hatten rund 4,6 Millionen syrische Flüchtlinge ihr Land verlassen und waren beim UNHCR registriert (UNHCR 2016). Afghanistan ist mit 2,6 Millionen Flüchtlingen nun das zweitgrößte Herkunftsland, gefolgt von Somalia (1,1 Millionen), dem Südsudan (740.000), dem Sudan (640.000), der Demokratischen Republik Kongo (535.000), Myanmar (460.000) oder Eritrea (380.000) (UNHCR 2015a).

In den letzten Jahren ist auch die Zahl derjenigen Menschen gewachsen, die ihre Heimat aufgrund extremer Naturereignisse oder einer wirtschaftlich schlechten Situation und Perspektivlosigkeit verlassen, viele von ihnen auf denselben Wegen wie Asylsuchende. Auch ihre Motive sind verständlich und nachvollziehbar, sie sind jedoch kein Grund für internationalen Schutz. Diese Vermischung von Flucht- und anderen Migrationsbewegungen (mixed migration) hat in den letzten Jahren zugenommen (vgl. z.B. Angenendt 2015).

**Wohin fliehen die Menschen?**

Mitte 2015 hatten nach Angaben des UNHCR 169 Staaten Flüchtlinge aufgenommen. Angesichts der aktuellen Debatte in der Europäischen Union (EU) kann man den Eindruck gewinnen, ein überwiegender Teil der Flüchtlinge würde in Europa Schutz suchen. Dieser Eindruck täuscht jedoch. Die meisten Vertriebenen bleiben innerhalb oder in der Nähe ihres Heimatlandes. So haben zwar 100 Länder syrische Flüchtlinge aufgenommen, die Hauptlast schultern jedoch die Nachbarländer Syriens. Bis heute sind 1,1 Millionen Syrer in den Libanon geflohen, 2,5 Millionen sind in der Türkei registriert und 630.000 in Jordanien (UNHCR 2016).

Der weitaus größte Teil der Flüchtlinge findet damit Zuflucht in armen Regionen, deren ökonomische und soziale Rahmenbedingungen für die Unterstützung einer großen Zahl schutzsuchender Menschen deutlich schlechter sind als die der Industriestaaten. Knapp neun von zehn Flüchtlingen (86%) befanden sich 2014 in Ländern, die als wirtschaftlich weniger entwickelt gelten.

Besonders deutlich wird dies, wenn man die Zahl der Flüchtlinge ins Verhältnis zur Gesamtbevölkerung eines Landes setzt: Mit 209 Flüchtlingen pro 1.000 Einwohner war der Libanon Mitte 2015 das Land mit der größten Dichte an Flüchtlingen, gefolgt von Jordanien (90 Flüchtlinge pro 1.000 Einwohner) und dem Tschad (31 Flüchtlinge pro 1.000 Einwohner). Unter den zehn Ländern mit dem höchsten Verhältnis von Flüchtlingen zur Bevölkerung waren Mitte 2015 nur zwei EU-Länder: Schweden und Malta mit jeweils 15 Flüchtlingen pro 1.000 Einwohner (UNHCR 2015a, S. 8).

**Kinder und Jugendliche auf der Flucht**

Nicht von allen Flüchtlingen liegen demographische Daten vor. Der UNHCR geht jedoch davon aus, dass von den rund 60 Millionen Flüchtlingen im Jahr 2014 51% jünger als 18 Jahre waren, 2009 waren es noch 41%. In der EU waren 2014 rund ein Viertel der Asylsuchenden jünger als 18. Besonders hoch ist dabei weltweit der Anteil von Kindern und Jugendlichen unter den syrischen Bürgerkriegsflüchtlingen.

Viele Kinder und Jugendliche sind gemeinsam mit ihren Eltern auf der Flucht. In den letzten Jahren ist jedoch auch die Zahl der unbegleiteten minderjährigen Flüchtlinge gestiegen. Nach Angaben des UNHCR haben 2014 in 82 Ländern weltweit rund 34.300 unbegleitete Minderjährige einen Asylantrag gestellt, überwiegend aus Afghanistan, Syrien, Eritrea und Somalia (UNHCR 2015b, S. 3), rund 23.000 von ihnen in einem Mitgliedstaat der EU (Eurostat 2015). Mit insgesamt einem Drittel der weltweiten Anträge von unbegleiteten Minderjährigen waren Deutschland und Schweden die Länder, die 2014 die meisten dieser jungen Flüchtlinge aufgenommen haben. 2015 – abschließende Daten liegen noch nicht vor – wird sich ihre Zahl weltweit weiter erhöht haben.

**2. Flüchtlinge in der Europäischen Union: Daten und Entwicklungen**

Ein im weltweiten Vergleich kleiner, aber wachsender Teil der Flüchtlinge sucht Schutz in der EU. 626.700 Menschen haben 2014 in einem EU-

Mitgliedstaat Asyl beantragt (davon 536.000 Erstanträge) – ein Anstieg um 45% im Vergleich zu 2013 und der höchste Wert seit 1992. Eine Ursache hierfür ist die stark gestiegene Zahl von Flüchtlingen, die in Booten das Mittelmeer überqueren. Nach Angabe des UNHCR haben 2015 über eine Millionen Menschen Europa über den Meerweg erreicht, häufig auf völlig untauglichen Schleuser-Booten und unter Einsatz ihres Lebens; 2014 waren es noch 218.000. Viele dieser Menschen hatten zunächst in Ländern in ihrer Herkunftsregion Schutz gesucht, unter ihnen waren ganz überwiegend Syrer (50%) und Afghanen (20%) (UNHCR 2015c).

Im Jahr 2015 hat die Zahl der Asylanträge in der EU erneut deutlich zugenommen. Von Januar bis September 2015 wurden 863.405 Anträge gestellt, bereits rund 38% mehr als im gesamten Jahr 2014. Insbesondere seit Sommer 2015 ist ihre Zahl stark angewachsen: Im dritten Quartal 2015 beantragten 413.800 Menschen erstmals Schutz in einem Mitgliedstaat der EU und damit fast doppelt so viele wie im zweiten Quartal (hier und im Folgenden: Eurostat 2015. Zahlen für das vierte Quartal liegen noch nicht vor).

Die Asylsuchenden in der EU sind ungleichmäßig verteilt. Fünf EU-Staaten haben von Januar bis September 2015 zusammen über 75% aller erstmaligen Asylbewerber in der EU aufgenommen: Deutschland (262.360 bzw. 32%), Ungarn (173.565 bzw. 21%), Schweden (68.235 bzw. 8%), Italien (58.530 bzw. 7%) und Frankreich (55.695 bzw. 7%). Rund jeder dritte Asylantrag in der EU wurde damit in Deutschland gestellt. Mit Blick auf Ungarn ist dabei festzustellen, dass nur ein geringer Anteil der Personen, die dort Asyl beantragen, in Ungarn auch tatsächlich ihr Verfahren betreibt. Die Mehrheit der Antragsteller reist nach der Registrierung durch die ungarischen Behörden weiter – Ungarn ist ganz überwiegend ein Transitland.

**Woher stammen die Schutzsuchenden in der EU?**

Eine genauere Betrachtung der einzelnen EU-Staaten in Bezug auf die jeweils dominierenden Herkunftsländer zeigte noch im Jahr 2014 deutliche Unterschiede: Während etwa in Frankreich die größte Gruppe der Asylsuchenden aus der Demokratischen Republik Kongo und die an dritter Stelle aus Bangladesch stammten, spielten diese Herkunftsländer in Deutschland kaum eine Rolle. Ähnlich verhielt es sich mit Italien, wo 2014 an erster Stelle Flüchtlinge aus Nigeria und an zweiter Stelle aus Mali standen – Herkunftsländer, aus denen in anderen EU-Staaten kaum Flüchtlinge ankommen.

Im Jahr 2015 führten jedoch in fast allen EU-Mitgliedstaaten Syrien und der Irak die Liste der Hauptherkunftsländer an und spiegelten damit die verschlechterte Situation in den beiden Ländern selber sowie in den angrenzenden Regionen wider, in denen sich ein Großteil der syrischen und irakischen Schutzsuchenden zunächst geflüchtet hatte. Eine Ursache dafür, dass die Menschen nicht in der Region bleiben, ist die verschlechterte Lage in den Flüchtlingslagern rund um Syrien und den Irak. Die Mittel der UN-Hilfsorganisationen für die humanitäre Hilfe reichten zuletzt nicht mehr aus, um die vielen Menschen zu ernähren und ihnen Bildung und Ausbildung und damit eine Perspektive zu ermöglichen. 2015 ging weniger als die Hälfte des benötigten Geldes ein, es entstand eine Finanzierungslücke von über 10 Milliarden Dollar.

Die Zahl der Asylsuchenden aus Syrien in der EU stieg von 50.000 im Jahr 2013 auf nahezu 123.000 im Jahr 2014 und 211.000 von Januar bis September 2015 (Erstanträge). Sie machten in der EU in den ersten drei Quartalen 2015 damit 26% aller Asylbewerber aus. An zweiter Stelle stand Afghanistan (96.575 Asylbewerber bzw. 12%). Schutzsuchende aus diesen beiden Ländern stellten insbesondere in Ungarn, Deutschland und Schweden einen Asylantrag (für Ungarn gilt auch hier die oben gemachte Einschränkung über den tatsächlichen Verbleib der Schutzsuchenden im Land).

**Asylbewerber in der EU – Top Ten Herkunftsländer 2014 und 2015**

| Rang | Herkunftsland | 2014 | Rang | Herkunftsland | Jan.-Sept.2015 |
|---|---|---|---|---|---|
| 1 | Syrien | 122.115 | 1 | Syrien | 211.251 |
| 2 | Afghanistan | 41.370 | 2 | Afghanistan | 96.575 |
| 3 | Kosovo | 37.895 | 3 | Irak | 65.650 |
| 4 | Eritrea | 36.925 | 4 | Kosovo | 63.455 |
| 5 | Serbien | 30.840 | 5 | Albanien | 52.305 |
| 6 | Pakistan | 22.125 | 6 | Pakistan | 35.395 |
| 7 | Irak | 21.310 | 7 | Eritrea | 24.025 |
| 8 | Nigeria | 19.970 | 8 | Nigeria | 21.646 |
| 9 | Russ. Föderation | 19.815 | 9 | Serbien | 15.715 |
| 10 | Albanien | 16.825 | 10 | Somalia | 14.525 |

Quelle: Eurostat

Neben der wachsenden Zahl von Schutzsuchenden aus den (Bürger)Kriegsregionen war in der EU in den letzten Jahren eine weitere Entwicklung besonders kennzeichnend: Ein plötzlicher und unerwarteter Zugang von Antragstellern aus europäischen Ländern, die einen Beitritt in die EU anstreben. Diese Menschen sind in der Regel nicht verfolgt und haben daher zumeist nur eine sehr geringe Aussicht auf Anerkennung ihres Asylantrags. Ab Sommer 2012 war zunächst ein starker Anstieg von Asylsuchenden aus Serbien, Mazedonien und Bosnien-Herzegowina zu verzeichnen, der bis Ende 2014 anhielt. Anfang 2015 nahm für einige Monate die Zahl der Antragsteller aus dem Kosovo unerwartet stark zu, wenige Monate später aus Albanien. Betroffen hiervon waren insbesondere Ungarn (überwiegend als Transitland), Österreich und Deutschland (allein aus dem Kosovo kamen 2015 in Deutschland 37.095 Antragsteller, aus Albanien 54.762 (Bundesamt für Migration und Flüchtlinge 2016)). In ihren Asylanhörungen nennen die Menschen aus diesen Ländern ganz überwiegend Armut, schwierige Lebensbedingungen und den Wunsch nach einer besseren Zukunft für ihre Familie als Motive für ihren Asylantrag. Auch wenn diese Gründe persönlich nachvollziehbar sind, bilden sie keinen Rechtsgrund für internationalen Schutz. Als abgelehnte Asylbewerber sind die Menschen ausreisepflichtig.

## Die Asyl-Praxis in der EU

Die EU hat in den letzten Jahren viele Schritte hin zu einem *Gemeinsamen Europäischen Asylsystem* unternommen. Sie will durch einheitliche Standards sicherstellen, dass Asylsuchende in jedem EU-Mitgliedstaat ein faires und nach einheitlichen Regeln durchgeführtes Asylverfahren erwarten können. Hierzu hat die EU ein umfangreiches Regelwerk entwickelt, das von den Mitgliedstaaten umzusetzen ist (Europäische Kommission 2015). Es beruht insbesondere auf

- der Asylverfahrensrichtlinie, die den rechtlichen Rahmen für gerechtere, schnellere und qualitativ bessere Asylentscheidungen abstecken soll;
- der Richtlinie über die Aufnahmebedingungen, mit der sichergestellt werden soll, dass in der gesamten EU humane Aufnahmebedingungen für Asylsuchende gelten;
- der Anerkennungsrichtlinie, die Gründe für die Gewährung von Schutz definiert.

Trotz des einheitlichen EU-Regelwerkes gibt es Unterschiede zwischen den Mitgliedstaaten, etwa bei der Unterbringung der Asylsuchenden, bei der Verfahrensdauer oder bei der Entscheidungspraxis zu einzelnen Herkunftsländern. So hat beispielsweise ein Asylsuchender aus Sri Lanka im Vereinigten Königreich wesentlich geringere Chancen auf eine Anerkennung als in Frankreich (Eurostat 2015).

EU-weit wurden 2014 360.000 Entscheidungen über Erstanträge getroffen. 45% der Anträge wurden dabei in erster Instanz positiv entschieden: 163.000 Menschen erhielten in der EU einen Flüchtlingsstatus, einen subsidiären Schutzstatus oder einen Aufenthaltsstatus aus humanitären Gründen (d.h. ein Abschiebeverbot). 41% aller positiven Entscheidungen entfielen dabei auf syrische Antragsteller. In den ersten 9 Monaten des Jahres 2015 wurde der Wert des gesamten Jahres 2014 mit 374.410 Entscheidungen bereits übertroffen, 175.150 bzw. 47% davon waren positiv (Eurostat).

*Exkurs: Wer ist in der EU zuständig für die Bearbeitung eines Asylantrags?*
Die so genannte Dublin-Verordnung, die gegenwärtig in ihrer 3. Fassung (Dublin III) gilt, regelt, welcher Mitgliedstaat für die Entscheidung eines Asylantrags zuständig ist. Sie sieht vor, dass ein Asylsuchender, der in einem Unterzeichnerstaat der Verordnung bereits einen Asylantrag ge-

stellt hat oder dort registriert wurde, nicht gleichzeitig in einem anderen EU-Land ein Asylverfahren durchführen kann. Der Antrag muss in diesem Fall von dem Staat bearbeitet und entschieden werden, in dem zunächst Asyl beantragt wurde. Die Dublin-Verordnung gilt für die Mitgliedstaaten der EU, Norwegen, Island, Liechtenstein und die Schweiz.

In der Umsetzung führt das Prinzip der Dublin-Verordnung zu Schwierigkeiten, denn die Zahl der Asylsuchenden, die nicht in dem Staat Asyl beantragen wollen, den sie in der EU als erstes betreten haben, wächst und ihre Rücküberstellung an den eigentlich zuständigen Staat gelingt nur teilweise.

In den letzten Jahren hat sich eine Diskussion über Alternativen zum Dublin-System entwickelt (vgl. etwa Angenendt 2015). Nichtstaatliche Organisationen kritisieren die Dublin-Regelung und plädieren dafür, das Asylverfahren in dem Staat durchführen zu lassen, den der Betreffende sich selbst aussucht. Bei aller Kritik am Dublin-System fehlt es jedoch bis dato an praktikablen Vorschlägen, die das gegenwärtige System erfolgversprechend ablösen könnten.

## Das Jahr 2015: Eine besondere Herausforderung für die Mitgliedstaaten der EU

Die im Jahr 2015 kurzfristig stark gestiegene Zahl der Asylsuchenden in der EU hat in vielen Mitgliedstaaten vorübergehend zu Engpässen bei der Unterbringung und Versorgung geführt. Viele EU-Staaten haben daraufhin neue Aufnahmeeinrichtungen errichtet und Notfallmaßnahmen initiiert. Um langfristig für größere Gruppen von Asylsuchenden vorbereitet zu sein, flexibler reagieren und Anträge schneller bearbeiten zu können, nehmen einige EU-Staaten gegenwärtig Umstrukturierungen ihrer Asylverwaltungen vor, stellen zusätzliches Personal ein und organisieren die Aufgabenwahrnehmung im Bereich Asylverfahren, Unterbringung und Versorgung von Asylsuchenden neu. Neben Personalzuwachs und organisatorischen Änderungen haben einige EU-Mitgliedstaaten auf die wachsende Zahl von aussichtslosen Asylsuchenden aus den Ländern des

Westbalkans damit reagiert, ihre Listen sicherer Herkunftsstaaten zu erweitern, so auch Deutschland.

Vor dem Hintergrund dieser Entwicklungen hat die Europäische Kommission im Mai 2015 ihre „Europäische Migrationsagenda" vorgelegt und in der Folge umfangreiche Maßnahmen eingeleitet, um die Mitgliedstaaten bei der Aufnahme von Asylsuchenden zu unterstützen und die Asylzuwanderung in die EU besser zu steuern. Hierzu gehören u.a. Sofortmaßnahmen zur Rettung von Menschenleben auf See und zur Bekämpfung krimineller Schleusernetze, die Umverteilung von 160.000 schutzbedürftigen Menschen aus den am stärksten betroffenen Mitgliedstaaten, die Einrichtung so genannter Hotspots – Auffanglager - an den EU-Außengrenzen in Italien und Griechenland und ein Aktionsplan zur Rückkehr abgelehnter Asylsuchender (European Asylum Support Office 2015, S. 3). Durch das EU-Katastrophenschutzverfahren wird Ländern zudem praktische Unterstützung geboten in Form von Teams, Ausrüstung, Unterkünften, medizinischer Versorgung und sonstiger Hilfsgüter. Derzeit nehmen Serbien, Slowenien und Kroatien diese Hilfe in Anspruch.

### 3. Und Deutschland?

Von 1990 bis Ende 2015 haben rund 3,2 Millionen Menschen in Deutschland einen Asylantrag gestellt (Erst- und Folgeanträge). Nach dem Höchststand 1992 mit 438.000 Anträgen ging ihre Zahl zurück bis auf 28.000 Erst- und Folgeanträge in 2007. Von heute aus betrachtet erscheint diese Zahl klein – gegenwärtig stellen in einem Monat zumeist mehr Menschen einen Antrag auf Schutz in der Bundesrepublik Deutschland als im Jahr 2007 zusammen.

Seit 2008 wächst die Zahl der Asylsuchenden in Deutschland wieder kontinuierlich an. 2014 wurden 202.834 Asylanträge beim Bundesamt für Migration und Flüchtlinge (BAMF) gestellt, über sieben Mal so viele wie noch sechs Jahre zuvor. 2015 waren es 476.649, ein erneuter Anstieg um 135% (BAMF 2016). Rund 70% der Antragsteller waren 2015 männlich, 71% waren jünger als 30 Jahre.

Allein aus Syrien, Afghanistan, Iran, Irak, Eritrea und Somalia ist die Zahl der Anträge in Deutschland seit 2008 drastisch gestiegen. Aus Syrien haben seit Beginn des Bürgerkriegs 2011 bis Ende 2015 rund 230.000 Menschen einen Asylantrag in Deutschland gestellt. In absoluten Zahlen ist Deutschland in der EU und weltweit damit das Land, das die meisten Asylanträge entgegennimmt. Im Verhältnis zur Bevölkerung steht es mit gegenwärtig 5,8 Antragstellern pro 1.000 Einwohner jedoch nicht an der Spitze der EU-Staaten (2014: 2,5).

**Asylbewerber in Deutschland – Top Ten Herkunftsländer 2015**

| Rang | Herkunftsland | 2015 | Vorjahres-Rang | 2014 |
|---|---|---|---|---|
| 1 | Syrien | 162.510 | 1 | 41.100 |
| 2 | Albanien | 54.762 | 9 | 8.113 |
| 3 | Kosovo | 37.095 | 6 | 8.923 |
| 4 | Afghanistan | 31.902 | 4 | 9.673 |
| 5 | Irak | 31.379 | 5 | 9.499 |
| 6 | Serbien | 26.945 | 2 | 27.148 |
| 7 | Mazedonien | 14.131 | 7 | 8.906 |
| 8 | Ungeklärt | 12.166 | - | - |
| 9 | Eritrea | 10.990 | 3 | 13.253 |
| 10 | Pakistan | 8.472 | - | - |

Quelle: Bundesamt für Migration und Flüchtlinge

Im Jahr 2015 waren rund 27% bzw. 117.000 Antragsteller unter 16 Jahren, weitere 5% bzw. gut 20.000 zwischen 16 und 18 Jahren alt. Während der Anteil von männlichen und weiblichen Kindern und Jugendlichen bei den unter 16jährigen relativ ausgeglichen ist, zeigt sich bei den 16 bis 18jährigen ein anderes Bild: 80% der jugendlichen Antragsteller in dieser Altersgruppe sind männlich.

Die Mehrzahl der geflüchteten Kinder und Jugendlichen kommt gemeinsam mit ihren Eltern nach Deutschland. Rund 3 % aller Erstantragsteller waren 2015 jedoch unbegleitete Minderjährige. Von 2010 bis 2015 ist ihre Zahl kontinuierlich angestiegen. Mit rund 14.400 Anträgen lag sie 2015 230 % über dem Vorjahr (4.400 Anträge). Nur ein Teil der unbegleiteten minderjährigen Flüchtlinge in Deutschland stellt jedoch einen Asylantrag, für viele werden andere aufenthaltsrechtliche Möglichkeiten gefunden. Hauptherkunftsländer der unbegleiteten Jugendlichen sind gegenwärtig Afghanistan, Syrien, Eritrea und der Irak – ähnlich wie bei der Gesamtheit der Anträge im Jahr 2015. Im Asylverfahren gelten für sie besondere Regelungen im Vergleich zu den Erwachsenen, denn sie zählen zu den so genannten vulnerablen Gruppen, denen insbesondere nach der neuen EU-Verfahrensrichtlinie besondere Verfahrensgarantien zustehen. Beispielsweise werden ihre Anhörungen von besonders geschultem Personal des BAMF, so genannten Sonderbeauftragten, durchgeführt (vgl. ausführlich Praschma 2015).

In den letzten Jahren ist auch die Zahl der Antragsteller aus Ländern gewachsen, in denen wirtschaftlich schwierige Situationen und eine hohe Arbeitslosigkeit herrschen. Zu nennen ist hier insbesondere die unvorhersehbare, sprunghafte Zunahme der Anträge aus den Westbalkanländern Serbien, Mazedonien und Bosnien-Herzegowina ab Sommer 2012 sowie aus dem Kosovo und Albanien im Frühjahr 2015 (s.o.). Diese Menschen haben ganz überwiegend keine Aussicht auf Schutz in Deutschland und müssen nach einer negativen Asylentscheidung in ihr Herkunftsland zurückkehren. Aufgrund der geringen Erfolgsaussichten ist die Zahl der Antragsteller aus diesen Ländern mittlerweile wieder stark zurückgegangen (ausführlicher vgl. Hirseland 2015, S. 22).

Eine Besonderheit gilt für das Jahr 2015: Die Zahl der in jenem Jahr in Deutschland als asylsuchend registrierten Personen lag tatsächlich deutlich über der Zahl der gestellten Anträge: Rund 1,1 Millionen Menschen wurden 2015 nach ihrer Einreise in Deutschland als Asylsuchende registriert. Aufgrund dieser großen Zahl entstanden zum Teil Wartezeiten bei der eigentlichen Asyl-Antragstellung. Dies und der Umstand, dass nicht alle Asylsuchenden nach ihrer Registrierung wirklich auch in Deutschland bleiben wollen, erklärt die niedrigere Zahl der Asylanträge.

**Wer erhält Schutz in Deutschland, wer nicht?**

Die Schutzquote und damit der Anteil der Menschen, die als Asylberechtigte bzw. anerkannte Flüchtlinge oder aufgrund von subsidiärem Schutz bzw. Abschiebeschutz in Deutschland bleiben können, lag im Jahr 2014 bei 31,5 %. 2015 hat das BAMF mit fast 283.000 Entscheidungen über 120% mehr Asylanträge entschieden als 2014. Angesichts der hohen Antragszahlen von Menschen aus unsicheren Herkunftsländern bzw. -regionen wie Syrien, dem Nordirak oder Eritrea ist die Schutzquote dabei auf fast 50% gestiegen: Von den 282.726 Entscheidungen waren 140.915 positiv. Besonders niedrig sind die Schutzquoten dabei für die Westbalkanstaaten oder für nordafrikanische Länder, hier liegen selten Schutzgründe vor.

Rund 92.000 Mal hat das BAMF 2015 negativ über Asylanträge entschieden. Abgelehnte Asylsuchende müssen Deutschland verlassen. Im Jahr 2015 sind gut 37.000 von ihnen freiwillig über vom Bund finanzierte Rückkehrprogramme in ihr Herkunftsland zurückgekehrt. Rückführungen von abgelehnten Asylbewerbern, die nicht freiwillig ausgereist sind, fanden 2015 rund 21.000 Mal statt. In beiden Fällen waren mehrheitlich abgelehnte Asylsuchende aus den Westbalkan-Staaten betroffen.

**4. Ausblick**

Die humanitären Krisen der letzten Jahre werden aller Voraussicht auch in 2016 keine kurzfristigen Lösungen finden. Aus den Krisenregionen der Welt – Syrien, Eritrea, Somalia, dem Südsudan oder dem Irak – werden daher auch weiterhin Menschen zu uns kommen, die Schutz bedürfen.
Damit eine bessere Steuerung der Asylzuwanderung gelingt, müssen sowohl die auf EU-Ebene getroffenen Maßnahmen zügig und gemeinschaftlich umgesetzt werden als auch die einzelnen EU-Mitgliedstaaten ihre Asylsysteme auf die neuen Anforderungen ausrichten. In Deutschland wurden hierzu unterschiedliche Initiativen angestoßen. Neben der Personalaufstockung des Bundesamts für Migration und Flüchtlinge zur schnelleren Bearbeitung der Asylanträge werden dabei insbesondere ein neues Registrierungssystem und ein damit verbundener, neu entwickel-

ter Ankunftsnachweis für Flüchtlinge eine deutliche Verbesserung bringen. Entscheidend wird es nach wie vor sein, die Fluchtursachen in den Herkunftsregionen zu bekämpfen und den Menschen vor Ort eine Perspektive zu geben. Anfang Februar 2016 hat die internationale Gemeinschaft vor diesem Hintergrund im Rahmen einer Geberkonferenz rund weitere elf Milliarden US-Dollar zur Lösung der Flüchtlingskrise in Syrien und den Nachbarländern zugesagt. Deutschland beteiligt sich bis 2018 mit 2,3 Milliarden Euro (zusätzlich zu den seit 2012 bereitgestellten 1,3 Milliarden Euro) (Bundesregierung 2016). Mit den neuen Finanzhilfen versucht die internationale Gemeinschaft zu verhindern, dass sich noch mehr Menschen auf den gefährlichen Weg nach Europa machen und dabei ihr Leben riskieren.

## Literatur

Angenendt, Steffen (2015): Wege zu einer kohärenten Politik. In: Aus Politik und Zeitgeschichte 23/2015, S. 8-17.
Bundesamt für Migration und Flüchtlinge (2016): Asylgeschäftsstatistik für den Monat Dezember 2015 und das Berichtsjahr 2015. http://www.bamf.de/SharedDocs/Anlagen/DE/Downloads/Infothek/Statistik/Asyl/201512-statistik-anlage-asyl-geschaeftsbericht.html?nn=1694460 (10.01.2016).
Bundesregierung (2016): https://www.bundesregierung.de/Content/DE/Reiseberichte/2016-02-04-syrien-konferenz-london.html (12.2.2016)
Europäische Kommission (2015): Das Gemeinsame Europäische Asylsystem. Brüssel.
European Asylum Support Office (2015): Jahresbericht 2014. Anhang: Wichtigste Erkenntnisse des Jahresberichts 2014 des EASO über die Asylsituation in der EU. https://easo.europa.eu/wp-content/uploads/Annex_DE_key.pdf (10.01.2016)
Eurostat (2015): Asylum Statistics. http://ec.europa.eu/eurostat/statistics-explained/index.php/Asylum_statistics (10.01.2016)
Hirseland, Katrin (2015): Aktuelle Zahlen und Entwicklungen. In: Aus Politik und Zeitgeschichte 23/2015, S. 17-25.
Praschma, Ursula Gräfin (2015): Aufenthaltssicherung für unbegleitete Minderjährige. In: Jugendhilfe 2/2105, S. 105-110.
UNHCR (2015a): UNHCR Mid-Year Trends 2015. Genf.
UNHCR (2015b): World at War. UNHCR Global Trends. Forced Displacement in 2014. Genf.
UNHCR (2015c): Press release: A million refugees and migrants flee to Europe in 2015. http://unhcr.org/567918556.html (20.01.2016)
UNHCR (2016): Datenportal Syrien. http://data.unhcr.org/syrianrefugees/regional.php (09.02.2015)

NORA VON DEWITZ

# Rahmenbedingungen der schulorganisatorischen Einbindung geflüchteter Schülerinnen und Schüler

## 1. Einleitung

Zuwanderung nach Deutschland wird in der medialen Debatte aktuell sehr stark auf den Kontext ‚Flucht' bezogen. „Wie gut sind Schulen auf Flüchtlinge vorbereitet?" (Kühne/ Warnecke/ Burchard 2015) und vergleichbare Fragen werden sowohl mit Blick auf den Spracherwerb der Kinder und Jugendlichen im Deutschen als auch auf die Qualifizierung der Lehrkräfte oder notwendigen finanziellen und personellen Ressourcen gestellt und diskutiert. Schulen nehmen jedoch nicht ausschließlich geflüchtete, sondern auch weitere Kinder und Jugendliche ohne bzw. mit geringen Deutschkenntnissen auf.

Im vorliegenden Beitrag sollen einige Aspekte der schulorganisatorischen Einbindung neu zugewanderter Kinder und Jugendlicher vor dem Hintergrund gestiegener Zuzüge von geflüchteten Menschen diskutiert werden, um einen Überblick und Anregungen für weitere Entwicklungen zu geben. An den Anfang werden Überlegungen zu Begrifflichkeiten und Zusammensetzung gestellt. Ein grober Überblick über Daten und Fakten soll der Einordnung dienen. Es folgt eine kurze Darstellung der rechtlichen Rahmenbedingungen, die Schulzugang und Schulpflicht für asylsuchende sowie irregulär zugereiste Kinder und Jugendliche regeln. Modelle schulorganisatorischer Einbindung werden diskutiert und gegenübergestellt, wobei jeweils Aspekte aufgegriffen werden, in denen sich die Modelle unterscheiden. Es wird jedoch nicht das Ziel verfolgt, eine klare Entscheidung für oder gegen ein bestimmtes Modell herbeizuführen. Überlegungen zu Handlungsbedarfen und Möglichkeiten bilden den abschließenden Ausblick.

## 2. Neu zugewanderte Kinder und Jugendliche in Deutschland oder Seiteneinsteiger*innen

Auch wenn die Beschäftigung mit Schülerinnen und Schülern ohne Deutschkenntnisse bereits in den 1970er Jahren stattfand, begegnet man dem Begriff „Seiteneinsteiger" erst in den 1980er Jahren (z.B. Liebe-Harkort 1981, Sandfuchs 1981). Radtke (1996) bezeichnet – darauf bezugnehmend – die Figur des Seiteneinsteigers daher als „eine fragwürdige Ikone der Schulpolitik" (S. 49) und stellt dar, wie sie argumentativ genutzt wird, um die Schwierigkeiten nicht strukturell, sondern auf Seiten der Schülerinnen und Schüler bzw. ihres Umfelds zu verorten. Auch aktuelle Beiträge nutzen den Begriff (z.B. Maak 2014, Karakaşoğlu/Grohn/Wojciechowicz 2011), ohne jedoch an die dargestellte Argumentationsweise anzuknüpfen. Aus migrationspädagogischer Perspektive wird er als „machtvolle natio-ethno-kulturelle Differenzkategorie" (Mecheril/Shure 2015, S. 114) kritisiert, bei dem „es nicht um den Akt des Benennens von Unterschieden, sondern um deren Erzeugung [geht]" (Khakpour 2016, S. 152, vgl. auch Beitrag von Khakpour/Dirim in diesem Band [Anm. d. Hg.]).

Im vorliegenden Beitrag wird die Begriffsbestimmung von Massumi/von Dewitz et al. (2015, S. 13f.) übernommen und die Metapher des Seiteneinstiegs vermieden. Stattdessen wird der Begriff *Neu zugewanderte Kinder und Jugendliche bzw. Schülerinnen und Schüler* verwendet, um die zeitweilige Kombination verschiedener Merkmale in einer Person zu erfassen. Es handelt sich also um eine dynamische Definition, nicht um eine dauerhafte Zuordnung von Kindern und Jugendlichen zu einer Kategorie.

Bestimmt wird der Begriff durch die Kriterien der Migrationserfahrung im schulpflichtigen Alter und die noch nicht vorhandenen bzw. geringen Deutschkenntnisse. Einerseits wird so eine Beschränkung auf den schulischen Bereich vorgenommen und durch das Alter festgelegt. Unter *Neu Zugewanderten* werden daher nur diejenigen Kinder und Jugendlichen verstanden, die im schulpflichtigen Alter und somit – zumindest theoretisch – Schülerinnen und Schüler sind. Hinzu kommt die Migrationserfahrung, die sie im Laufe des schulpflichtigen Alters machen, d.h. es handelt sich um Kinder und Jugendliche, die im Alter von sechs Jahren oder älter nach

Deutschland zuziehen. Es ist daher davon auszugehen, dass ein Großteil von ihnen bereits im jeweiligen Herkunftsland in die Schule gegangen ist und bei Eintritt in das deutsche Schulsystem selbst schulische Vorerfahrung mitbringt. Gleichzeitig handelt es sich um Kinder und Jugendliche ohne bzw. mit geringen Deutschkenntnissen, was mit Blick auf die erfolgreiche Teilnahme am Unterricht einer Regelklasse entscheidend ist. Reichen die Deutschkenntnisse einer Schülerin oder eines Schülers für eine erfolgreiche Teilnahme am Regelunterricht aus, wird sie bzw. er nicht mehr unter dem Begriff *Neu zugewandert* gefasst.

Die Begrenzung auf diese Kombination von Merkmalen lässt jedoch gleichzeitig eine Vielzahl weiterer Merkmale außer Acht. Die Kinder und Jugendlichen unterscheiden sich u.a. mit Blick auf ihre (sprachlichen) Kompetenzen und Kenntnisse, ihre bisherigen Bildungserfahrungen, ihre aktuelle Lebenssituation u.v.m., so dass schwerlich von einer Gruppe die Rede sein kann (vgl. Massumi/von Dewitz et al. 2015, S. 14).

**Geflüchtete Kinder und Jugendliche**

Geflüchtete Kinder und Jugendliche werden unter der oben dargestellten Definition erfasst, bilden jedoch nur einen Teil aller *Neu zugewanderten Schülerinnen und Schüler* ab, da das Kriterium ‚geflüchtet' quer zu den genannten liegt. Es bezieht sich vielmehr in der Regel auf die Migrationsursache der Kinder oder Jugendlichen.[1]

Betrachtet man die Anzahl von Asylerstanträgen, die im Jahr 2014 von Kindern und Jugendlichen im Alter von sechs bis 18 Jahren – also grob im schulpflichtigen Alter – gestellt wurden bzw. die z.B. von ihren Eltern für sie gestellt wurden, ergibt sich ein Wert von 35.971. Für das Jahr 2015 hat sich mit 97.391 Asylerstantragstellenden die Anzahl in der Altersgruppe fast verdreifacht. Auch die Gruppe der 18-25 Jährigen kann jedoch mit Blick auf den Besuch einer berufsbildenden Schule in der Sekundarstufe II relevant sein, da einerseits die Schulpflicht in einigen Bundesländern, wie z.B. Nordrhein-Westfalen, über das 18. Lebensjahr hinaus gelten kann (§ 37, § 38

---

[1] Unterschiede können sich abhängig davon ergeben, welche Lesart von ‚Flüchtling' zugrunde gelegt wird.

# Rahmenbedingungen der schulorganisatorischen Einbindung... 21

SchulG NRW). Andererseits ist teilweise auch nach dem Erfüllen der Schulpflicht ein weiterer Schulbesuch möglich, beispielsweise wenn eine Ausbildung begonnen wurde. 22,2 Prozent aller Asylanträge wurde im Jahr 2014 von jungen Erwachsenen im Alter von 18-24 gestellt (SVR 2015, S. 2).[2]

Dass sich aktuelle weltpolitische Entwicklungen auswirken, zeigt sich an der Zunahme von ausländischen Kindern und Jugendlichen[3] aus Syrien: Während 2012 Syrien unter den Ländern, aus denen Kinder und Jugendliche am häufigsten nach Deutschland zuziehen, den zehnten Platz einnahm, steht es im Jahr 2014 an erster Stelle. Die Zahl syrischer Kinder und Jugendlicher, die nach Deutschland zuziehen, hat sich also in diesem Zeitraum beinahe verzehnfacht. Auch aus Afghanistan sind 2014 knapp 4000 Kinder und Jugendliche zwischen sechs und 18 Jahren nach Deutschland zugezogen, und somit mehr als im Jahr 2012. Aufgrund der insgesamt steigenden Zahlen nimmt Afghanistan im Gesamtbild jedoch lediglich den sechsten Platz unter den Hauptherkunftsstaaten – u.a. nach den europäischen Ländern Rumänien und Polen – ein. Polen ist dem Migrationsbericht des Bundesamts für Migration und Flüchtlinge zufolge bereits seit 1996 konstant das Hauptherkunftsland, aus dem Menschen nach Deutschland zuwandern (BAMF 2016, S. 3). Aber auch insgesamt zeigt sich für das Jahr 2014, dass die meisten aller neu zugezogenen Kinder und Jugendlichen im Alter von sechs bis 18 Jahren aus Europa (59 Prozent) nach Deutschland ziehen. Geflüchtete machen also nur einen Teil dieser Gesamtheit aus, zumal außer Syrien und Afghanistan keiner der weltweit häufigsten Herkunftsstaaten von geflüchteten Menschen[4] unter den zehn Ländern ist, aus denen weltweit betrachtet die meisten Menschen fliehen. Weitere Fluchtbewegungen wirken sich daher nicht unmittelbar oder nur in geringerem

---

[2] Im Bericht des SVR (2015) werden jedoch im Gegensatz zu der Darstellung von Massumi/von Dewitz et al. 2015 Asylerst- und Asylfolgeanträge abgebildet, so dass sich insgesamt höhere Werte ergeben. Mit Blick auf die Deutschkenntnisse ist jedoch aufgrund der Verfahrensdauern bei Kindern und Jugendlichen, die einen Asylfolgeantrag stellen, mit einer höheren Heterogenität zu rechnen.
[3] Neu zugezogene, ausländische Kinder und Jugendliche im Alter von sechs bis 18 Jahren, s. Massumi/von Dewitz et al. 2015 für methodische Hinweise zu den im Folgenden zitierten Zahlen.
[4] Auf Syrien und Afghanistan folgen Somalia, Sudan, Süd-Sudan, Demokratische Republik Kongo, Myanmar, Zentralafrikanische Republik, Irak und Eritrea (UNHCR 2014, S. 14).

Umfang auf den Zuzug nach Deutschland aus (Massumi/von Dewitz et al. 2015, S. 24).

Ebenfalls zu den neu zugewanderten Kindern und Jugendlichen zählen papierlose Kinder und Jugendliche, die in der aufenthaltsrechtlichen Illegalität in Deutschland leben (Funck/Karakaşoğlu/Vogel 2015, S. 8) und nicht von den Ausländerbehörden erfasst sind. Die Zahl der Kinder wird für das Jahr 2014 auf zwischen einigen tausend und einigen zehntausend geschätzt (ebd.), während der Schätzwert für Menschen aller Altersstufen bei 180 000 bis 520 000 liegt (Vogel 2015, S. 2).[5] Auch wenn es sich insgesamt um geringe Zahlen von – potentiellen – Schülerinnen und Schülern handelt, sollte auch hier der Schulzugang gewährleistet werden, um das in Deutschland geltende Recht auf Bildung umzusetzen. Funck/Karakaşoğlu/Vogel (2015) gehen außerdem aufgrund der aktuellen Situation von steigenden Zahlen aus (S. 9).

## 3. Schulzugang und Schulpflicht

Das Recht auf Bildung ist in Deutschland auf verschiedenen Ebenen geregelt, beispielsweise durch die UN-Kinderrechtskonvention. Die Umsetzung erfolgt in der Schulgesetzgebung der Bundesländer, die den Schulzugang und die Schulpflicht regeln. Bei Zuzug nach Deutschland tritt für Kinder und Jugendliche im schulpflichtigen Alter die uneingeschränkte Schulpflicht in Kraft. Einschränkungen können sich jedoch aus Regelungen ergeben, die sich auf Asylsuchende beziehen. So gilt die Schulpflicht in einigen Bundesländern, wie z.B. Nordrhein-Westfalen, Hessen oder Mecklenburg-Vorpommern, erst ab der Zuweisung an eine Gemeinde oder Gebietskörperschaft oder nach einem bestimmten Zeitraum, z.B. von drei Monaten in Thüringen (vgl. Massumi/von Dewitz et al. 2015, S. 38f.). Auch wenn in dem Zeitraum, in dem die Schulpflicht noch nicht greift, ein Schulbesuchsrecht besteht, sind die Kinder und Jugendlichen oft faktisch vom Schulbesuch ausgeschlossen, da sie keiner Schule zugewiesen werden. Seit 2011 sind

---

[5] Menschen, die ebenfalls in der aufenthaltsrechtlichen Illegalität leben, weil sie über gefälschte Dokumente oder Identitäten verfügen oder diejenigen, die das Land verlassen müssen, den Ausländerbehörden aber bekannt sind, sind in dieser Schätzung nicht enthalten (Vogel 2015, S. 2).

Schulen von der Pflicht entbunden, papierlose Kinder oder Jugendliche der zuständigen Ausländerbehörde zu melden (§87 AufenthG). Im Umkehrschluss bedeutet das, dass Schulen keine Daten weitergeben dürfen, die sich auf den Aufenthaltsstatuts beziehen (Funck/Karakaşoğlu/ Vogel 2015, S. 11). Ziel dieser Regelung ist es, allen Kindern und Jugendlichen unabhängig von ihrem aufenthaltsrechtlichem Status Zugang zu schulischer Bildung zu ermöglichen, eine Verpflichtung, die Kinder als Schülerinnen und Schüler aufzunehmen, besteht jedoch nicht. Dennoch konnten Funck/Karakaşoğlu/ Vogel (2015, S. 43) zeigen, dass in der Praxis die Aufnahme an einer Schule ohne Papiere schwierig ist:

„Bei verdeckten Anfragen mit potentiell illegalem Aufenthalt wurde in 79 Prozent, bei Anfragen mit Offenlegung des illegalen Aufenthalts in 62 Prozent der Antworten kein gangbarer Weg zur Schulanmeldung aufgezeigt oder angedeutet."

Auch wenn also in Deutschland ein Recht auf Bildung besteht, können Situationen entstehen, in denen Kinder und Jugendliche keinen Zugang zu schulischer Bildung haben.

## 4. Schulorganisatorische Einbindung

Aus schulorganisatorischer Sicht gibt es verschiedene Möglichkeiten, neu zugewanderte Schülerinnen und Schüler einzubinden. Aufenthaltsrechtliche Fragen oder Migrationsursachen sind dabei nicht ausschlaggebend, auch wenn neben den Deutschkenntnissen einer Schülerin bzw. eines Schülers weitere Faktoren über die Einbindung entscheiden können. Darüber, welches schulorganisatorische Modell am besten zur Förderung der Schülerinnen und Schüler geeignet ist, „herrscht Uneinigkeit" (Karakaşoğlu/Grohn/ Wojciechowicz 2011, S. 155).

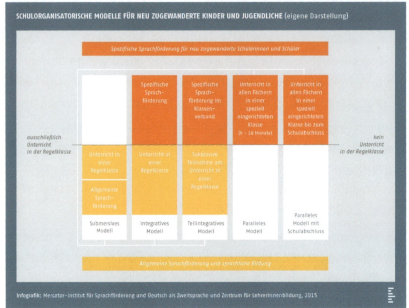

Abb. 1: Schulorganisatorische Modelle

In Massumi/von Dewitz et al. (2015, S. 7, 45ff., Abb. 1) werden fünf schulorganisatorische Modelle unterschieden, wobei sich Unterschiede einerseits daraus ergeben, ob eine spezifische Förderung im Deutschen vorgesehen ist und wie groß der Anteil ist, den die neu zugewanderten Schülerinnen und Schüler am Unterricht einer Regelklasse teilnehmen oder in einer parallel geführten Klasse unterrichtet werden.

> **Das submersive Modell:** Neu zugewanderte Kinder und Jugendliche gehen ab dem ersten Schultag in Regelklassen und nehmen an den allgemeinen Förderangeboten der Schule teil.
>
> **Das integrative Modell:** Neu zugewanderte Kinder und Jugendliche besuchen ab dem ersten Schultag eine Regelklasse und erhalten zusätzlich Sprachförderung.
>
> **Das teilintegrative Modell:** Neu zugewanderte Kinder und Jugendliche werden in einer speziell eingerichteten Klasse unterrichtet, nehmen jedoch in einigen Unterrichtsfächern am Regelunterricht teil.
>
> **Das parallele Modell:** Neu zugewanderte Kinder und Jugendliche verbringen über einen bestimmten Zeitraum die gesamte Unterrichtszeit in einer speziell eingerichteten Klasse, die parallel zu den regulären Klassen geführt wird.
>
> **Das parallele Modell ‚Schulabschluss':** Neu zugewanderte Kinder und Jugendliche gehen in eine parallel geführte Klasse. Sie bleiben bis zum Ende der Schulzeit im Klassenverband und bereiten sich gemeinsam auf den Schulabschluss vor.

In der konkreten Ausformulierung und Umsetzung der Modelle in der Praxis ergeben sich weitere Unterschiede, so dass die Grenzen zwischen den Modellen verschwimmen und es zu Überschneidungen kommen kann.

Eine häufig getroffene Unterscheidungslinie läuft entlang der Frage, ob speziell für neu zugewanderte Schülerinnen und Schüler eine Klasse eingerichtet wird oder nicht. Wird keine Klasse speziell eingerichtet, nehmen die neu zugewanderten Schülerinnen und Schüler von Anfang an am Unterricht der Regelklasse teil und werden zusätzlich durch Sprachfördermaßnahmen im Erwerb des Deutschen unterstützt.[6] Die integrative Aufnahme ist bei jüngeren Kindern, also in der Grundschulzeit, häufiger zu finden als in der Sekundarstufe.

In speziell eingerichteten Klassen ist von einer hohen Heterogenität und einer vergleichsweise hohen Fluktuation auszugehen, sowohl was Zugänge als auch Abgänge betrifft (vgl. Decker 2010, S. 165). Doch auch solche parallel geführten Klassen lassen sich nach verschiedenen Merkmalen unterscheiden, wobei in den Bundesländern auch unterschiedliche Bezeichnungen – von Willkommens-, über Vorbereitungs- oder Internationale Förderklasse – genutzt werden, so dass Unterschiede teilweise in der Benennung deutlich werden. Beispielsweise werden in Nordrhein-Westfalen an allgemeinbildenden Schulen sogenannte Auffang- oder Vorbereitungsklassen eingerichtet, an berufsbildenden Schulen dagegen Internationale Förderklassen. Der Unterschied zwischen Auffang- und Vorbereitungsklassen besteht im möglichen Eintritt: In Auffangklassen werden Kinder und Jugendliche auch während des laufenden Schuljahrs aufgenommen, während der Eintritt in Vorbereitungsklassen nur zum Schuljahresbeginn möglich ist (BASS 13 – 62 Nr. 3).

Geregelt ist aber nicht nur der Eintritt in die Klassen, sondern häufig auch die Verweildauer in der Klasse, wobei die Bundesländer Obergrenzen vorgeben – verbindlich oder als Richtwert. In der Grundschule sind dabei oft kürzere Zeiten vorgesehen als in der Sekundarstufe. Klassen können oft

---

[6] Wird eine Schülerin oder ein Schüler umstandslos ohne spezifische Förderung im Deutschen in eine Klasse aufgenommen, findet das submersive Modell Anwendung. Da keine spezifischen Maßnahmen zum Deutschlernen vorgesehen werden, ist von diesem Modell jedoch abzuraten.

auch jahrgangsübergreifend eingerichtet werden, so dass zwei oder mehr Klassenstufen zusammengefasst werden. Gomolla/Radtke (2009[3], S. 280) weisen darauf hin, dass es – wie in ihrem Untersuchungszeitraum und -sample der Fall war – als direkte institutionelle Diskriminierung aufzufassen ist, wenn Vorbereitungsklassen ausschließlich an Hauptschulen eingerichtet werden. Für das Schuljahr 2014/15 sind in Köln bei der Einrichtung von Auffang- und Vorbereitungsklassen zwar alle Schulformen einbezogen, jedoch nicht gleichmäßig: Alle Haupt- und Realschulen bieten eine oder mehrere Vorbereitungsklassen an, obwohl insgesamt nur grob ein Drittel aller Schulen solche Klassen eingerichtet hat. Gymnasien und Gesamtschulen sind dementsprechend unterrepräsentiert (Massumi/von Dewitz et al. 2015, S. 29f.).

Es ist jedoch nicht immer der Fall, dass die speziell eingerichteten Klassen auch Teil der jeweiligen Schule sind. Teilweise besteht lediglich eine räumliche, jedoch keine inhaltliche Anbindung, so dass die parallel geführten Klassen nicht direkt einer Schulform zuzuordnen sind. In Schleswig-Holstein wird beispielsweise das Modell der DaZ-Zentren umgesetzt, wobei ein DaZ-Zentrum,

„eine organisatorische Verbindung von mehreren Schulen [ist], das schulartübergreifend und in einem dafür festgelegten Einzugsbereich Deutschkurse für eigene und externe Schülerinnen und Schüler ohne oder mit äußerst geringen Deutschkenntnissen anbietet." (Bildungsportal Schleswig-Holstein o. J.)

Ziel aller Modelle – im Unterschied zu früheren sogenannten „Ausländerklassen" – ist der Übergang in den Unterricht einer Regelklasse oder in das Regelsystem. Dieser Übergang kann schrittweise (teilintegrativ) erfolgen, so dass eine Schülerin oder ein Schüler nach und nach in verschiedenen Fächern am Unterricht der Regelklasse teilnimmt. Er kann aber auch an einen bestimmten Zeitpunkt wie den Schuljahreswechsel gebunden sein. Beide Modelle können jeweils innerhalb einer Schule umgesetzt werden oder standortübergreifend, wenn die abgebende Klasse und die aufnehmende Regelklasse nicht an der gleichen Schule sind.

Schulische Angebote, die sich ausschließlich an geflüchtete Kinder und Jugendliche richten, gibt es nur in Ausnahmefällen, wobei hier auch immer die längerfristige Perspektive einer Einbindung ins Regelsystem zu berücksichtigen ist. Als Beispiel kann die SchlaU-Schule (Schulanaloger Unterricht für junge Flüchtlinge) dienen: Sie richtet sich ausschließlich an unbegleitete geflüchtete Schülerinnen und Schüler im Alter von 16 bis 21 bzw. 25 Jahren und kann so auf die Lebenssituation ihrer Schülerschaft eingehen (vgl. Kittlitz et al. 2014). Ziel ist jedoch auch hier der Übergang in das Regelsystem – sei es im Rahmen einer Ausbildung oder an einer anderen Schule (SchlaU-Schule o.J.). Für diejenigen geflüchteten Kinder und Jugendlichen, die keinen Zugang zu schulischer Bildung haben (s.o.), bieten Bildungsangebote von ehrenamtlichen Initiativen oder Projekten oft die einzige formale Lerngelegenheit im Deutschen. Ein Beispiel hierfür liefert das Projekt *Prompt! Deutsch Lernen*, bei dem Lehramtsstudierende Deutschunterricht in Notunterkünften anbieten (Massumi/Dziak-Mahler im Druck).

## 5. Ausblick

Das Ziel einer erfolgreichen Teilnahme am Regelunterricht besteht unabhängig vom jeweiligen Modell der schulorganisatorischen Einbindung. Das bedeutet, dass eine Beschränkung auf die intensive erste Phase der Förderung im Deutschen nicht zielführend ist. Übergänge müssen in den Blick genommen und begleitet werden. Darüber hinaus gibt es viele Aspekte, die nicht ausschließlich geflüchtete oder neu zugewanderte Schülerinnen und Schüler betreffen, sondern eine ganze Schule. So ist es beispielsweise notwendig, ein Konzept durchgängiger Sprachbildung an einer Schule zu etablieren und so die Lehrkräfte aller Fächer einzubeziehen. Sprachsensibler Unterricht ermöglicht jedoch nicht nur die erfolgreiche Teilnahme von neu zugewanderten Kindern und Jugendlichen, sondern unterstützt alle Schülerinnen und Schülern in ihrem fachlichen und sprachlichen Lernen. Auch die Vernetzung der Schule und der Lehrkräfte, sowohl innerhalb der Schule als auch mit außerschulischen Partnerinnen und Partnern gewinnt mit Blick auf geflüchtete Schülerinnen und Schüler an zusätzlicher Relevanz. Es können sich Handlungsfelder ergeben, in denen eine Lehrkraft auf die Zusammenarbeit mit externen Partnerinnen und Partnern angewiesen ist, z.B. bei traumatischen Belastungen oder herausfordernden Lebenssituationen. Eine Sensibilisierung aller Beteiligten für migrationsspezifische

Themen ist daher notwendig. Gleichzeitig muss ein funktionierendes Netzwerk bestehen, bei dem kompetente Ansprechpartnerinnen und -partner einbezogen und Lehrkräfte so unterstützt und entlastet werden.

## Literatur

AufenthG [Aufenthaltsgesetz]. Gesetz über den Aufenthalt, die Erwerbstätigkeit und die Integration von Ausländern im Bundesgebiet. In der Fassung der Bekanntmachung vom 25.02.2008 (BGBl. I, S. 162), zuletzt geändert durch Gesetz vom 23.12.2014 (BGBl I, S. 2439) m. W. v. 01.01.2015. Online verfügbar unter: www. gesetze-im-internet.de/ aufenthg_2004/ BJNR195010004.html [01.02.2016].

BASS 13 – 62 Nr. 3. Ministerium für Schule und Weiterbildung Nordrhein-Westfalen. Runderlass vom 21.12.2009 (BASS 13 - 63 Nr. 3). Unterricht für Schülerinnen und Schüler mit Zuwanderungsgeschichte, insbesondere im Bereich der Sprachen (Runderlass).

BAMF Bundesamt für Migration und Flüchtlinge (2016). Migrationsbericht 2014. Zentrale Ergebnisse. Online verfügbar unter: http://www.bamf.de/SharedDocs/Anlagen/DE/ Publikationen/Migrationsberichte/migrationsbericht-2014-zentrale-ergebnisse.html; jsessionid=14A2F412978F5B7E6BD159249EDD7FB6.1_cid286?nn=1663558 [12.02.2016].

Bildungsportal Schleswig-Holstein (o.J.). Deutsch als Zweitsprache. Online verfügbar unter: http://daz.lernnetz.de/content/index.php [11.02.16].

Decker, Yvonne (2010). Deutsch als Zweitsprache in Internationalen Vorbereitungsklassen. In B. Ahrenholz/I. Oomen-Welke (Hrsg.), Deutsch als Zweitsprache (S. 162-172). Baltmannsweiler: Schneider Verlag Hohengehren.

Funck, Barbara/Karakaşoğlu, Yasemin/Vogel, Dita (2015). „Es darf nicht an Papieren scheitern." Theorie und Praxis der Einschulung von papierlosen Kindern in Grundschulen. Verfügbar unter: http://www.fb12.uni-bremen.de/fileadmin/Arbeitsgebiete/interkult/ Projekte_laufend/Funck_Karakasoglu_Vogel_2015_Nicht_an_Papieren_scheitern_ Schule_Aufentaltsstatus_web.pdf [12.02.2016].

Gomolla, Mechtild/Radtke, Frank-Olaf (2009[3]). Institutionelle Diskriminierung. Die Herstellung ethnischer Differenz in der Schule. Wiesbaden: VS Verlag für Sozialwissenschaften.

Karakaşoğlu, Yasemin/Gruhn, Mirja/Wojciechowicz, Anna (2011). Interkulturelle Schulentwicklung unter der Lupe. (Inter-) Nationale Impulse und Herausforderungen für Steuerungsstrategien am Beispiel Bremen. Münster u.a.: Waxmann.

Khakpour, Natascha (2016). Zugehörigkeitskonstruktionen im Kontext von Schulbesuch und „Seiteneinstieg". In C. Benholz, M. Frank/C. Niederhaus (Hrsg.), Neu zugewanderte Schülerinnen und Schüler - eine Gruppe mit besonderen Potentialen (S. 151-170). Münster u.a.: Waxmann.

Kittlitz, Anja/Weber, Melanie/Veramendi, Antonia (2014). Gelingensfaktoren zur Beschulung von jungen Flüchtlingen. Empfehlungen zur Umsetzung von schulischen Angeboten für junge Flüchtlinge. Verfügbar unter: http://www.kommunale-koordinierung.de /uploads/tx_news/Forum1_Stenger_Text_01.pdf.

Kühne, Anja/Warnecke, Tilmann/Burchard, Amory (2015). Wie gut sind Schulen auf Flüchtlinge vorbereitet? In: http://www.tagesspiegel.de/politik/fluechtlinge-und-schule

-wie-gut-sind-schulen-auf-fluechtlinge-vorbereitet/12747510.html [01.02.2016].
Liebe-Harkort, Klaus (1981). Seiteneinsteiger =Seitenaussteiger? Ausländerkinder, 2 (4), 4-8.
Maak, Diana (2014). „es WÄre SCHÖN, wenn es nich (.) OFT so diese RÜCKschläge gäbe" - Eingliederung von SeiteneinsteigerInnen mit Deutsch als Zweitsprache in Thüringen. In B. Ahrenholz/P. Grommes (Hrsg.), Zweitspracherwerb im Jugendalter (S. 319–341). Berlin/Boston: De Gruyter.
Massumi, Mona/Dziak-Mahler, Myrle (im Druck). „Prompt! Deutsch lernen" Sprachförderung für Kinder und Jugendliche von Anfang an und Hand in Hand. In: Schulverwaltung Spezial. Zeitschrift für Schulgestaltung und Schulentwicklung. 2/2016.
Massumi, Mona/von Dewitz, Nora et al. (2015): Neu zugewanderte Kinder und Jugendliche im deutschen Schulsystem. Bestandsaufnahme und Empfehlungen. Köln: Mercator-Institut für Sprachförderung und Deutsch als Zweitsprache, Zentrum für LehrerInnenbildung, Arbeitsbereich Interkulturelle Bildungsforschung an der Universität zu Köln.
Mecheril, Paul/Shure, Saphira (2015). Natio-ethnokulturelle Zugehörigkeitsordnungen - über die Unterscheidungspraxis „Seiteneinsteiger". In K. Bräu/C. Schlickum (Hrsg.), Soziale Konstruktionen in Schule und Unterricht. Zu den Kategorien Leistung, Migration, Geschlecht, Behinderung, Soziale Herkunft und deren Interdependenzen (S. 109-121). Opladen: Budrich.
Radtke, Frank-Olaf (1996). Seiteneinsteiger – Über eine fragwürdige Ikone der Schulpolitik. In G. Auernheimer (Hrsg.), Jahrbuch für Pädagogik 1996: Pädagogik in multikulturellen Gesellschaften (S. 49-63). Frankfurt a.M.
Sandfuchs, Uwe/Friedo, Simon (1981). „Ich muss Tag und Nacht arbeiten." Fallbeispiel zur Situation begabter Seiteneinsteiger. Ausländerkinder, 2 (4), 17-19.
SchlaU-Schule (o.J.) Lehrkonzept. Online verfügbar unter: http://www.schlau-schule.de/lehrkonzept/so-arbeitet-schlau.html [13.02.2016].
Schulgesetz für das Land Nordrhein-Westfalen (Schulgesetz NRW - SchulG) vom 15. Februar 2005 (GV. NRW. S. 102) zuletzt geändert durch Gesetz vom 25. Juni 2015 (GV. NRW. S.499) [15.08.2015]. Online verfügbar unter: https://www.schulministerium.nrw.de/docs/Recht/Schulrecht/Schulgesetze/Schulgesetz.pdf
SVR Sachverständigenrat deutscher Stiftungen für Integration und Migration (Hrsg.) (2015). Junge Flüchtlinge. Aufgaben und Potenziale für das Aufnahmeland. Kurzinformation des SVR-Forschungsbereichs 2015-2. Online verfügbar unter: www.svr-migration.de/publikationen/junge-fluechtlinge-aufgaben-und-potenziale-fuer-das-aufnahmeland [30.01.2016].
UNHCR [United Nations High Commissioner for Refugees] (2014). Global Trends 2014. World at War. Online verfügbar unter: http://unhcr.org/556725e69.html [10.02.2016].
Vogel, Dita (2015): Update report Germany: Estimated number of irregular foreign residents in Germany (2014). Database on Irregular Migration (Update Report). Online verfügbar unter: http://irregular-migration.net [14.02.2016].

UTA RIEGER[1]

# Flucht und Ankommen – Warum Kinder ihre Heimat verlassen und was sie in ihrer neuen Heimat erwartet

## 1. Aktuelle Daten zu Flüchtlingskindern

Laut Bundesamt für Migration und Flüchtlinge stellten im letzten Jahr knapp 480.000 Menschen in Deutschland einen Asylantrag, davon waren 31% Minderjährige. Der überwiegende Teil dieser Kinder war mit der Familie oder Teilen der Familie geflohen, ca. 10% aller Minderjährigen kamen ohne Eltern als sogenannte unbegleitete Minderjährige in Deutschland an. Zu der oben genannten Zahl an Asylsuchenden kommt noch ein nicht unbeträchtlicher Anteil an Personen hinzu, die bislang formell keinen Asylantrag gestellt haben und daher in der oben genannten Statistik nicht enthalten sind. Da bei der ersten groben Erfassung der Menschen unmittelbar nach ihrer Einreise bislang keine Daten zu Alter und Geschlecht erhoben wurden, gibt es entsprechend keine Informationen zu deren Profil.

Ein Großteil der Kinder kam im Jahr 2015 über die sogenannte Balkanroute, d.h. über die Türkei, Griechenland und dann weiter über Mazedonien, Serbien, Kroatien, Slowenien und Österreich nach Deutschland. Daten aus Griechenland und Mazedonien zeigen, dass der Anteil an Kindern auf dieser Route in den letzten Monaten kontinuierlich gestiegen ist. Lag der Anteil in Griechenland im Juni noch bei 16%, stieg er bis Januar 2016 auf 35%.[2] Das Europäische Netzwerk der Kinder-Ombudspersonen (ENOC) warnt in einer Studie vor den Gefahren, denen Kinder auf der Flucht nach Europa ausgesetzt sind. So ist die Überfahrt über das Mittelmeer für Kinder besonders gefährlich, einerseits können sie schnell ertrinken, in den kälteren Jahreszeiten besteht aber auch erhöhtes Risiko, an Auskühlung zu sterben, wenn die Kleider nass werden. Auch auf dem Landweg bestehen spezifi-

---

[1] Uta Rieger ist Mitarbeiterin bei UNHCR. Der Beitrag gibt ausschließlich die persönliche Meinung der Autorin wieder, die nicht unbedingt von den Vereinten Nationen oder von UNHCR geteilt wird.
[2] Quelle: http://data.unhcr.org/mediterranean/regional.php (Zugriff 10.02.2016)

sche Gefährdungen. Kinder werden zum Teil von ihren Eltern auf der Flucht getrennt, ohne den elterlichen Schutz steigt die Gefahr sexueller Übergriffe und Ausbeutung. Von zeitweiligen Grenzschließungen und Zurückweisungen sind Kinder ebenso betroffen wie Erwachsene, in einigen Ländern werden auch Kinder inhaftiert.

## 2. Fluchtgründe

Kinder gehören immer häufiger zu den zivilen Opfern von Kriegshandlungen; daneben besteht aber auch die Gefahr, zwangsrekrutiert zu werden. Zum Teil schließen sich Jugendliche auch freiwillig den Kämpfenden an, angezogen von der häufig religiös oder ethnisch gefärbten Ideologie der Kriegsparteien.

Im Moment gibt es weltweit fünf große aktuelle Konflikte: In Syrien, dem Irak, dem Südsudan, der Zentralafrikanischen Republik und Nigeria. Daneben gibt es noch zahlreiche chronische Konflikte, d.h. Konflikte, die schon seit Jahrzehnten schwelen, darunter in Afghanistan, Sudan (Dafur), Somalia, Myanmar oder Palästina. All diese Konflikte bringen Familien dazu, ihre Heimatstädte und -dörfer zu verlassen und anderswo Schutz zu suchen.

Neben Krieg spielt die religiöse Verfolgung eine wichtige Rolle für die Flucht aus dem Heimatland. Kinder sind, wenn sie bestimmten religiösen Minderheiten angehören, oft den gleichen Verfolgungshandlungen ausgesetzt wie Erwachsene. Daneben gibt es auch kinderspezifische Fluchtgründe, wie die Zwangsrekrutierung als Kindersoldat oder das Vorenthalten des Rechts auf Bildung und Entwicklung oder die Gefahr, durch Kinderarbeit ausgebeutet zu werden. Auch geschlechtsspezifische Verfolgung spielt eine Rolle, wie Genitalverstümmelung oder Zwangsheirat. Kinder können auch in die Verfolgung ihrer Eltern einbezogen sein, so z.B. wenn ein Elternteil oppositionspolitisch aktiv ist, die Machthaber aber die gesamte Familie zur Verantwortung ziehen.

Typischerweise sind Kinder besonders schutzbedürftig, vor allem wenn sie keine Familie haben, die sich um sie kümmert. Häufig sind unbegleitete Minderjährige auf der Suche nach Schutz, weil die Eltern gestorben sind, die Familie auseinandergebrochen ist, die Kinder aus der Familie ausgestoßen oder schlecht behandelt werden (z.B. bei erneuter Heirat der Mutter). Oftmals entfliehen sie familiärer Gewalt. In vielen Staaten dieser Welt finden Kinder ohne familiäre Anbindung keinen staatlichen Schutz, wie er in Art. 20 der UN-Kinderrechtskonvention (KRK) vorgesehen ist. Sie landen auf der Straße, in der Prostitution, werden Opfer von Menschenhandel oder Arbeitsausbeutung.

## 3. Fluchtbewegungen

Das Flüchtlingshilfswerk der Vereinten Nationen (UNHCR) bezifferte für das Jahr 2014 die Zahl der Menschen, die sich weltweit auf der Flucht befanden, auf 60 Millionen. Davon suchten 38 Millionen Menschen Zuflucht innerhalb des eigenen Landes. Die Hälfte der 15 Millionen Flüchtlinge, die sich Ende Juni 2015 außerhalb ihres Herkunftslandes befanden, lebte in den sechs Hauptaufnahmeländern Türkei, Pakistan, Libanon, Iran, Äthiopien und Jordanien. Vier Millionen syrische Flüchtlinge fanden in der Türkei, dem Libanon und Jordanien Zuflucht. Die afghanischen Flüchtlinge leben überwiegend in Pakistan und dem Iran. Äthiopien beherbergt insbesondere Flüchtlinge aus Eritrea, Somalia, dem Sudan und Südsudan.

Diese Zahlen belegen, dass der weitaus überwiegende Teil der Flüchtlinge zunächst versucht, im eigenen Land oder in der Region Schutz zu finden. Dies gilt insbesondere für Familien, deren vorrangiges Bestreben es meist ist, die vertraute kulturelle Umgebung nicht zu verlassen und sobald wie möglich wieder in den Heimatort zurückzukehren. Allerdings ist zu beobachten, dass mit der Dauer des Konflikts die Hoffnung auf eine Rückkehr in absehbarer Zeit schwindet. Die ungewisse Zukunft paart sich oft mit sich verschlechternden Lebensbedingungen. Die Ersparnisse der Familien sind meist sukzessive aufgebraucht worden, alle Wertgegenstände verkauft. Wenn es an Arbeitsmöglichkeiten fehlt oder der Zugang zu Arbeit für Flüchtlinge beschränkt ist, wächst die Angst vor schleichender Verelendung. Zudem leiden die Hilfsprogramme für Flüchtlinge, die das Nötigste zum Überleben garantieren sollen, häufig an chronischer Unterfinanzierung. Die Gesundheitsversorgung ist oft unzureichend und eigene finanzielle Mittel reichen nicht aus, um eine Arztbehandlung zu finanzieren. Häufig sind die Bildungsmöglichkeiten für Flüchtlingskinder eingeschränkt. Am ehesten gibt es noch Zugang zu Primarschulen, doch schon der Zugang zu weiterführenden Schulen erweist sich oft als schwierig. Zugang zu tertiärer Bildung ist meist nur vereinzelt möglich. Zum Teil sind Kinder auch gezwungen, zum Lebensunterhalt der Familien beizutragen und gehen aus diesem Grund nicht in die Schule. Die prekäre Situation kann für Mädchen die Gefahr der Zwangsheirat erhöhen. All diese Gründe können dazu führen, dass Familien sich aus den Krisenregionen auf den Weg nach Europa machen, in der Hoffnung, hier eine sichere Bleibe zu finden und den Kindern eine Perspektive bieten zu können.

## 4. Lebenssituation für Flüchtlingskinder nach ihrer Ankunft in Deutschland

Im Jahr 2015 kamen ca. 45.000 asylsuchende Minderjährige aus Syrien nach Deutschland, 14.000 Kinder und Jugendliche flohen aus Afghanistan und knapp unter 10.000 aus dem Irak. Im Asylverfahren haben Familien aus diesen vorgenannten Herkunftsländern gute Chancen, einen dauerhaften Schutzstatus zu erhalten. So lag die Schutzquote für Asylsuchende aus Syrien im Jahr 2015 bei fast 100%, für Geflüchtete aus Afghanistan bei 78% und bezüglich des Iraks bei 99%.[3]

Daneben kamen 2015 ca. 56.000 asylsuchende Kinder aus den Westbalkan-Staaten. Im zweiten Halbjahr 2015 nahm die Zahl der Balkanflüchtlinge jedoch rapide ab. In diesen Ländern drängt die Diskriminierung von Roma ebenso wie die allgemeine Perspektivlosigkeit, bedingt durch Arbeitslosigkeit, Korruption und Armut, aber auch geringe Bildungschancen, Familien zur Ausreise. Ihre Chancen im Asylverfahren sind sehr gering, sie liegen zwischen 0,1% (Serbien) und 0,8% (Mazedonien).[4] Die Familien sehen sich in der Regel relativ bald mit der Rückführung in ihre Heimatländer konfrontiert, nicht wenige Familien reisen freiwillig zurück.

---

[3] Bei der Berechnung der Schutzquote wurden Verfahrenseinstellungen nicht mit einbezogen.
[4] Siehe Fußnote 3.

Alle Kinder und Jugendlichen, die oft nach einer langen und gefährlichen Flucht hier in Deutschland ankommen, haben eine eigene Geschichte, eigene Fähigkeiten und Stärken, spezifische Bedürfnisse und Wünsche für die Zukunft mitgebracht. Für Behörden, die Sozialarbeiter in den Flüchtlingsunterkünften, die Betreuer und Vormünder von unbegleiteten Minderjährigen, die Lehrer in den Übergangsklassen, die Schulsozialarbeiter, Psychologen, Erzieher in den Kitas, Unterstützer und Ehrenamtliche und natürlich auch die Eltern ist es eine Herausforderung, den Kindern und Jugendlichen eine ihrem Alter, ihren Bedürfnissen und ihren Stärken entsprechende Unterstützung zu gewährleisten. Und gleichzeitig ist es wichtig sicherzustellen, dass die Kinder und Jugendlichen in ihren unterschiedlichen Altersstrukturen, mit ihren verschiedenen Fähigkeiten und Interessen, ihren Erfahrungen und Wünschen unterstützt werden, ihre eigenen Ansichten und Interessen zu äußern und ihr Lebensumfeld aktiv mitzugestalten.

## 5. Kinderrechtebasierter Ansatz

Das UN-Übereinkommen über die Rechte des Kindes vom 20. November 1989 (KRK) gewährt allen Kindern spezifische Rechte. Drei zentrale Prinzipien aus der Kinderrechtskonvention sind hierbei der Vorrang des Kindeswohls aus Art. 3 KRK, das Diskriminierungsverbot (Art. 2) und das Recht auf Beteiligung (Art. 12). Bei der Arbeit mit Kindern, auch Flüchtlingskindern, ist ein auf Kinderrechten basierender Ansatz zentral.

Kinder und Jugendliche haben häufig eine stark ausgeprägte Fähigkeit, belastende Situationen erfolgreich bewältigen zu können. Die Resilienz kann durch Lernen, Spielen und das Entdecken und Ausprobieren von Talenten und Stärken gefördert werden. Dazu müssen die Kinder jedoch Spielräume haben, zu lernen und sich zu entfalten und ihre Ideen umzusetzen, zu spielen und Grenzen auszutesten. Bei jeglicher Entwicklung von Schutzmechanismen für Flüchtlingskinder sollen die betroffenen Kinder aktiv an deren Ausgestaltung beteiligt werden. Die Stärkung der Kinder soll im Vordergrund stehen.

Auch die allgemeinen Vorschriften des Kinder- und Jugendhilferechts im SGB VIII sehen das Recht auf Förderung der Entwicklung und auf Erziehung zu einer eigenverantwortlichen und gemeinschaftsfähigen Persönlichkeit als zentrales Ziel an.[5] Ausländische Kinder und Jugendliche haben wie deutsche Kinder Anspruch auf Jugendhilfeleistungen, wenn sie rechtmäßig oder aufgrund einer ausländerrechtlichen Duldung ihren gewöhnlichen Aufenthalt im Inland haben.[6] Europarechtlich gelten asylsuchende Kinder als besonders schutzbedürftig. Mit der EU-Aufnahmerichtlinie und der EU-Verfahrensrichtlinie wurden die Mindeststandards und Rechte von minderjährigen Asylsuchenden sogar weiter gestärkt.[7] Doch wie sieht die Wirklichkeit aus?

## 6. Inobhutnahme von unbegleiteten Minderjährigen

Für unbegleitete Minderjährige gibt es in Deutschland ein Aufnahmekonzept, das jüngst durch eine Änderung des SGB VIII nun auch eine Verteilung von unbegleiteten Minderjährigen vorsieht.[8] Sie werden vom Jugendamt vorläufig in Obhut genommen, bis sie nach einem bestimmten Schlüssel und unter Beachtung individueller Faktoren, wie familiäre Bindungen und der akuten gesundheitlichen Situation, an ein zuständiges Jugendamt verteilt werden sollen. Dort angekommen, sollen die Fluchthintergründe, familiäre Bindungen, die Gesundheit, der Bildungshintergrund und die individuellen Bedarfe und Stärken abgeklärt werden, um eine passgenaue Unterstützung durch das Jugendhilfesystem zu gewährleisten. Mit Hilfe eines Vormunds wird entschieden, ob ein Asylantrag gestellt wird, und die Bleibeperspektive ausgeleuchtet. In der Praxis bestehen vielfältige Probleme, wie fehlende Aufnahmeplätze, fehlende Kapazitäten bei den Jugendämtern und in den Jugendhilfeeinrichtungen und bei den Vormundschaften, doch die Jugendhilfe stellt sich der Verantwortung gegenüber diesen Kindern und Jugendlichen.

---

[5] § 1 Abs. 1 SGB VIII.
[6] § 6 Abs. 2 SGB VIII.
[7] Richtlinie 2013/33/EU des europäischen Parlaments und des Rates vom 26. Juni 2013 zur Festlegung von Normen für die Aufnahme von Personen, die internationalen Schutz beantragen (Neufassung) und Richtlinie 2013/32/EU vom 26. Juni 2013 zu gemeinsamen Verfahren für die Zuerkennung und Aberkennung des internationalen Schutzes (Neufassung).
[8] § 42 a-f SGB VIII.

## 7. Unterbringungssituation für Kinder in Familien

Die Situation für Flüchtlingskinder, die mit ihren Eltern nach Deutschland kommen, ist in der Regel eine andere. Sie werden gemeinsam mit ihren Eltern in Notunterkünften und Erstaufnahmeeinrichtungen untergebracht und laufen im weiteren Verfahren der Eltern meist einfach mit. Als eigene Rechtssubjekte mit besonderen Rechten werden sie behördlicherseits selten wahrgenommen. Meist wird davon ausgegangen, dass sie die gleichen Fluchtgründe haben wie ihre Eltern und auch sonst das aufenthaltsrechtliche Schicksal ihrer Eltern teilen.

Asylsuchende Familien sind verpflichtet, nach ihrer Ankunft zwischen sechs Wochen und sechs Monaten in einer Erstaufnahmeeinrichtung und später in einer Gemeinschaftsunterkunft zu leben, die ihnen zugewiesen wurde.[9] Es gibt keine bundeseinheitlichen Unterbringungsstandards, sondern lediglich Vorgaben einzelner Bundesländer. Diese betreffen überwiegend die Ausstattung und räumliche Beschaffenheit der Gebäude.[10]

Die Aufnahmeeinrichtungen sind häufiger nicht auf die besonderen Bedürfnisse der Kinder und Jugendlichen eingestellt. Aufgrund der Probleme bei der Unterbringung von Asylsuchenden hat sich die Situation seit Ende 2015 noch um einiges zugespitzt. Familien sind zum Teil in großen Hallen untergebracht, die eingezogenen Trennwände bieten dabei jedoch kaum Privatsphäre. Mancherorts kann auch eine gemeinsame Unterbringung von Familien nicht gewährleistet werden, Männer und ältere Söhne werden in Männerabteilungen untergebracht, während die Frauen und Kinder in Frauenabteilungen leben.

Die Lebenssituation in Gemeinschaftsunterkünften hat ganz spezifische Auswirkungen auch auf Kinder. Sie sehen sich mit räumlicher Enge, fehlenden Rückzugsmöglichkeiten und Lärmbelästigung aufgrund unterschiedlicher Schlaf- und Wachzeiten der Bewohner und Bewohnerinnen konfron-

---

[9] § 47 und 53 AsylG, Asylsuchende aus sicheren Herkunftsstaaten sind verpflichtet, bis zur Entscheidung und bei einer Ablehnung bis zur Ausreise in Erstaufnahmeeinrichtungen zu wohnen.

[10] Kai Wedel (2014): Unterbringung von Flüchtlingen in Deutschland - Regelungen und Praxis der Bundesländer im Vergleich, Hrsg.: Pro Asyl, Frankfurt am Main.

tiert. Hinzu kommen ein erhöhtes Infektionsrisiko, die Gefahr von möglicherweise auch sexualisierten Übergriffen durch andere Bewohner und Bewohnerinnen, beispielsweise aufgrund nicht abschließbarer Waschräume, sowie unzureichende Räume und Freiflächen, in denen Kinder sicher spielen und sich möglichst pädagogisch betreut aufhalten und bewegen können.

## 8. Asylverfahren

Aufgrund der hohen Zahl der neu einreisenden Asylsuchenden kommt es bei der Registrierung des Asylantrags und der Bearbeitung des Asylverfahrens zu längeren Wartezeiten. Es gibt allerdings einige Asylverfahren, die regelmäßig beschleunigt bearbeitet werden, so besonders anerkennungsträchtige Personengruppen wie syrische und eritreische Antragsteller sowie religiöse Minderheiten aus dem Irak. Diese Personengruppen sollen nach der überwiegend positiven Entscheidung möglichst schnell integriert werden. Auf der anderen Seite werden Verfahren von Antragstellern aus sicheren Herkunftsstaaten, wie den Westbalkanstaaten und möglicherweise demnächst auch den West-Maghrebstaaten, schnell bearbeitet, um eine schnelle Rückführung zu ermöglichen. In allen anderen Fällen vergehen von der Einreise bis zur endgültigen Entscheidung über den Asylantrag (inklusive eines möglichen Klageverfahrens) in der Regel Monate bis Jahre. Für die Beteiligten ist das Warten auf eine Entscheidung oft sehr belastend, insbesondere wenn z.B. noch Familienangehörige im Ausland aufhältig sind und diese nicht nachgeholt werden können, solange der Antrag nicht positiv beschieden ist. Menschen, die in ihrer Heimat traumatisierende Ereignisse erleiden mussten, leiden ebenfalls häufig sehr unter der ungeklärten Aufenthaltsperspektive.

Hinzu kommt, dass das Asylverfahren sehr komplex ist und die einzelnen Schritte für viele Asylsuchende nicht identifizierbar sind (Registrierung als Asylsuchender, förmliche Asylantragstellung, Befragung zum Reiseweg, Anhörung zu den Asylgründen, bei Ablehnung ggf. Klage, mündliche Verhandlung beim Verwaltungsgericht, Gerichtsentscheidung, ggf. Antrag auf Zulassung der Berufung beim Oberverwaltungsgericht, ggf. Folgeantrag).

Die Kinder durchschauen diese Schritte noch viel weniger, bekommen den Druck und die Unsicherheit ihrer Eltern aber unmittelbar mit, meist ohne das Geschehen einordnen zu können. Ist ein Kind z.B. unerwartet angespannt oder leicht reizbar, kann dies damit zusammenhängen, dass die Eltern einen für sie ungünstigen Bescheid erhalten haben und sie diesen Druck an das Kind weitergeben, ohne dass dieses verstanden hat, was passiert ist.

Vom Status, Verfahrensstand, dem Herkunftsland und der Dauer des Aufenthalts kann zudem abhängen, ob eine Familie berechtigt ist, aus einer Unterkunft auszuziehen, ob die Eltern Zugang zu Sprachkursen haben oder zu Arbeit. Dies hat für das Leben der Kinder unmittelbare Auswirkungen. Unterstützer sind daher oft gezwungen, sich mit dem rechtlichen Status und dem Verfahrenstand der Familie auseinanderzusetzen, wenn sie einem Kind oder einer Familie in einem konkreten Punkt Beistand leisten möchten. Dabei ist es wichtig, zusammen mit der Familie sachkundige Auskünfte von Asylberatungsstellen oder ggf. einem Anwalt einzuholen.

## 9. Psychische Stabilisierung

Kinder schalten in akuten Gefahrensituationen, wie dies die Flucht sein kann, oft in eine Art Notfallmechanismus, der das Überleben sicherstellt, ohne die Umgebung zu reflektieren. Ist die Notfalllage vorbei, fangen Körper und Geist an, das Geschehene zu verarbeiten. Erst allmählich zeigt sich dann, welche Ressourcen das Kind hat und/oder welche Hilfen es benötigt, um diese Ereignisse in sein Leben zu integrieren.

Nach europarechtlichen Mindeststandards steht Personen mit besonderen Bedürfnissen, worunter auch Kinder fallen, die erforderliche medizinische oder sonstige Hilfe, einschließlich geeigneter psychologischer Betreuung zu. Doch in der Praxis gibt es immer wieder große Hürden. So sieht das Asylbewerberleistungsgesetz, dem asylsuchende Familien unterliegen, ein Beantragungsverfahren für den Zugang zu medizinischen Leistungen, darunter auch Psychotherapie vor. Bei unbegleiteten Minderjährigen wird während der Inobhutnahme durch das Jugendamt Krankenhilfe gewährt, sie sind in diesem Punkt also besser gestellt als Kinder in Familien.

Daneben bestehen aber praktische Hürden: besondere psychotherapeutische Angebote stehen bislang für Flüchtlingskinder nicht flächendeckend zur Verfügung, und selbst in größeren Städten besteht ein Mangel an kinder- und jugendpsychiatrischen Diensten oder speziellen Angeboten der Traumatherapiezentren.

Der erste Schritt zur Stabilisierung noch vor dem Zugang zu Therapieangeboten wäre für entsprechend belastete Kinder allerdings die Schaffung eines sicheren, stärkenden Umfelds, eines strukturierten Alltags, Rückzugsmöglichkeiten und Raum zur freien Entfaltung sowie eine sichere Aufenthaltsperspektive. Diese Rahmenbedingungen in der Praxis zu schaffen, ist allerdings oft schwer, da rechtliche Bestimmungen oder praktische Gegebenheiten den Bedürfnissen zum Teil entgegenstehen.

## 10. Unterstützung der Eltern

Um asylsuchende Kinder nachhaltig zu unterstützen, muss insbesondere die Situation der Eltern in den Blick genommen werden. Oft ist es für diese schwierig, ihren Kindern als Stütze zu dienen, weil sie selbst durch ihre Fluchterfahrungen belastet sind und sich in der neuen Umgebung erst orientieren müssen. Häufig fällt es den Kindern leichter als den Eltern, sich an die neue Lebenssituation anzupassen. Sie lernen schneller die neue Sprache und haben durch die Schule mehr Außenkontakte als die Eltern. Das kann dazu führen, dass die Kinder als Lotsen und Dolmetscher/innen für ihre Eltern eingesetzt werden und sie Aufgaben übernehmen müssen, die ihrem Alter und ihrer Rolle als Kinder nicht entsprechen. Daher ist es wichtig, die Stärkung der Eltern in den Blick zu nehmen. Sie müssen befähigt werden, ihre Rolle als Eltern aktiv wahrzunehmen und als primäre Bezugspersonen ihrer Kinder zu dienen, für die sie Verantwortung übernehmen, mit ihnen gemeinsam Entscheidungen treffen und ein positives familiäres Umfeld bieten.

## 11. Aktuelle Entwicklungen im Umgang mit Flüchtlingskindern

Während in den letzten Jahren in der Fachöffentlichkeit die Lebenssituation unbegleiteter Minderjähriger im Vordergrund stand, gibt es seit kürzerem eine sich rasant entwickelnde Debatte darüber, welche Unterstützung asylsuchende Kinder insgesamt brauchen, also auch diejenigen, die mit ihren Familien nach Deutschland kommen. Um nur einige Schlaglichter auf diese Entwicklung zu werfen: Das Deutsche Jugendinstitut publizierte Anfang 2014 mehrere wissenschaftliche Aufsätze zum Thema und hat Ende 2015 ein Projekt zu den Lebenslagen, Bedarfen, Erfahrungen und Perspektiven unbegleiteter und begleitete minderjähriger Flüchtlinge gestartet. UNICEF veröffentlichte im September 2014 die Broschüre „In erster Linie Kinder", die eine große mediale Aufmerksamkeit erhielt.[11] Aufgrund wachsender Flüchtlingszahlen wurde das Bundesprogramm "Willkommen bei Freunden" ins Leben gerufen, das durch die Deutsche Kinder- und Jugendstiftung realisiert wird. Es soll Kommunen bei der Integration junger Flüchtlinge unterstützen und vor allem bei der Etablierung lokaler Bündnisse aus Behörden, Vereinen sowie Bildungs- und Flüchtlingseinrichtungen vor Ort helfen. Die Arbeitsgemeinschaft der Jugend- und Familienhilfe (AGJ) hat ein Positionspapier zur Umsetzung der Kinderrechte für Flüchtlingskinder herausgegeben. Landesjugendämter, Erziehungshilfeverbände und Wohlfahrtsverbände stellen sich dem Thema. Städte und Initiativen entwickeln Unterbringungskonzepte, bei denen die Belange von Kindern besondere Berücksichtigung finden.[12] Einige international tätige Organisationen, wie UNICEF und Save the Children, World Vision und Plan International haben begonnen, für den internationalen Kontext entwickelte Kinderschutzkonzepte[13] auf die Situation in deutschen Not- und Erstaufnahmeeinrichtungen anzuwenden, mit dem Ziel, langfristig in Deutschland bestimmte Schutzstandards für Kinder in Flüchtlingsunterkünften zu etablieren.

Zudem gibt es schon lange auf lokaler Ebene ehrenamtliche Unterstützungsangebote wie Hausaufgabenhilfe, Angebote für sportliche Aktivitäten sowie Patenschaften und Projekte zur stärkeren Teilhabe von Flüchtlingskindern. Die Anzahl und Vielfältigkeit der Projekte wächst ebenso wie die

---

[11] UNICEF (2014): In erster Linie Kinder – Flüchtlingskinder in Deutschland, Köln, im Internet abrufbar.
[12] So z.B. die Stadt Münster.
[13] Child Protection Working Group (2012): Minimum Standards for Child Protection in Humanitarian Action.

Aufmerksamkeit, die diesen Projekten zuteil wird. Zudem ist es einfacher geworden, finanzielle Unterstützung für entsprechende Projekte zu erhalten und damit die Ausgestaltung zu professionalisieren. Darüber hinaus gibt es vermehrt übergreifende Projekte wie Bundes- oder Landesprogramme, die Flüchtlingskinder als Zielgruppe haben. So führt z.B. die Stiftung Lesen das Programm „Lesestart für Flüchtlingskinder" durch, das Flüchtlingskinder und ihre Eltern in Erstaufnahmeeinrichtungen mit dem Vorlesen und Lesen vertraut machen soll, um erste Zugänge zur deutschen Sprache zu bekommen und das Lesenlernen zu unterstützen.

## 12. Fazit

Trotz des starken Anstiegs der Asylbewerberzahlen und der damit verbundenen Herausforderungen für die Kommunen und die Gesellschaft gibt es in Deutschland bei Fachkräften, Behörden, in der Wissenschaft und der Zivilgesellschaft ein wachsendes Bewusstsein dafür, dass Flüchtlingskinder, egal ob unbegleitet oder mit der Familie lebend, eine besondere Unterstützung brauchen: dies, weil sie oft besonderen Belastungen in ihren Heimatländern und auf der Flucht ausgesetzt waren, aber auch einfach deshalb, weil sie als Kinder einer besonderen Unterstützung und Förderung ihrer Entwicklung bedürfen.

KATRIN SCHOCK & LINA HEUER

# Flüchtlingskinder – Auswirkungen von Krieg und Flucht

## 1. Einführung

In seinem Halbjahresbericht 2015 verzeichnete das UN-Hochkommissariat für Flüchtlinge (United Nations High Commissioner for Refugees, UNHCR) mit 15,1 Millionen Flüchtlingen weltweit, die höchste Zahl an Flüchtlingen seit zwanzig Jahren (UNHCR, 2015). Nach Angaben des Bundesamts für Migration und Flüchtlinge (BAMF) betrug die Zahl der Asylerstanträge im Jahr 2015 441.899 (BAMF, 2015). Im Vergleich zum Vorjahr, in dem insgesamt 173.072 Erstanträge gestellt wurden, bedeutet dies einen Anstieg um 155,3% (BAMF, 2015).

Zwangsvertriebene sind unterschiedlichen Belastungen und potenziell traumatisierenden Ereignissen ausgesetzt, wie organisierter Gewalt, politischen Konflikten, Kriegserleben und Folter. Häufig sind posttraumatische Störungen die Folge (Neuner et al., 2008; Sack, Clarke, & Seeley, 1996). Kinder sind eine besonders vulnerable Gruppe und einem großen Risiko von Missbrauch, Vernachlässigung, Gewalt, Ausbeutung, Menschenhandel und militärischer Zwangsrekrutierung ausgesetzt, egal ob es sich um Flüchtlinge, Binnenvertriebene, Asylsuchende oder Staatenlose handelt. In vielen Fällen erleben sie direkte Gewalterfahrungen und werden von ihren Familien getrennt. Querschnittsstudien zeigten Prävalenzen einer Posttraumatischen Belastungsstörung (PTBS; engl.: PTSD) von 20% bei libanesischen Waisen, die Bombardierungen und Terroranschlägen ausgesetzt waren, von 44% bei überlebenden Waisen ein Jahrzehnt nach dem Völkermord in Ruanda und von 20% unter tamilischen Kindern, nach Kriegstraumatisierungen und Gewalt in der Familie (Neuner et al., 2008). Bei etwa der Hälfte aller Asylbewerber handelt es sich um Kinder (Pacione, Measham & Rousseau, 2013; Thommessen et al. 2013). Flüchtlingskinder, die in westlichen Ländern Zuflucht fanden, zeigten mit PTBS-Prävalenzen von 17,7% (Fazel, Wheeler, & Danesh, 2005) wesentlich höhere Prävalenzen als Kinder und Jugendliche in der englischen Allgemeinbevölkerung, welche eine PTBS-Prävalenz von 0,2% aufwiesen (Meltzer et al., 2000). Tam und Kollegen fanden in einer Metaanalyse, in die sie 11 Längsschnittstudien mit einbezogen, PTBS-Prävalenzen von 20 - 48,7% bei Flüchtlingskindern (Tam, Houlihan, & Melendez-Toores, 2015).

Ein besonderes Augenmerk erfordern unbegleitete minderjährige Flüchtlinge (UMFs). UMFs sind Kinder und Jugendliche, die ohne Begleitung erziehungsberechtigter Erwachsener aus verschiedenen Ländern der Welt (zumeist aus Osteuropa, Afrika oder Asien) fliehen, um in Deutschland Schutz zu finden. Zusätzlich zu der schwierigen Situation im Heimatland und einer oftmals traumatisierenden Flucht müssen sie selber den Alltag in einem fremden Land bewältigen.

## 2. Sequenzielle Traumatisierung

Zum Verständnis für das Erleben und Verhalten von Schülerinnen und Schülern mit Fluchterfahrung ist von Bedeutung, dass sie zumeist nicht ein einzelnes Trauma, sondern eine Vielzahl traumatischer Erlebnisse erlitten haben. Nach Keilson (1979) handelt es sich hierbei um eine sequenzielle Traumatisierung. Diese knüpft an die Zeit vor dem traumatischen Prozess an und umfasst, wie in Abbildung 1 veranschaulicht, verschiedene Phasen der Bedrohung (Keilson, 1979, Becker & Weyermann, 2006).

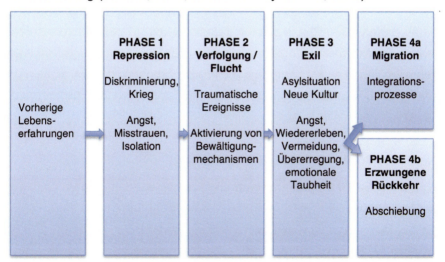

Abb. 1: Sequenzielle Traumatisierung im Kontext der Flucht (modifiziert nach Keilson 1979; Becker & Weyermann, 2006)

Die erste Phase der sequenziellen Traumatisierung, die Phase der Repression, beinhaltet das Erleben von Diskriminierung oder Krieg und ist gekennzeichnet durch Angst, Isolation und Misstrauen. An diese schließt sich die Phase der Verfolgung an, die in der Flucht mündet. Diese Phase ist häufig durch die Bedrohung des eigenen Lebens und die Erfahrung von Gewalt gekennzeichnet. Phase drei, die Phase des Exils, ist die Phase, in der sich Flüchtlingskinder und -jugendliche in Deutschland befinden. Für sie ist diese Phase der sequenziellen Traumatisierung geprägt durch den schmerzhaften Erinnerungen an die in Phase eins und zwei erlebten traumatischen Ereignisse sowie den Verlust von Familienangehörigen, engen Bezugspersonen und der Heimat (Van der Veer, 1998). Auch beeinflussen Anpassungs- und Integrationsbemühungen sowie zukunftsbezogene Befürchtungen die Phase des Exils (Van der Veer, 1998). Die zukunftsbezogenen Befürchtungen sind häufig auf die noch bevorstehende vierte Phase gerichtet: Mündet die momentane Situation in eine dauerhafte Aufenthaltserlaubnis und somit in die Phase der Migration (4a) und führt zum Einleben in die neue Gesellschaft oder endet sie in einer Abschiebung und somit in einer erzwungenen Rückkehr in das Herkunftsland (4b)? Die Phase des Exils, in der sich die nach Deutschland geflüchteten Kinder und Jugendlichen befinden, ist die bedeutendste Phase der sequenziellen Traumatisierung für die psychische Gesundheit und den weiteren Entwicklungsweg (Keilson 1979). Somit stellen in der Phase des Exils Unsicherheiten bezüglich des Aufenthaltes, das Erleben weiterer traumatischer Ereignisse und ungünstige Lebenssituationen entscheidende Faktoren zur Erhöhung der Wahrscheinlichkeit einer Chronifizierung psychischer Auffälligkeiten dar (Brandmeier, 2013).

## 3. Trauma und Traumafolgestörungen

Traumatische Erlebnisse sind einmalige oder wiederkehrende Situationen „außergewöhnlicher Bedrohung oder katastrophenartigen Ausmaßes [...], die bei fast jedem eine tiefe Verzweiflung hervorrufen würde[n]" (Dilling, Mombour & Schmidt, 2014, S. 207). Zu traumatischen Lebensereignissen gehören das Erleben oder Miterleben eines tatsächlichen oder angedrohten

Todes, sexuelle Gewalt sowie andere schwerwiegende körperliche Verletzungen (DSM 5; Diagnostic and Statistical Manual of Mental Disorders, 2013).

Während einer traumatischen Situation erleben Betroffene eine überflutende Angst, Ohnmacht und Hilflosigkeit (Huber, 2009). Doch auch im Anschluss an das Erleben eines Traumas können anhaltende seelische Belastungen entstehen. Eine Systematisierung posttraumatischer psychischer Folgen findet in Diagnosemanualen statt. So umfasst das *Diagnostic and Statistical Manual of Mental Disorders* (American Psychiatric Association, 2013) vier Symptomcluster, die in Tabelle 1 dargestellt sind.

Tab. 1: Symptome der Posttraumatischen Belastungsstörung (vgl. APA, 2013)

| Wiedererleben | Flashbacks, wiederkehrende Albträume, Intrusionen - spontane, sich aufdrängende Erinnerungen an das Trauma |
|---|---|
| Vermeidung | Versuch traumaassoziierte Stimuli, wie belastende Erinnerungen, Gedanken, Gefühle, und äußere Trigger, wie Orte, Situationen und Personen, zu umgehen |
| Übererregung | Schlafstörungen, erhöhte Reizbarkeit, übertriebene Schreckreaktionen, motorische Unruhe |
| Negative Gedanken und Stimmungen | Gefühl der Entfremdung, Schuldgefühle, eingeschränkte Bandbreite des Affekts, Interessensverlust, Erinnerungslücken bezüglich des Traumas |

Neben den in der Tabelle 1 aufgeführten Symptomen kann das Erleben existenzieller Bedrohungen auch zu weiteren Auffälligkeiten führen. Welche weiteren Belastungsreaktionen bei Kindern und Jugendlichen mit Fluchthintergrund im Vordergrund stehen, wird im folgenden Abschnitt aufgeführt.

## 4. Unbegleitete minderjährige Flüchtlinge

Die Zahl der unbegleiteten minderjährigen Flüchtlinge in Deutschland ist Ende Januar 2016 auf über 60.000 gestiegen (Bundesfachverband unbegleitete minderjährige Flüchtlinge e.V. (BumF), 2016). Viele leiden unter posttraumatischen Störungen. So fanden Studien PTBS-Prävalenzen von 20-84% bei UMFs bei Ankunft im Exilland, ebenso hohe Prävalenzen wurden bez. der Angst- und depressiven Symptomatik gefunden. Junge weibliche UMFs zeigten die höchsten Symptomraten (Fazel et al., 2012; Huemer et al., 2009). Im Exilland sind die unbegleiteten minderjährigen Flüchtlinge zahlreichen Postmigrationsstressoren ausgesetzt. Diese umfassen Faktoren, die mit dem Asylverfahren zusammenhängen, wie z.b. die Angst um den Aufenthaltsstatus oder auch die Angst beim Altersfeststellungsverfahren, wie auch Faktoren, die die Familie betreffen, z.B. die Angst um die Familie im Heimatland, und weiter Faktoren des Alltagslebens, wie z.B. Isolation, Langeweile oder Diskriminierung. Verlaufsstudien zeigen diesbezüglich einen Anstieg der empfundenen Belastung durch Stressoren wie Angst um Aufenthalt, Altersfeststellungsverfahren, erfahrener Diskriminierung, der empfundenen Schwierigkeiten, Freundschaften zu schließen und Schwierigkeiten hinsichtlich eines ausreichenden Zugangs zu gesundheitlicher Versorgung und angemessener Unterbringung (Vervliet et al., 2014; Vervliet, et al., 2014). Diese Faktoren können den Prozess des Copings und der Wiedergesundung beeinträchtigen und zu Verschlechterungen bzw. zur Chronifizierung der Symptomatik führen.

## 5. Fazit

Die Hälfte der Flüchtlinge weltweit sind Kinder. Viele von ihnen sind traumatisiert. Sie benötigen besonderen Schutz, um die erlebten traumatischen Erfahrungen zu verarbeiten und damit Verschlechterungen und einer Chronifizierung der Symptomatik vorzubeugen. Unabdingbar ist eine zeitnahe psychotherapeutische, psychosoziale und medizinische Unterstützung. Darüber hinaus müssen soziale Belange, wie eine angemessene Unterbringung und Schulbildung, berücksichtigt werden, um den Kindern die Möglichkeit zu geben, eine gewisse Normalität leben zu können, sich zu integrieren und dadurch den Weg der Wiedergesundung zu gehen.

## Literatur

American Psychiatric Association (2013). Diagnostic and Statistical Manual of Mental Disorders (DSM-5). Arlington: American Psychiatric Publishing.
Becker, David/ Weyermann, Barbara (2006). Arbeitshilfe: Gender, Konflikttransformation & der Psychosoziale Ansatz. Bern: Direktion für Entwicklung und Zusammenarbeit.
Bundesamt für Migration und Flüchtlinge (BAMF; 2016). Geschäftsstatistik für den Monat Dezember 2016. https://www.bamf.de/SharedDocs/Anlagen/DE/Downloads/Infothek/Statistik/Asyl/201512-statistik-anlage-asyl-geschaeftsbericht.pdf?__blob=publicationFile, letzter Zugriff: 11.02.2016.

Bundesfachverband unbegleitet minderjährige Flüchtlinge (2016). http://www.b-umf.de/, letzter Zugriff: 06.02.2016.

Brandmeier, Maximiliane (2013): „Ich hatte hier nie festen Boden unter den Füßen" - Traumatisierte Flüchtlinge im Exil. In: Feldmann, Robert/Seidler, Günther (Hg.): Traum(a) Migration. Aktuelle Konzepte zur Therapie traumatisierter Flüchtlinge und Folteropfer. Gießen: Psychosozial-Verlag. S. 15-33.

Dilling, Horst/Mombour, Werner/Schmidt, Martin H. (Hg). (2014): Internationale Klassifikation psychischer Störungen. ICD-10 Kapitel V (F). Klinisch-diagnostische Leitlinien. Bern: Huber.

Fazel, Mina/Reed, Ruth, V./Panter-Brock, Catherine/Stein, Alan (2012). Mental health of displaced and refugee children resettled in high-income countries: risk and protective factors. In: The Lancet, Volume 379, Issue 9812, S. 266-282.

Fazel, Mina/Wheeler, Jeremy/ Danesh, John (2005). Prevalence of serious mental disorder in 7000 refugees resettled in western countries: A systematic review. The Lancet, 365, S. 1309-1314.

Huemer, Julia/Karnik, Niranjan, S./Voelkl/Kernstock, Sabine/ Granditsch, Elisabeth/Dervic, Kanita/Friedrich, Max, H./Steiner, Hans (2009). Mental health issues in unaccompanied refugee minor. In: Child and Adolescent Psychiatry and Mental Health, 3:13; doi:10.1186/1753-2000-3-13.

Huber, Martina (2009). Trauma und die Folgen – Trauma und Traumabehandlung, Teil 1. 4. Auflage. Paderborn: Junfermann.

Keilson, Hans (1979). Sequentielle Traumatisierung bei Kindern. Stuttgart: Enke.

Meltzer, Howard/Gatward, Rebecca/Goodman, Robert/Ford, Tamsin (2000). Mental health of children and adolescents in Great Britain. London, England: The Stationary Office.

Neuner, Frank/Catani, Claudia/Ruf, Martina/Schauer, Elisabet/Schauer, Maggie/Elbert, Thomas (2008). Narrative exposure therapy for the treatment of traumatized children and adolescents (KidNET): From neurocognitive theory to field intervention. In: Child and Adolescent Psychiatric Clinics of North America, Volume 17, S. 641-664.

Pacione, Laura/Measham, Toby/Rousseau, Cécile (2013). Refugee children: Mental health and effective interventions. Current Psychiatry Reports, 15. 15:341.

Sack, William H./Him, Chanrithy/Dickason, Dan (1999). Internalizing and externalizing symptoms among unaccompanied refugee and Italian adolescents. In: Children and Youth Services Review, Volume 35, S. 7-10.

Tam, Stephanie, Y./Houlihan, Shea/Melendez-Toores, G. J. (2015). A Systematic Review of Longitudinal Risk and Protective Factors and Correlates for Posttraumatic Stress and Its Natural History in Forcibly Displaced Children. In: Trauma, Violence and Abuse, Published online before print December 30, 2015, doi: 10.1177/1524838015624427

Thommessen, S./Laghi, F./Cerrone, C./Baiocco, R./Todd, B.K. (2013). Internalizing and externalizing symptoms among unaccompanied refugee and Italian adolescents. In: Children and Youth Services Review, 35, S. 7-10.

United Nations High Commissioner for Refugees (2015 June). UNHCR Mid-Year Trends 2015. Retrieved from http://www.unhcr.de/service/zahlen-und-statistiken.html.

Vervliet, Marianne/Meyer Demott, Melinda/Jakobsen, Marianne/Broekaert, Eric/Heir, Trond/ Derluyn, Ilse (2014). The mental health of unaccompanied refugee minors on arrival in the host country. In: Scandinavian Journal of Psychology, Volume 55, Issue 1, S. 33-37.

Vervliet, Marianne/Lammertyn, Jan/Broekaert, Eric/Derluyn, Olse (2014). Longitudinal follow-up of the mental health of unaccompanied refugee minors. In: European Child and Adolescent Psychiatry, 23, Issue 5, S. 337-346.

Van der Veer, Guus (1998). Counselling and Therapy with Refugees and Victims of Trauma. Psychological Problems of War, Torture and Repression. (2nd ed.) Chichester: John Wiley & Sons.

FRANKA METZNER & CAROLIN MOGK

# Auswirkungen traumatischer Erlebnisse von Flüchtlingskindern auf die Teilhabemöglichkeiten im Alltagsleben und in der Schule –
Erfahrungen aus der Flüchtlingsambulanz für Kinder und Jugendliche am Universitätsklinikum Hamburg-Eppendorf

## 1. Traumatische Erlebnisse von Flüchtlingskindern im Heimatland und auf der Flucht

Ein Großteil der Kinder und Jugendlichen, die beispielsweise aufgrund von Krieg oder Verfolgung aus ihrem Heimatland geflohen sind, haben in der Heimat oder auf der Flucht traumatische Erfahrungen gemacht. Traumatische Erlebnisse umfassen belastende Ereignisse oder Situationen außergewöhnlicher Bedrohung oder katastrophenartigen Ausmaßes, bei denen die Kinder und Jugendlichen in Lebensgefahr geraten, mit dem Tod oder der Verletzung anderer Menschen konfrontiert werden oder ihre körperliche Unversehrtheit bedroht ist (Dilling et al. 2013). Grundsätzlich lassen sich traumatische Erlebnisse hinsichtlich der Ursache (Unfall oder durch Menschen verursacht), ihrer Häufigkeit (einmalig oder wiederholt) und ihrer Dauer (kurzfristig oder langanhaltend) voneinander unterscheiden (Maercker / Hecker 2016). Kinder und Jugendliche, die ihr Zuhause verlassen müssen, erleben in ihren Heimatländern und auf der Flucht v.a. durch Menschen verursachte, sich wiederholende oder langanhaltende traumatische Situationen wie z.B. Geiselhaft, Folter und wiederholte Gewalterfahrungen in Form von sexuellem Missbrauch, Misshandlung oder Vernachlässigung (Bronstein / Montgomery 2011; Huemer et al. 2009; Lustig et al. 2004), die auch als interpersonelle komplexe Traumata oder Typ-II-Traumta (Terr 1991) bezeichnet werden (siehe Tabelle 1). Die Täter sind häufig Angehörige von (para-)militärischen Gruppierungen, Menschenschmuggler (sog. „Schlepper"), andere Flüchtlinge, Polizisten in Transitländern oder auch Eltern(-teile) bzw. Familienmitglieder.

Tab. 1: Traumatische Erlebnisse von Flüchtlingskindern

| *Traumata vor der Flucht* |
|---|
| • Krieg, Bombardierung, Explosionen<br>• Folter, (angedrohte) Verletzung mit Waffen oder Ermordung<br>• Entführung, Trennung von den Eltern<br>• Plünderung, Vertreibung aus dem Zuhause<br>• Konfrontation mit Verletzten oder Leichen/-teilen<br>• Verlust der Eltern durch Mord oder Krankheit<br>• Mitansehen von der Verletzung oder Ermordung enger Bezugspersonen oder anderer Menschen<br>• eigene erzwungene Täterschaft, z.B. als Kindersoldat<br>• häusliche Gewalt, Misshandlung, Vernachlässigung oder sexueller Missbrauch durch die Eltern oder andere Bezugspersonen |
| *Traumata während der Flucht* |
| • lebensgefährliche Fluchtwege (z.B. Bootsüberfahrten, Wüstenstrecken, versteckte Fahrten in LKWs oder Zügen)<br>• körperliche und psychische Misshandlung durch „Schlepper", andere Flüchtlinge oder Menschen im Transitland<br>• sexueller Missbrauch, Prostitution<br>• Gefangenschaft in Gefängnis oder Flüchtlingslager<br>• Obdachlosigkeit<br>• Mitansehen der Verletzung oder Sterben von Familienangehörigen oder anderen Personen<br>• Trennung von den Eltern |
| *Traumata nach der Flucht sowie Postmigrationsstressoren* |
| • schwierige Wohnsituation (Leben im Flüchtlingslager, wiederholte Umzüge)<br>• geringe soziale Unterstützung bzw. soziale Isolation<br>• Akkulturationskonflikte<br>• Konflikte mit Asylbehörden, ungeklärter Asylstatus<br>• finanzielle Probleme<br>• Verständigungsprobleme<br>• Diskriminierungserfahrungen, fremdenfeindliche Übergriffe<br>• Trennung von den engsten Bezugspersonen<br>• körperliche, psychische und sexuelle Gewalt durch die Bezugspersonen, fremde Erwachsene oder Gleichaltrige, z.B. in der Unterkunft oder Schule |

Eine Vielzahl von Studien aus Deutschland (Adam / Klasen 2011; Gavranidou et al. 2008, Möhlen 2005; Ruf et al. 2010; Ruf-Leuschner et al. 2014) aber auch weltweit (Huemer et al. 2009) zeigt, dass Kinder und Jugendliche mit Fluchthintergrund im Vergleich zu Kindern, die nicht aus ihrem Heimatland geflohen sind, eine höhere Anzahl und eine größere Bandbreite von Traumata erleben. Minderjährige Flüchtlinge, die unbegleitet auf der Flucht unterwegs waren, sind dabei im besonderen Ausmaß von traumatischen Erlebnissen betroffen. Bean und Kollegen (2007) befragten insgesamt 3.273 begleitete und unbegleitete Flüchtlingskinder, Kinder mit Migrationshintergrund sowie Kinder ohne Flucht- und Migrationshintergrund in den Niederlanden. Sie zeigten in ihrer Untersuchung, dass unbegleitete minderjährige Flüchtlinge etwa doppelt so viele traumatische Ereignisse erlebt hatten wie begleitete oder nicht geflüchtete Kinder und Jugendliche (Bean et al. 2007). Körperliche Misshandlung wurde von 23% der begleiteten Kinder mit Flucht- oder Migrationshintergrund, von 27% der Kinder ohne Flucht- oder Migrationshintergrund und von 63% der unbegleiteten Flüchtlingskinder berichtet; sexuellen Missbrauch erlebten 20% der unbegleiteten minderjährigen Flüchtlinge im Vergleich zu 8% der Kinder, die entweder mit ihren Eltern geflüchtet sind oder keine Flucht erlebt hatten (Bean et al. 2007).

Iffland und Kollegen (2013) fanden bei ihrer repräsentativen retrospektiven Befragung in Deutschland Prävalenzen von 6% für sexuellen Missbrauch, 10% für emotionale Misshandlung, 12% für physische Misshandlung, 14% für emotionale Vernachlässigung und 48% für physische Vernachlässigung in der Kindheit und Jugend. Bei in Deutschland lebenden geflüchteten Kindern und Jugendlichen, die beispielsweise in der Schule oder in der Flüchtlingsunterkunft befragt wurden, zeigten sich für die selbst erlebte körperliche Misshandlung Häufigkeiten zwischen 14% und 78%; zwischen 18% und 46% der Mädchen und Jungen gaben an, die körperliche Misshandlung von Familienangehörigen oder anderen Menschen mitangesehen zu haben und 6% bis 53% hatten den Tod von mindestens einer nahestehenden Person erlebt (Adam / Klasen 2011; Gavranidou et al. 2008, Möhlen 2005; Ruf et al. 2010; Ruf-Leuschner et al. 2014). Von 104 in Flüchtlingsunterkünften interviewten Mädchen und Jungen berichteten etwa 5% von sexuellem Missbrauch (Ruf et al. 2010).

Belastende Erlebnisse im Aufnahmeland wie fremdenfeindliche Übergriffe, soziale Isolation oder Konflikte mit den Asylbehörden werden in Abgrenzung zu den traumatischen Erlebnissen als Postmigrationsstressoren verstanden. In der Untersuchung von Gavranidou et al. (2008) berichteten beispielsweise 24 von 55 befragten Flüchtlingskindern von Diskriminierungserfahrungen. Laut der Übersichtsarbeiten von Bronstein und Montgomery (2011), Lustig et al. (2004) sowie von Ehntholt und Yule (2006) wurden diese Stressoren als Risikofaktoren für die psychische Gesundheit von geflüchteten Kindern und Jugendlichen identifiziert. Zu den Risikofaktoren im posttraumatischen Umfeld von Flüchtlingskindern zählen auch das Leben im Flüchtlingslager sowie ein hohes Stresslevel nach der Flucht durch die Asylsuche, den ungeklärten Asylstatus, finanzielle Probleme, schwierige Wohnsituation, mehrfache Umzüge, Verständigungsprobleme oder Akkulturationskonflikte. Die Risikofaktoren, die die Wahrscheinlichkeit des Auftretens von psychischen Auffälligkeiten nach einem Trauma erhöhen, können allerdings durch Schutzfaktoren wie adäquate Copingstrategien, hohes Selbstwertgefühl, ausgeglichenes Temperament und Anpassungsfähigkeit, Familienzusammenhalt sowie eine hohes Niveau an sozialer Unterstützung ausgeglichen werden (Ehntholt / Yule 2006; Lustig et al. 2004). Die empirisch identifizierten Risiko- und Schutzfaktoren für die psychische Gesundheit von Flüchtlingskindern stellen daher wichtige Ansatzpunkte für präventive Angebote im relevanten Settings wie Erst- und Folgeunterkünften, Kitas und (Berufs-)Schulen dar.

## 2. Psychische Folgen von wiederholten oder langanhaltenden traumatischen Erlebnissen in der Heimat oder auf der Flucht

Die psychische Gesundheit von Kindern und Jugendlichen kann durch traumatische Erlebnisse nachhaltig beeinträchtigt werden (Norman et al. 2012). Zu den häufigsten Traumafolgestörungen bei Flüchtlingskindern gehören die Posttraumatische Belastungsstörung (PTBS) und die Depression (Bronstein / Montgomery 2011). Die Kernsymptome der PTBS sind das

Wiedererleben des Traumas (z.B. als sich aufdrängende Erinnerungen, Flashbacks oder Alpträume), Vermeidungsverhalten (z.B. das Vermeiden von Orten oder Menschen, die an die traumatischen Erlebnisse erinnern) sowie eine starke Anspannung und Übererregbarkeit, die sich in Konzentrationsschwierigkeiten, Schlafstörungen oder starker Gereiztheit und Aggressivität zeigen kann (Dilling et al. 2013). In der Schule fallen die Kinder und Jugendlichen durch ihre große Müdigkeit bedingt durch die Schlafstörungen und Alpträume auf; einige schaffen es aufgrund der Übermüdung nicht in die Schule zu gehen, verschlafen durch spätes Einschlafen den Schulbeginn oder schaffen es nicht, sich über mehrere Schulstunden hinweg zu konzentrieren bzw. wach zu bleiben. Eine Übersicht zur Häufigkeit der PTBS in der Gruppe der minderjährigen Flüchtlinge weltweit zeigte, dass zwischen 19% und 54% der untersuchten minderjährigen Flüchtlinge an PTBS litten (Bronstein / Montgomery 2011). In Deutschland durchgeführte Studien zu Traumafolgestörungen bei Flüchtlingskindern zeigen für die PTBS Häufigkeiten zwischen 14% und 60% (Adam / Klasen 2011; Gavranidou et al. 2008; Möhlen 2005; Nedbal 2015; Ruf et al. 2010; Ruf-Leuschner et al. 2014). So ergab eine 2015 in Münchener Erstaufnahmeeinrichtungen durchgeführte Befragung von 102 syrischen Mädchen und Jungen, dass 22,3% der der bis zu 14-jährigen Kinder und Jugendlichen die Kriterien der PTBS erfüllten (Nedbal 2015).

Ein Teil der Flüchtlingskinder entwickelt nach traumatischen Erlebnissen eine Depression. Die Depression ist gekennzeichnet durch eine gedrückte Stimmung, eine erhöhte Reizbarkeit, den Verlust des Interesses an den Dingen, die normalerweise sehr gern gemacht werden, durch Freudlosigkeit, einen verminderten Antrieb sowie teilweise auch durch Suizidgedanken und Suizidversuche (Dilling et al. 2013). Die betroffenen Kinder ziehen sich häufig zurück, nehmen gar nicht oder nur mit sehr wenig Antrieb an der Schule oder Freizeitaktivitäten teil oder fallen durch Appetitlosigkeit und Gewichtsverlust auf.

Bronstein und Montgomery (2011) identifizierten in ihrem Systematischen Review drei Studien zur Depression bei geflüchteten Kindern und Jugendlichen mit Häufigkeiten zwischen 3% und 30%. Adam und Klasen (2011),

Möhlen (2005), Ruf et al. (2010) und Ruf-Leuschner et al. (2014) fanden bei 6% bis 34% von in Deutschland lebenden minderjährigen Flüchtlingen und Asylbewerbern Hinweise für das Vorliegen einer Depression. Befragungen von Flüchtlingskindern in deutschen Schulen, Beratungsstellen oder Flüchtlingsunterkünften konnten zudem zeigen, dass die Mädchen und Jungen an Ängsten oder der Anpassungsstörung litten (Adam / Klasen 2011; Möhlen 2005; Nedbal 2015; Ruf-Leuschner et al. 2014). Zu häufigen psychischen Auffälligkeiten, die traumatisierte Flüchtlingskinder zeigen, gehören zudem Substanzmissbrauch (insbesondere von Marihuana, Alkohol und Beruhigungsmedikamenten) sowie dissoziative Störungen. Dissoziative Störungen sind gekennzeichnet durch den „teilweisen oder völligen Verlust der normalen Integration von Erinnerungen an die Vergangenheit des Identitätsbewusstseins, der unmittelbaren Empfindungen sowie der Kontrolle über Körperbewegungen" (Dilling et al. 2013). Die Störung kann sich in unterschiedlichen Formen, beispielsweise durch Amnesien bzw. Erinnerungslücken für bestimmte Zeiträume oder durch Epilepsie-ähnliche Krampfanfälle, zeigen. Hinweise für Dissoziationen können das unruhige Umherrutschen auf dem Stuhl, ein abwesend wirkender Blick, als ob die Verbindung zum aktuellen Geschehen „unterbrochen" ist, sowie das Ausbleiben einer Reaktion bei Ansprache sein. Dissoziationen können minutenlang anhalten und sind für die betroffenen Kinder und Jugendlichen häufig nicht erinnerbar.

**Teilhabebeeinträchtigungen im Kontext komplexer Traumafolgestörungen**

Insbesondere dann, wenn Kinder und Jugendliche über einen langen Zeitraum hinweg Opfer von Gewalt oder Vernachlässigung geworden sind, leiden sie nach den traumatischen Erlebnissen an psychischen Auffälligkeiten, die mit den etablierten Diagnosen bisher nicht umfassend beschrieben werden können. Vorgeschlagen wurden daher die zwei Störungsbilder Komplexe PTBS (Maercker et al. 2013) sowie - spezifisch für Kinder und Jugendliche - das vom National Child Traumatic Stress Network entwickelte Konzept Traumaentwicklungsstörung (engl. Developmental Trauma Disorder, DTD; van der Kolk et al. 2009) für die Aufnahme in die Klassifikationssysteme der Weltgesundheitsorganisation und American Psychological

Association. Die Kriterien der Traumaentwicklungsstörung, auch Entwicklungs-Traumastörung genannt, greifen entwicklungspsychologische Aspekte wie das Bindungsverhalten und die Entwicklung der Verhaltens- und Emotionsregulation sowie des Selbstkonzepts auf, die bei langanhaltenden und durch Menschen verursachte Traumata in der Kindheit nachhaltig beeinträchtigt werden können (Cook et al. 2003). In Abgrenzung zur PTBS soll die Traumaentwicklungsstörung eine Beschreibung der Symptomatik bei Kindern und Jugendlichen, die mehrere oder über einen Zeitraum von mindestens einem Jahr andauernde schwere interpersonelle Traumata sowie die Unterbrechung der Schutz bietenden Versorgung durch die primären Bezugspersonen erlebt haben, liefern.

Zu den Kernsymptomen der Traumaentwicklungsstörung zählen neben dem Vorliegen einzelner PTBS-Symptome

- Symptome affektiver und physiologischer Dysregulation (z.B. die beeinträchtigte Fähigkeit, sich nach großer Angst oder Wut zu beruhigen),

- Schwierigkeiten bei der Verhaltens- und Aufmerksamkeitssteuerung (z.B. die Aufmerksamkeitsfokussierung auf potentielle Bedrohungen, die eingeschränkte Fähigkeit, mit Stress umzugehen) sowie

- Schwierigkeiten der Selbstregulation und Beziehungsgestaltung (z.B. starkes Misstrauen auch gegenüber vertrauten Personen).

Besonderer Stellenwert bei den von van der Kolk (2009) formulierten Kriterien kommt den Teilhabebeeinträchtigungen der betroffenen Kinder und Jugendlichen zu. Im Bereich der Schule können sich die Teilhabebeeinträchtigungen in Form von Leistungsproblemen, Klassenwiederholungen, Umschulungen, Disziplinproblemen, Konflikten mit Schulpersonal, schulvermeidenden Verhalten, Schulausschluss oder Lernstörungen, die nicht oder nicht nur mit klassischen Teilleistungsstörungen erklärbar sind, äußern. In der Familie oder bei unbegleiteten Minderjährigen in den Wohngruppen zeigen sich bei den betroffenen Kindern und Jugendlichen Konflikte, Vermeidung, Passivität, Weglaufen, Versuche, Familienmitglieder bzw. andere Bezugspersonen emotional oder körperlich zu verletzen oder das Nicht-Erfüllen von wichtigen familiären Verpflichtungen. Hinsichtlich ihrer

Gleichaltrigengruppe fallen sie durch Isolation, Vermeidungsverhalten, permanente Konflikte mit Gleichaltrigen, Beteiligung an Gewalttaten oder Risikoverhaltensweisen oder durch eine deviante bzw. altersinadäquate Gleichaltrigengruppe auf. Bei komplex traumatisierten Kindern und Jugendlichen können sich die Teilhabeeinschränkungen auch durch kriminelles Verhalten in Form von sich steigernden Delikten, Anklagen, Inhaftierungen, Arresten, Vorstrafen oder Missachtung des Gesetzes und moralischer Standards äußern. Viele der betroffenen minderjährigen Flüchtlinge berichten von gesundheitlichen Beschwerden durch körperliche Symptome wie z.B. schwere Kopf-, Bauch- oder Rückenschmerzen, die nicht oder nicht vollständig durch somatische Erkrankungen oder Verletzungen erklärt werden können.

Die in den Kriterien der Traumaentwicklungsstörung formulierten vielfältigen Alltagsbelastungen und Teilhabebeeinträchtigungen spielen gerade in der Gruppe junger Flüchtlinge eine bedeutsame Rolle. Junge Flüchtlinge sind sehr häufig mit zahlreichen Anforderungen konfrontiert, die in Deutschland aufgewachsene Gleichaltrige nicht bewältigen müssen. Der Schulabschluss muss beispielsweise unabhängig von der Schulbildung im Heimatland innerhalb von zwei bis drei Jahren absolviert werden. Auch der Spracherwerb und das Asylverfahren stellen häufig eine gravierende Belastung dar - wenn zusätzlich eine hohe Symptombelastung durch eine Traumafolgestörung besteht, ist die Integration in die neue Umgebung zusätzlich erschwert.

Die Befragung von 330 ehemaligen Kindersoldaten in Uganda ergab, dass 78% der komplex traumatisierten Mädchen und Jungen die Kriterien der Traumaentwicklungsstörung erfüllten (Klasen et al. 2013). Studien zur Traumaentwicklungsstörung bei Kindern und Jugendlichen mit Fluchthintergrund stehen bisher noch aus; eine Untersuchung in der Flüchtlingsambulanz für Kinder und Jugendliche am Universitätsklinikum Hamburg-Eppendorf (UKE) ergab aber erste Hinweise für die Relevanz dieses Störungsbildes in dieser Gruppe (Metzner et al. 2015).

## 3. Behandlung von geflüchteten Kindern und Jugendlichen mit Traumafolgestörungen in der Flüchtlingsambulanz am Universitätsklinikum Hamburg-Eppendorf

Die seit 1998 bestehende Flüchtlingsambulanz für Kinder und Jugendliche am Universitätsklinikum Hamburg-Eppendorf ist als eines der wenigen psychosozialen Behandlungszentren für Flüchtlinge in Deutschland auf die Behandlung von geflüchteten Kindern und Jugendlichen mit Traumafolgestörungen spezialisiert (BZgA 2013). Seit 2011 ist die Flüchtlingsambulanz als Medizinisches Versorgungszentrum (MVZ) organisiert und seitdem eine Praxis für Kinder- und Jugendpsychiatrie und -psychotherapie unter der Trägerschaft des Ambulanzzentrums der UKE GmbH und der Stiftung Children for Tomorrow. In der Flüchtlingsambulanz werden jährlich etwa 250 Kinder und Jugendliche, bei denen die unbegleiteten Minderjährigen einen Anteil von etwa 80% ausmachen, multiprofessionell durch Kinder- und Jugendlichenpsychotherapeuten sowie -psychiater und Kunsttherapeuten behandelt. Sozialpädagogen führen zudem Bildungs- und Sozialberatungen durch. Die Klinische Diagnostik sowie die psychiatrische und psychotherapeutische Behandlung wird in nahezu allen Sprachen durch den Einsatz von geschulten Dolmetschern gewährleistet; muttersprachliche Behandlungen können auf Arabisch, Englisch, Französisch, Spanisch und Türkisch angeboten werden. In der Flüchtlingsambulanz wurden bisher Kinder aus mehr als 65 unterschiedlichen Nationen behandelt.

Die Hauptherkunftsländer der im Jahr 2015 behandelten Patienten waren Afghanistan, Somalia, Ägypten, Guinea und Syrien. Die Auswertung der biografischen Anamnesen von 100 14- bis 21-jährigen Patienten der Flüchtlingsambulanz für Kinder und Jugendliche im Jahr 2014 zeigte, dass die Lebensläufe der jungen Flüchtlinge mehrheitlich von Gewalt und andauernden Entbehrungen geprägt waren. Insgesamt 96% der Kinder und Jugendlichen berichteten von mindestens einem traumatischen Erlebnis, 81% gaben mehr als ein Trauma in der Lebensgeschichte an. Eine Vielzahl der jungen Flüchtlinge (84%) hatte interpersonelle Gewalt innerhalb der Familie (z.B. sexuellen Missbrauch, Schläge), während des Krieges im Herkunftsland (z.B. Entführungen, Inhaftierungen und Folter, Selbstmordanschläge) oder auf der Flucht (z.B. Überfälle) erlebt. Zu den häufigsten traumatischen Erlebnissen zählt der Verlust nahe stehender Bezugspersonen: 73% erlebten die Trennung von den Eltern, 33% den Tod eines Elternteils. Viele Jugendliche schildern, gegen ihren Willen von den Eltern getrennt worden zu sein - entweder, weil diese sie allein auf die Flucht geschickt hätten, da das Geld nicht für die gesamte Familie ausreiche oder weil sie auf der Flucht durch die „Schlepper" von den Eltern getrennt worden seien. Die meisten äußern, dass diese Erlebnisse sie am stärksten belasteten. Viele der behandelten Flüchtlingskinder berichteten auch von einem Leben unter teilweise menschenunwürdigen Bedingungen während der Flucht; Obdachlosigkeit, Hunger, Durst und Ausbeutung gehörten nicht selten auch in Europa zum Alltag der jungen Flüchtlinge.

**Teilhabebeeinträchtigungen und Behandlungsansätze am Beispiel des Patienten J.**

Der folgende fiktive Fall ist tatsächlichen Fallbeispielen aus der täglichen Arbeit in der Flüchtlingsambulanz nachempfunden. Die involvierten (Psycho-)Therapeuten, Ärzte und (Sozial-)Pädagogen sind im Zuge des therapeutischen Prozesses in der Flüchtlingsambulanz immer wieder mit zahlreichen Herausforderungen und komplexen Fragestellungen konfrontiert.

*Fall: J., weiblich, 14 Jahre aus Guinea*

J. wird von ihrer Betreuerin der Jugendhilfeeinrichtung, in der sie seit 18 Monaten lebt, angemeldet. J. wirkt im ersten Gespräch in der Flüchtlingsambulanz abwesend und im Gespräch leicht gereizt. Während des gesamten Gesprächs schaut J. zu Boden. Fragen beantwortet sie einsilbig und emotional wirkt sie abwesend. Ihre Betreuerin ermutigt sie, von ihren Schwierigkeiten zu berichten. Da dies J. aber kaum gelingt, berichtet die Betreuerin von J's Lebensgeschichte und den „Zuständen", in die J. wiederholt gerät:

J. sei eigentlich ein freundliches und intelligentes Mädchen. Im Alter von zwölf Jahren sei sie zusammen mit ihrem älteren Bruder (19 J.) ohne die Eltern nach Deutschland gekommen. Sie habe schnell Deutsch gelernt. Ihr

Bruder lebe allerdings nicht mit J. zusammen, da er psychisch sehr stark beeinträchtigt sei. Bereits nach einigen Wochen seien auch J.'s „Zustände" aufgefallen. Oft habe sie in eigentlich unbedeutenden Situationen emotional sehr heftig reagiert. Beispielsweise habe sie einen Schreianfall bekommen, als eine Mitbewohnerin mit einer Bastelschere über den Flur gelaufen sei. Sie habe sich über lange Zeit, fast den gesamten Nachmittag, nicht beruhigen können, viel geweint und sei der Betreuerin auf Schritt und Tritt gefolgt. Ähnliche Situationen träten mehrfach pro Woche auf. Die Betreuer der Wohngruppe machten sich große Sorgen und gerieten auch an Grenzen, da J. soviel Zeit und Aufmerksamkeit beanspruchte. Es sei fraglich, ob J. in der Einrichtung wohnen bleiben könne. Auch stehe der Schulbesuch infrage, da J. nach Aussage der Lehrer im Unterricht „nicht tragbar" sei. Sie erscheine zwar regelmäßig, wirke aber abwesend und störe den Unterricht massiv durch aggressives Verhalten und Schreien, wenn sie beispielsweise Aufgaben nicht verstehe oder dazu angehalten werde, Tätigkeiten zu Ende zu führen, wenn sie keine Lust mehr habe. Vor einigen Wochen habe sie in einer entsprechenden Situation einen Lehrer mit einem Lineal hart geschlagen. Seitdem sei sie vom Unterricht frei gestellt. Über die weitere Beschulbarkeit von J. werde gegenwärtig beraten. Man erhoffe sich, auch die Einschätzungen der Therapeuten der Flüchtlingsambulanz in die Erwägungen einbeziehen zu können.

Bei den Schilderungen der Betreuerin wirkt J. unbeteiligt. Auf Nachfrage zu ihrer Symptomatik äußert sie, sie könne in der Nacht meist erst gegen drei Uhr morgens einschlafen. Am Tag sei sie oft müde und fühle sich gereizt, „all das Schreckliche" könne sie nicht vergessen. Die Betreuerin berichtet im Einzelgespräch mit der Therapeutin, dass J. und ihr fünf Jahre älterer Bruder bei Nachbarn der leiblichen Eltern in einem kleinen Dorf aufgewachsen seien, nachdem die Eltern durch eine Gruppe fundamentalistischer Kämpfer vor den Augen der Kinder auf sehr brutale Weise getötet worden seien. J. sei damals zwei Jahre alt gewesen. Der Bruder habe sie in einem Pappkarton versteckt; er selbst sei aus dem Haus gelaufen und habe die Schreie der Eltern gehört und diese dann tot und schwer misshandelt vorgefunden. Die Nachbarn hätten sich der Kinder angenommen - allerdings habe es nie genug zu essen gegeben und sie hätten in der Nachbarsfamilie sehr viel Gewalt erlebt. J. und auch ihr Bruder hätten zahlreiche Narben am Körper, die auf physische Misshandlungen hinwiesen.

Anfänglich sei es für die Betreuer kaum möglich gewesen, mit J. einen „angemessenen" Kontakt herzustellen. Sie habe sich entweder extrem abweisend und verschlossen gezeigt, kaum gesprochen und sich vorwiegend in ihrem Bett aufgehalten oder sei sehr anhänglich und nahezu distanzlos aufgetreten und habe ständig Aufmerksamkeit gefordert. Vor einigen Wochen habe die Betreuerin zudem bemerkt, das J. sich selbst Verletzungen zufüge. Sie habe frische Schnittverletzungen an den Unterarmen und am Hals entdeckt.

Nach den ersten Gesprächen, den sogenannten probatorischen Sitzungen, entscheidet J. sich zur Therapie, da sie sich erhofft, besser mit ihren Gefühlen und mit anderen Menschen umgehen zu lernen.

Im Verlauf der Behandlung in der Flüchtlingsambulanz wird deutlich, dass J. große Schwierigkeiten hat, Vertrauen zu fassen. Erst nach einigen Wochen gelingt es ihr, mehr von sich und ihrem Erleben zu berichten.

J. kommt mittlerweile seit zwei Jahren regelmäßig zur Psychotherapie in die Flüchtlingsambulanz. In der Regel finden die Termine einmal in der Woche statt. Allerdings gibt es immer wieder Phasen, in denen J. sich zurückzieht und nicht zu den vereinbarten Terminen erscheint.

Regelmäßig finden in der Flüchtlingsambulanz gemeinsame sogenannte „Runde Tische" mit den beteiligten Helfern statt. In gemeinsamen Gesprächen mit der Schule, dem Jugendamt, der Einrichtung und dem Vormund konnte zunächst ein Verständnis für J.'s Symptomatik erarbeitet werden: J. ist durch ihre zahlreichen traumatischen Erlebnisse sowohl in ihrer Heimat als auch auf der Flucht nachhaltig und komplex traumatisiert und leidet an den Symptomen einer komplexen Traumafolgestörung (s. Kriterien der Traumaentwicklungsstörung nach van der Kolk 2009). Das Jugendamt hat J. zusätzliche Betreuungsstunden bewilligt, so dass nun jeden Tag eine Betreuerin ein bis zwei Stunden Zeit mit J. verbringt. Der Kontakt zwischen J. und ihrer Betreuerin wird stetig vertrauter und zuverlässiger. Weiterhin hat die Schule sich zu einer besonderen Regelung bereit erklärt. J. nimmt die ersten beiden Stunden am gemeinsamen Unterricht im Klassenverband teil. Wenn sie die Situation im Klassenverband nicht mehr aushalten kann, darf sie die Klasse verlassen und sich in einem Nebenraum mit vorher vereinbarten Aufgaben beschäftigen. Mittlerweile schafft es J., täglich drei Stunden in der Schule zu bleiben. Die Lehrer berichten, sie sei weniger aggressiv und habe sogar Kontakt zu zwei Mitschülerinnen aufgenommen.

In den Einzeltherapiestunden lernt J. eigene Anspannungs- und Gefühlszustände genauer und frühzeitig wahrzunehmen und zu äußern. Sie erlernt Techniken, sich selbst zu beruhigen, z.B. indem sie eine Abfolge von vorher genau festgelegten Tätigkeiten, sogenannten *Skills* entsprechend der Dialektisch-Behavioralen Therapie (DBT; Linehan 2014), ausübt. Das Durchführen der Skills hilft J., ihre Aufmerksamkeit auf die gegenwärtige Situation, weg von den schrecklichen Ereignissen ihrer Vergangenheit zu richten. Auch gelingt es J. zunehmend, sich einen „Sicheren Ort" (Reddemann 2007) vorzustellen, den sie in emotional belastenden Situationen aufsuchen kann, um sich zu beruhigen. Nach und nach schafft es J., mehr von den Erlebnissen in der Heimat und auf der Flucht in Worte zu fassen. In der Therapie hilft die Therapeutin, Worte und Beschreibungen für Gefühle und Körperzustände zu finden, so dass J. zunehmend selbst verstehen und ausdrücken kann, was in ihr vorgeht. Als sehr hilfreich erlebt J. auch die Kunsttherapie, in der sie mit nonverbalen Mitteln, beispielsweise durch das Arbeiten mit Ton und Farbe, ihr Erleben ausdrücken kann. Perspektivisch wird J. wahrscheinlich noch einige Zeit therapeutische Hilfe in Anspruch nehmen.

## 4. Zusammenfassung und Fazit

Was kann eine aufnehmende Gesellschaft für junge Menschen tun, die häufig unter sehr schwierigen Bedingungen aus ihren Heimatländern fliehen, ihre Familien, ihre Kultur und damit alles Vertraute hinter sich lassen sowie eine Vielzahl von Traumata erleben mussten?

Junge Flüchtlinge brauchen zunächst ein Umfeld, das – im Gegensatz zu ihrer Situation auf der Flucht und häufig auch im Heimatland – *Sicherheit und Stabilität* ermöglicht. Eine sichere, kindgerechte Unterbringung und ein strukturierter Alltag können den Kindern und Jugendlichen helfen, zur Ruhe zu kommen.

*Verlässliche Beziehungsangebote* zu Betreuern, Lehrern und Therapeuten sind ein wichtiger Aspekt, um den jungen Menschen nach ihrem Ankommen in Deutschland Hilfestellung dabei zu bieten, sich einzugewöhnen und ihr Leben in der neuen Kultur aufzunehmen. Voraussetzung dafür sind ausreichende personelle Ressourcen, eine adäquate Qualifizierung der beteiligten Helfer sowie eine ausreichende Zahl an Therapieplätzen.

Zahlreiche Belastungsfaktoren wie z.B. das Asylverfahren, das Unwissen über den Verbleib der Familie und die sprachlichen Hürden erschweren sehr häufig die Situation der Kinder und Jugendlichen. Die Teilhabe an wesentlichen gesellschaftlichen und sozialen Aktivitäten kann sowohl aufgrund einer bestehenden Symptomatik als auch aufgrund der psychosozialen Umstände und gesellschaftlichen Gegebenheiten maßgeblich beeinträchtigt sein. Junge Flüchtlinge sind daher darauf angewiesen, *Chancen zur Teilhabe und Hilfestellungen* zu erhalten, gesellschaftliche Teilhabemöglichkeiten Schritt für Schritt zu realisieren. Ein vertieftes Wissen und Verständnis der (psychischen) Verfassung eines Jugendlichen bei Lehrern und Betreuungspersonen kann dazu beitragen, den Weg für wesentliche Entwicklungsschritte der jungen Menschen zu ebnen. Darüber hinaus erscheint es wichtig, dass Schule, Jugendhilfe und auch das Gesundheitswesen sich auf die Herausforderungen einstellen und den Blick für die Erfordernisse schärft, die zur erfolgreichen Integration und zur Entwicklung der Potenziale der jungen Menschen beiträgt.

## Literatur

Adam, Hubertus / Klasen, Fionna (2011): Trauma und Versöhnung. Versöhnungsbereitschaft bei traumatisierten Flüchtlingskindern. In: Trauma und Gewalt, Heft 4, Jahrgang 5, S. 2-15.

Bean, Tammy / Derluyn, Ilse / Eurelings-Bontekoe, Elisabeth / Broekaert, Eric / Spinhoven, Philip (2007): Comparing Psychological Distress, Traumatic Stress Reactions, and Experiences of Unaccompanied Refugee Minors With Experiences of Adolescents Accompanied by Parents. In: The Journal of Nervous and Mental Disease, Heft 4, Jahrgang 195, S. 288-297.

Bronstein, Israel / Montgomery, Paul (2011): Psychological Distress in Refugee Children: A Systematic Review. In: Clinical Child and Family Psychology Review, Jahrgang 14, S. 44-56.

Bundeszentrale für gesundheitliche Aufklärung BZgA (2013): Förderung der gesunden psychischen Entwicklung von Kindern und Jugendlichen mit Migrationshintergrund. Zugegriffen unter http://www.bzga.de/pdf.php?id=b77738de9af749b8ae93ec8278 7c1658 [13. Oktober 2015].

Cook, Alexandra / Blaustein, Margaret / Spinazzola, Joseph / van der Kolk, Bessel (2003): Complex Trauma in Children and Adolescents. Los Angeles: National Child Traumatic Stress Network.

Dilling, Horst / Mombour, Werner / Schmidt, Martin H (Hg.): Internationale Klassifikation psychischer Störungen. ICD-10 Kapitel V(F). Klinisch-diagnostische Leitlinien. 6. Auflage. Bern: Huber.

Ehntholt, Kimberly A / Yule, William (2006): Practitioner Review: Assessment and treatment of refugee children and adolescents who have experienced war-related trauma. In: Journal of Child Psychology and Psychiatry, Heft 12, Jahrgang 47, S. 1197-1210.

Gavranidou, Maria / Niemiec, Barbara / Magg, Birgit / Rosner, Rita (2008): Traumatische Erfahrungen, aktuelle Lebensbedingungen im Exil und psychische Belastung junger Flüchtlinge. In: Kindheit und Entwicklung, Heft 4, Jahrgang 17, S. 224-231.

Huemer, Julia / Karnik, Niranjan S / Boelkl-Kernstock, Sabine / Granditsch, Elisabeth / Dervic, Kanita / Friedrich, Max H / Steiner, Hans (2009): Mental health issues in unaccompanied refugee minors. In: Child and Adolescent Psychiatry and Mental Health, Heft 13, Jahrgang 3.

Iffland, Benjamin / Brähler, Elmar / Neuner, Frank / Häuser, Winfried / Glaesmer, Heide (2013): Frequency of child maltreatment in a representative sample of the German population. In: BMC Public Health, Jahrgang 13.

Klasen, Fionna / Gehrke, Johanna / Metzner, Franka / Blotevogel, Monica / Okello, James (2013): Complex Trauma Symptoms in Former Ugandan Child Soldiers. In: Journal of Aggression, Maltreatment & Trauma, Heft 7, Jahrgang 22, S. 698-713.

Linehan, Marsha M (2014): DBT Skills Trainig Manual. 2. Auflage. New York: Guilford Publications.

Lustig, Stuart L / Kia-Keating, Maryam / Grant Knight, Wanda / Geltman, Paul / Ellis, Heidi / Kinzie, David / Keane, Terence / Saxe, Glenn N (2004): Review of Child and Adolescent Refugee Mental Health. In: Journal of the American Academy of Child and Adolescent Psychiatry, Heft 1, Jahrgang 43, S. 24-36.

Maercker, Andreas / Brewin, Chris R / Bryant, Richard A / Cloitre, Marylene / Reed, Geoffrey M / von Ommeren, Mark / Humayun, Asma / Jones, Lynne M / Kagee, Ashraf / Llosa, Augusto E / Rousseau, Cécile / Somasundaram, Daya J / Souza, Renato / Suzuki, Yuriko / Weissbecker, Inka / Wessely, Simon C / First, Michael B / Saxena, Shekhar (2013): Proposals for mental disorders specifically associated with stress in the International Classificaion of Diseases-11. In. The Lancet, Heft 9878, Jahrgang 381, S. 1683-1685.

Metzner, Franka / Reher, Cornelia / Klasen, Fionna (2015): Komplexe Traumafolgestörungen bei minderjährigen unbegleiteten Flüchtlingen – Erste Ergebnisse aus der Flüchtlingsambulanz für Kinder und Jugendliche am Universitätsklinikum Hamburg-Eppendorf. In: Lampe, Astrid / Beck, Thomas (Hg.): 17. Jahrestagung der DeGPT. Trauma – Körper – Psyche. Wissenschaftliche, gesellschaftliche und versorgungsmedizinische Aspekte [Abstractband]. Stuttart: Klett-Cotta, S. 135.

Möhlen, Heike / Parzer, Peter / Resch, Franz / Brunner, Romuald (2005): Psychosocial support for war-traumatized child and adolescent refugees: evaluation of a short-term treatment program. In: Australian and New Zealand Journal of Psychiatry, Jahrgang 39, S. 81-87.

Nedbal, Dagmar (2015): Flüchtlingskinder. Medizinische Versorgung ist eine große Herausforderung. In: Bayerisches Ärzteblatt, Jahrgang 10, S. 509.

Norman, Rosana E / Byambaa, Munkhtsetseg / De, Rumna / Butchart, Alexander / Scott, James / Vos, Theo (2012): The Long-Term Health Consequences of Child Physical Abuse, Emotional Abuse, and Neglect: A Systematic Review and Meta-Analysis. In: PloS Med, Heft 11, Jahrgang 9, S. e1001349.

Reddemann, Luise (2007): Imagination als heilsame Kraft – zur Behandlung von Traumafolgen mit ressourcenorientierten Verfahren. 11. Auflage. Stuttgart: Pfeiffer/Klett-Cotta.

Ruf, Martina / Schauer, Maggie / Elbert, Thomas (2010): Prävalenz von traumatischen Stresserfahrungen und seelischen Erkrankungen bei in Deutschland lebenden Kindern von Asylbewerbern. In: Zeitschrift für Klinische Psychologie und Psychotherapie, Heft 3, Jahrgang 39, S. 151-160.

Ruf-Leuschner, Martina / Roth, Maria / Schauer, Maggie (2014): Traumatisierte Mütter – traumatisierte Kinder? Eine Untersuchung des transgenerationalen Zusammenhangs von Gewalterfahrungen und Traumafolgestörungen in Flüchtlingsfamilien. In: Zeitschrift für Klinische Psychologie und Psychotherapie, Heft 1, Jahrgang 43, S. 1-16.

Terr, Lenore C (1991): Childhood Traumas: An Outline and Overview. In: American Journal of Psychiatry, Heft 1, Jahrgang 148, S. 10-20.

van der Kolk, Bessel A / Pynoos, Robert S / Cicchetti, Dante / Cloitre, Marylene / D'Andrea, Wendy / Ford, Julian D / Lieberman, Alicia F / Putnam, Frank W / Saxe, Glenn / Spinazzola, Joseph / Stolbach, Bradley C / Teicher, Martin (2009): Proposal to Include a Developmental Trauma Disorder Diagnosis for Children and Adolescents in DSM-V. Zugegriffen unter http://www.traumacenter.org/announcements/DTD_papers _Oct_09.pdf [12. Oktober 2015].

ANGELA KALMUTZKE & ANDRÉ FRANK ZIMPEL

## Lernen zwischen Willkommensein und Abschiebung

*„Die Gesellschaft hat mit der Diskriminierung das soziale Mordinstrument entdeckt, mit dem man Menschen ohne Blutvergießen umbringen kann ..."*
H. Arendt (1986, S. 7).

*„Es fahren viele Totenschiffe auf den sieben Meeren, weil es viele Tote gibt. Nie gab es so viel Tote, als seit der große Krieg für wahre Freiheit und echte Demokratie gewonnen wurde."* B. Traven (1972, S. 205).

### 1. Menschenrechte nur mit richtigem Pass?

„Vor allem mögen wir es nicht, wenn man uns ‚Flüchtlinge' nennt. Wir selbst bezeichnen uns als ‚Neuankömmlinge' oder als ‚Einwanderer'", leitet 1943 die in Hannover geborene New Yorker Politikwissenschaftlerin Hannah Arendt (1986, S. 7) ihren Essay „We Refugees" ein. Die deutsche Übersetzung des Artikels in der jüdischen Zeitschrift „Menorah Journal" erschien erst 1986 unter dem Titel „Wir Flüchtlinge". Arendt geht es in diesem Essay nicht um eine Sprachregelung oder gar um „political correctness", sondern um ein neues Phänomen des 20. Jahrhunderts: das über allen Geflüchteten schwebende Damoklesschwert, ohne Pass staatenlos, rechtlos und „vogelfrei" zu sein. Für dieses neue Phänomen der Moderne fand der deutsche Schriftsteller Otto Feige (1882-1969) deutliche Worte. Der Zeitgenosse Arendts ist 1924 nach Mexiko geflohen. Unter dem Pseudonym B. Traven (1972, S. 84) lässt er in seinem Roman „Das Totenschiff" den Protagonisten sagen:

„Im Grunde und ganz ohne Scherz gesprochen, war ich ja schon lange tot. Ich war nicht geboren, hatte keine Seemannskarte, konnte nie im Leben einen Pass bekommen, und jeder konnte mit mir machen, was er wollte, denn ich war ja niemand, war offiziell gar nicht auf der Welt, konnte infolgedessen auch nicht vermisst werden. Wenn mich jemand erschlug, so war kein Mord verübt worden. Denn ich fehlte nirgends. Ein Toter kann geschändet, beraubt werden, aber nicht ermordet."

Auch wenn es stimmt, dass viele Geflüchtete bildlich gesprochen „nach Europa strömen", ist der Begriff „Flüchtlingsstrom" vollkommen ungeeignet für vorurteilsfreie Analysen. Schon deshalb, weil er fahrlässig mit Bedrohungsszenarien und mit Assoziationen zu Flutkatastrophen spielt. Vor allem aber, weil er eine Verschärfung der Abschiebepraktiken verschleiert.

2015 haben sich Bund und Länder bei einem Flüchtlingsgipfel in Berlin darauf geeinigt, Albanien, Kosovo und Montenegro zu „sicheren Herkunftsstaaten" zu erklären. In Montenegro beispielsweise werden Roma diskriminiert, indem man ihnen grundlegende soziale und wirtschaftliche Rechte verweigert. Da angemessene Unterkünfte fehlten, leben viele von ihnen unter prekären Bedingungen, beispielsweise in provisorischen Siedlungen oder gar auf Müllkippen.

Aber, auch für sichere Herkunftsstaaten gilt, sich um Asyl Bewerbende haben immer noch die Möglichkeit, ihre Verfolgung im Einzelfall darzulegen. Bis jetzt prüfte man ihre Anträge umfassend. Jetzt kürzt man das Verfahren ab, indem man die Beweislast umkehrt: Antragstellende müssen nun glaubhaft vermitteln, dass sie in einem „sicheren Herkunftsstaat" tatsächlich verfolgt werden.

Doch wie soll man das tun, wenn man in ein Land abgeschoben werden soll, in dem man noch nie gewesen ist, dessen Sprache man nicht einmal kennt? Was nützen Inklusion und Schulbildung, wenn man sich von heute auf morgen in einer Kultur zurechtfinden muss, die auf diese Erfahrungen überhaupt keinen Wert legt?

Im Januar 2016 holte man die gebürtige Hamburgerin Romina, eine 21-jährige Roma, morgens um 4:30 Uhr aus ihrem Bett. Ihre Rechtsanwältin war noch nicht erreichbar, um einen kurzfristigen Abschiebestopp zu erreichen. Sie musste in wenigen Minuten ihre persönlichen Sachen einpacken und mit Hand- und Fußfesseln der Flughafenpolizei zum Flugzeug folgen, das sie über Wien nach Montenegro transportierte. Empfangen von der Flughafenpolizei vor Ort sperrte man sie vorerst in einen Keller.

Romina spricht ausschließlich deutsch, weil sie in Hamburg zur Welt kam und hier ohne Unterbrechung aufwuchs. Ihre staatenlose Mutter stammt aus dem ehemaligen Jugoslawien. Schon 1995 beantragte sie für ihren Säugling eine Aufenthaltsgenehmigung bei der Ausländerbehörde. Der Antrag wurde noch im selben Jahr abgelehnt.

Staatenlos, aber mit einer Duldung besuchte Romina in Hamburg eine inklusive Schule bis zur 9. Klasse. Im Januar 2007 hatte ihre Mutter erneut einen Antrag auf Erteilung einer Aufenthaltserlaubnis für sie gestellt. Dieser wurde im Juli 2013 abgelehnt. Obwohl sie noch im Haushalt ihrer Mutter lebte, lautet die Begründung: Sie nehme durchgehend Sozialleistungen in Anspruch. Eine wirtschaftliche Integration sei nicht gegeben (§§ 25 Abs. 5, 25a AufenthG). Als Staatenlose mit einer Duldung ohne Arbeitserlaubnis könne sie keine Ausbildung antreten.

Da Romina weder Familie noch Bekannte in Montenegro hat, ist ihre Mutter sehr besorgt. Sie selbst ist in Jugoslawien auf der Straße aufgewachsen und konnte nur mit Betteln und Stehlen überleben, bis sie als Minderjährige nach Deutschland verkauft wurde. Rominas Mutter ist nicht von Abschiebung bedroht, weil sie drei weitere Kinder von einem Deutschen zur Welt brachte. Wegen ihrer Staatenlosigkeit darf sie diesen Mann, mit dem sie zusammen lebt, nicht heiraten.

Am Telefon berichtete uns Romina, dass sie als Roma keine Arbeit bekommt und nicht weiß, wie sie sich ernähren soll. Sie ist auf kleine Geldbeträge angewiesen, die ihr die Mutter und die Geschwister unregelmäßig zukommen lassen. Nun wartet sie sehnsüchtig darauf, dass die Einreisesperre von 3 Jahren vorübergeht.

Was Arendt (1986, S. 21) in den 1940er Jahren über die Ächtung des jüdischen Volkes, noch bevor die Weltkriege ausbrachen, konstatierte, mahnt an das Schicksal der Sinti und Roma von heute: „Und die Gemeinschaft der europäischen Völker zerbrach, als – und weil – sie den Ausschluss und die Verfolgung seines schwächsten Mitglieds zuließ."

Schulen, die das Lernen aus der Geschichte fördern wollen, dürfen nicht verschweigen, welche traumatisierenden Erfahrungen geflüchteten Menschen heutzutage drohen. Natürlich erfordert das eine hohe Sensibilität. Diese beginnt schon mit der Wortwahl. Die Bezeichnung „Geflüchtete" scheint momentan geeigneter zu sein als „Flüchtlinge". Aus der Behindertenpädagogik ist uns jedoch leidlich bekannt, dass man beim Ringen um Worte allzu leicht in eine Euphemismus-Tretmühle gerät. Es ist eben verlockend, sich der Illusion hinzugeben, mit einem Bezeichnungswechsel Probleme lösen zu können.

## 2. Willkommenskultur statt Helfersyndrom

Das Kollegium einer Schule in freier Trägerschaft in Brandenburg, das sich an der Montessori-Pädagogik orientiert, lud uns kürzlich ein. Wir sollten sie bei der Entwicklung eines Konzepts zur Inklusion von Schülerinnen und Schülern mit Lernschwierigkeiten beraten. Die pädagogische Leiterin berichtete uns mit berechtigtem Stolz, dass sie Schulgeld für minderjährige unbegleitete Geflüchtete aus Syrien über Spenden einwerben konnte.

Die drei Jugendlichen, aufgenommen in die Oberstufe, fielen durch sehr höfliche Umgangsformen auf. Als Troika blieben sie beieinander und schienen, wie Anthropologen auf einem fremden Planeten, ihre Antennen in alle Suchrichtungen auszufahren. Alle anderen Schülerinnen und Schüler erschienen uns vollkommen unbeeindruckt von den „Neuen". Routiniert und ostentativ erfüllten sie ihre Lernaufgaben.

Einem Alltag ohne Verfolgung und Unterdrückung Vertrauen zu schenken, will gelernt sein. Arendt (1986, S. 15) beschreibt den Teufelskreis, in den Personen geraten, die sich verzweifelt an eine fremde Kultur assimilieren wollen, wie folgt: „Je weniger wir frei sind zu entscheiden, wer wir sind oder wie wir leben wollen, desto mehr versuchen wir, eine Fassade zu errichten, die Tatsachen zu verbergen und in Rollen zu schlüpfen."

Bei der Gestaltung einer Willkommenskultur ist oft weniger mehr. Denn wie leicht übersieht man, berauscht von der eigenen Hilfsbereitschaft, dass man Ohnmachtsgefühle vertieft. Arendt (1986, S. 13) bringt es mit folgender Faustformel auf den Punkt: „Wenn wir gerettet werden, fühlen wir uns gedemütigt, und wenn man uns hilft, fühlen wir uns erniedrigt."

Die Kehrseite dieser Medaille ist das Helfersyndrom: „Der Helfer gibt und ist stark; der Schützling ist schwach und auf den Helfer angewiesen. Die

Asymmetrie dieser Situation wird für den hilflosen Helfer zur Droge." (Schmidbauer 2007, S. 24).

Wir Menschen sehen uns selbst gern als hilfsbereit. Anderen zu helfen ist eine hohe Form des Selbstwert- und Sinnerlebens. Wer aber entscheidet, was hilfreich ist und was nicht? Antwort: nicht die Helfenden, sondern immer die Hilfe Empfangenden. Der Fluss des Gebens und Nehmens beim Einanderhelfen ist im Idealfall ein gelingender Gesellschaftstanz. Das hilflose Helfen ist dagegen genauso ein verzweifelter Solotanz wie der Egoismus (Zimpel 2014, S. 15).

Dahinter verbirgt sich ein weitverbreitetes psychologisches Problem: Stress verringert die Empathie und erweist sich als häufigste Ursache für zwischenmenschliche Konflikte. Fremdheit, im Sinne von etwas Unbekanntem, Unberechenbarem und Unerwartetem, kann nun einmal für alle Lebewesen zum Stressfaktor werden. Deshalb fällt es Menschen prinzipiell schwerer, mit fremden Menschen mitzufühlen, als mit guten Bekannten oder Freunden. Das konnte ein Forschungsteam um Loren J. Martin (2015) von der McGill University in Montreal (Kanada) mit einem einfachen Experiment nachweisen:

Studierende tauchten erst allein und anschließend gemeinsam mit einer befreundeten Person ihre Hand in Eiswasser. Nach jedem Experiment schätzten sie die empfundene Schmerzstärke ein. Ergebnis: Die stärksten Schmerzen beschrieben die Studierenden, wenn sie gemeinsam mit einer befreundeten Person die Kälte ertragen mussten. Die eigenen Schmerzen addieren sich offensichtlich mit den Schmerzen, die aus dem Mitgefühl für die befreundete Person resultieren.

In einem dritten Experiment tauchten die Studierenden ebenfalls gemeinsam mit einer anderen Person ihre Hand in Eiswasser. Diesmal handelte es sich jedoch um eine fremde Person. Hier blieb das Schmerzempfinden auf Ausgangsniveau des ersten Experimentes, bei dem sie allein in das kalte Wasser gegriffen hatten.

Ist diese verminderte Empathie gegenüber Fremden wirklich eine Folge von Stress? Um diese Frage zu beantworten, griff das Forschungsteam auf ein

Medikament zurück, das zuvor an Mäusen erprobt wurde und im Organismus das Stresshormon Cortisol hemmt. Unter Einwirkung dieses Medikaments empfanden die Studierenden nun auch verstärkt Schmerzen, wenn ihnen die mitleidende Person fremd war.

Weitere Untersuchungen belegen, dass auch weniger invasive Methoden zur Stressreduktion den gleichen Effekt erzielen. So erwiesen sich gemeinsame Spiele als ebenso hilfreich wie die Medikation mit einem Cortisolhemmer (ebenda).

Im Spielfluss vergessen Kinder und Jugendliche schnell, dass es sich um Geflüchtete mit einer dramatischen Geschichte handelt. Geflüchtete erhalten im gemeinsamen Spiel die Chance, sich selbst nicht nur als hilfsbedürftig, sondern auch als hilfreich für andere zu erleben. Die Aufnahme in den örtlichen Fußballverein, Theateraufführungen (Osburg & Schütte 2015) oder Forschungsprojekte usw., kurz: pädagogische Maßnahmen, die einen Hyperzyklus gegenseitiger Hilfe anregen (Zimpel 2014, S. 98-155), sind wirksam gegen Fremdheitsgefühle, Stress und Helfersyndrom. Nur eine solche Vertrauensbasis fördert Empathie und Perspektivwechsel.

## 3. Erinnerungskultur und Traumatisierung

Die oben erwähnte Schule in Brandenburg wollte eigentlich noch einen weiteren minderjährigen unbegleiteten Geflüchteten aus Syrien aufnehmen. Der Versuch ihn aufzunehmen scheiterte, weil es ihm schwer fiel, Räume zu betreten, in denen sich fremde Personen aufhalten, und erst recht, sich am Unterricht zu beteiligen. So konnte er sich unmöglich auf die schulische Situation einlassen.

Viele der Geflüchteten sind traumatisiert. Die Folge ist nicht selten eine posttraumatische Belastungsstörung (PTBS), bekannt auch als „Kriegsneurose".

So berichtete uns ein aus Afghanistan Geflüchteter, dass ihn die Bilder, wie seine Familie von den Taliban abgeschlachtet wurde, nicht mehr loslassen. Wenn ein solcher Zustand über mehr als einen Monat anhält, ist die Diagnose PTBS gerechtfertigt. Permanente Alarmreaktionen beeinträchtigen bei diesem Syndrom das Gedächtnis. Das Immunsystem ist geschwächt. Die erfolgreiche Teilnahme am Unterricht ist ohne geeignete Therapie manchmal unmöglich. Symptome sind:

- eine Neigung zu körperlicher Übererregung (zum Beispiel Schlafstörungen, Konzentrationsschwierigkeiten und Hypersensibilität)
- zwanghaftes Erinnern (zum Beispiel können sich nach einem Gewalterlebnis unfreiwillige Gedanken an Orte, Stimmen und Körperempfindungen penetrant aufdrängen)
- Vermeidung alltäglicher Situationen (zum Beispiel die fehlende Bereitschaft, nach einem Gewalterlebnis Räume mit fremden Personen zu betreten)

Der ungesunde Dauerstress, der zu einer posttraumatische Belastungsstörung führt, geht zunächst mit einer erhöhten Ausschüttung des Botenstoffs Noradrenalin einher. Als Signal zur Umwandlung von Noradrenalin in Adrenalin pumpt der Organismus Cortisol aus der Nebenniere in den Blutkreislauf. Es hebt beispielsweise den Blutdruck an, erhöht den Herzschlag, erweitert die Luftwege, kurbelt den Fettabbau an und hemmt das Immunsystem zum Schutz vor Entzündungsreaktionen.

Auf Dauer lösen traumatische Erlebnisse messbare DNA-Schäden in Immunzellen aus. Das nutzte erstmalig ein Forschungsteam der Universitäten Ulm und Konstanz aus. Bei 34 Geflüchteten aus Afrika, Afghanistan, dem Balkan und dem Nahen Osten konnten sie so die Auswirkung von PTBS messen. Mehr noch, über die Anwendung der Narrativen Expositionstherapie konnten sie die negativen Messwerte nachhaltig verbessern (Kolassa et al. 2014). Die Narrative Expositionstherapie kombiniert die autobiografische „Testimony Therapy" mit verhaltenstherapeutischen Methoden, in denen sich traumatisierte Personen allmählich an ihre quälenden Gedächtnisinhalte mittels kontrollierter Konfrontation gewöhnen.

Worum geht es nun eigentlich bei der Inklusion von geflüchteten Heranwachsenden? Manche hoffen, dass Geflüchtete unsere Alterspyramide ausgleichen werden. Andere spekulieren: Sie krempeln demnächst die Ärmel hoch und beseitigen in Deutschland Pflegenotstand und Facharbeitermangel. Dabei geht es eigentlich um viel mehr: um Menschenrechte.

## Literatur

Arendt, Hannah (1986): Wir Flüchtlinge. In: Knott, Luise (Hg.): Zur Zeit. Politische Essays. Berlin: Rotbuch, S. 7-21.

AufenthG (Gesetz über den Aufenthalt, die Erwerbstätigkeit und die Integration von Ausländern im Bundesgebiet) in der Fassung der Bekanntmachung vom 25.02.2008.

Kolassa, Iris-Tatjana et al. (2014): Effects of psychotherapy on DNA strand break accumulation originating from traumatic stress. In: Psychotherapy and Psychosomatics 83/5, S. 289-297.

Martin, Loren J. et al. (2015): Reducing Social Stress Elicits Emotional Contagion of Pain in Mouse and Human Strangers. In: Current Biology 25/3, S. 326-332.

Osburg, Claudia & Schütte, Anna Sophie (2015): Theater und darstellendes Spiel inklusiv. Unterrichtsanregungen für die Klassen 1 - 10. Mülheim an der Ruhr: Verlag an der Ruhr.

Schmidbauer, Wolfgang (2007): Das Helfersyndrom. Hilfe für Helfer. 2. Auflage. Reinbek/H.: Rowohlt.

Traven, B. (1972): Das Totenschiff. Leipzig: Reclam.

Zimpel, André Frank (2014): Einander helfen: Der Weg zur inklusiven Lernkultur. 2. Auflage. Göttingen: Vandenhoeck & Ruprecht.

JOACHIM SCHROEDER

# Unterricht im Asylverfahren und in der Duldung

## 1. Schule im Widerstreit der Bildungsziele

Jugendliche können während des Asylverfahrens oder mit einer Duldung als „Seiteneinsteiger" in die Sekundarstufe I des allgemeinbildenden Schulsystems aufgenommen werden. In einigen Bundesländern werden überdies Klassen zur Vorbereitung auf die gymnasiale Oberstufe angeboten. Mehrheitlich durchlaufen junge Geflüchtete indes eine „Förderkette" im „Übergangssystem", um in verschiedenen Bildungsangeboten einen ersten Schulabschluss und berufsvorbereitende Qualifikationen zu erwerben sowie im günstigsten Fall eine Berufsausbildung zu absolvieren und dann in eine sozialversicherungspflichtige Beschäftigung einzumünden. Aber nicht allen gelingt dies, schon gar nicht auf Anhieb.

Unterricht im Handlungsfeld „Asyl" wird von Lehrkräften als besonders schwierig bewertet, weil die individuellen Zukunftsperspektiven der Schülerinnen und Schüler so unklar sind. Nur für Konventions- und Kontingentflüchtlinge sowie subsidiär Geschützte ist ein Verbleib in Deutschland von Anfang an gesichert. Deshalb ist eine ausschließlich auf Integration in die deutsche Gesellschaft zielende Pädagogik in diesem biografischen Abschnitt der jungen Geflüchteten verfehlt, weil dies Hoffnungen auf ein Bleiberecht nährt, die jedoch oftmals enttäuscht werden. Eine vorauseilende Vorbereitung auf die Rückkehr würde hingegen die Motivation zum Lernen nehmen. Pädagogik in diesem Zeitraum des ungeklärten Aufenthalts muss somit Doppeltes leisten: das zunächst nur „geduldete" Leben in Deutschland halbwegs erträglich und vor allem verstehbar zu machen, aber auch die rechtlich prekäre Zukunft mitzudenken.

## 2. Asylpädagogik des Jugendalters

Obgleich die individuellen Lebenslagen sehr verschieden sind, gibt es „typische" Herausforderungen, denen sich die jungen Geflüchteten bei der Ankunft in Deutschland stellen müssen. Ein lebensweltorientierter Unterricht wird deshalb jungen „Seiteneinsteigern" klug arrangierte Erfahrungsfelder zur Umwelterschließung, Lebenshilfe, kritischen Bewusstseinsbildung, vorberuflichen Qualifizierung und Erinnerungsarbeit anbieten (Schroeder 1998, 2003, 2007, 2012, 2016).

**Realitätserschließung**

Vor einigen Jahren erschien „Ein Handbuch für Deutschland", das Zuwandernde unterstützen will, sich im privaten und öffentlichen Leben in der Bundesrepublik einzuleben (Beauftragte 2003). Zwar finde ich nicht, dass man gleich zu Anfang die sechzehn Bundesländer und ihre Hauptstädte (S. 15), den Unterschied von „Ebbe" und „Flut" (S. 19) oder die Bedeutung des Begriffs „Soziale Marktwirtschaft" (S. 27) lernen muss. Wichtig zu wissen ist hingegen, dass Ausländer kein Wahlrecht haben (S. 65) und es ziemlich kompliziert ist, die deutsche Staatsangehörigkeit zu erhalten (S. 96-98). Didaktisch sehr gelungen sind solche Teile, in denen mehrperspektivisch, selbstkritisch und ironisch auf das Land und die Alltagskultur geblickt wird: So ist „Ostern" als religiöses Fest, sinnentleerter Kitsch (Osterhase), nationaler Mythos (Goethes Osterspaziergang) und als politisches Symbol (Ostermarsch) thematisiert (S. 42-44). Im Doppelsinn köstlich ist der Abschnitt über die „Bratwurst" und den migrationsgeschichtlich bedingten Wandel des „Imbiss" (S. 138-139). Integrationsbemühungen unterstützend sind die Informationen zur Wohnungssuche, vor allem die Hinweise zur „Hausordnung" und zur „Kehrwoche" (S. 156).

Interkultureller Unterricht will zur *reziproken Kulturkritik* befähigen. Junge Geflüchtete erleben in der Schule jedoch oftmals das Gegenteil: Ein Lehrer erzählte mir neulich, dass die Jugendlichen aus Syrien und Eritrea am Beginn der Stunde zur Begrüßung immer aufstehen würden. Seiner Kollegin blicken sie indes nicht mal in die Augen. Es störe ihn, dass sie Aufgaben nicht selbst wählen wollen und einforderten, dass er ihnen sage, was sie bearbeiten sollen. Daran erkenne man, dass die Geflüchteten aus autoritären und frauenverachtenden Ländern stammten, und deshalb müsse man ihnen beibringen, dass Deutschland demokratisch ist und die Geschlechter gleichberechtigt sind. – Das „Handbuch" geht mit dieser Thematik intelligenter um: die Hinweise zu „Frauenhäuser" (S. 101) legen die Spur, *auch* über Gewalt und Misshandlung in „deutschen" Ehen zu diskutieren. Es wird erläutert, dass gleichgeschlechtliche Partnerschaften legalisiert, jedoch weder gleichgestellt noch unumstritten sind (S. 102). Eine kulturkritische Didaktik wird mithin Deutschland und die Schule in all ihren gesellschaftlichen Widersprüchen zeigen, und sie wird offenlegen, dass soziale Konflikte nicht nur durch Einwanderung entstehen.

**Alltagsbewältigung**

Die Zeit des Asylverfahrens ist in hohem Maße durch bürokratische Erledigungen geprägt. Gezielte Übungen zum „Amtsdeutsch", also zur Sprache der Bürokratie („Schulbesuchsbescheinigung"), können sehr unterstützen. Wenn man zudem zeigt, wie man einen Ordner anlegen kann, um die Papiere aufzubewahren, dann wird die „trockene" Materie durch das Einordnen der persönlichen Dokumente für die Jugendlichen „griffig" und nachvollziehbar. Sachrechnen kann an Behördenbescheiden, Lohnabrechnungen, Mietkosten usw. zu mehr Überblick in Alltagsbesorgungen beitragen. Auch Grundkenntnisse zu den Einrichtungen des deutschen Rechtssystems, ihrer Funktionen und Arbeitsweisen (Polizei, Gerichte, Unterschied zwischen Rechts- und Staatsanwälten usw.) wären zu vermitteln und ein angemessener Umgang mit behördlichen Schreiben (Ladungen, Mahnungen, Klagen) zu erarbeiten.

In Vorbereitungsklassen sollte man sich möglichst rasch ein präzises Bild über den gesundheitlichen Zustand der Schülerinnen und Schüler machen. Klagen über Schmerzen müssen ernst genommen werden. Im Sportunterricht erfahren die Jugendlichen mit einem *body check* mehr über sich selbst. Viele Flüchtlinge können nicht schwimmen, möchten das aber gerne lernen. Sportkleidung wird Schülern vom Amt gestellt, sie wird in den Unterkünften aber häufig gestohlen, auch dies muss man in den Schulen bedenken. Ein Erste-Hilfe-Kurs sollte rasch angeboten werden, auch die „Hausapotheke" ist ein wichtiges Thema, denn es kann zum Beispiel nicht davon ausgegangen werden, dass alle Jugendlichen sachgerecht mit einem Fieberthermometer umgehen können. Die Bundeszentrale für gesundheitliche

Aufklärung hat zu Verhütungsmitteln und zur Aids-Prävention jugendnahe Materialien in vielen Sprachen herausgegeben.

**Vorberufliche Bildung**

Die Berufsorientierung ist in allen Bundesländern ein zentrales Handlungsfeld ab Klasse 7 der allgemeinbildenden Schulen sowie in den Bildungsgängen der Berufsvorbereitung. Der „Asylkompromiss" 2015 brachte gesetzliche Erleichterungen und Verschärfungen: Personen aus den „sicheren" Herkunftsländern unterliegen einem absoluten Beschäftigungsverbot, deshalb können solche Jugendlichen weder ein Betriebspraktikum noch eine Berufsausbildung beginnen. Hingegen benötigen minderjährige Asylsuchende und Geduldete für die Teilnahme an betrieblichen Praktika nur noch eine Zustimmung der Ausländerbehörde. Aus dem Absolvieren von Praktika leitet sich kein Bleiberecht ab, die Praxis zeigt jedoch, dass alle Aktivitäten zur Förderung der Arbeitsmarktintegration die Chancen für ein Aufenthaltsrecht erhöhen. Günstig ist nun auch, dass junge Geflüchtete eine begonnene berufliche Ausbildung selbst bei einer negativen Asylentscheidung abschließen dürfen (vgl. Charta der Vielfalt e.V. 2015).

Da Geflüchtete oftmals von BAföG bzw. der Berufsausbildungsförderung ausgeschlossen sind, ist vor Antritt einer Ausbildung die Finanzierung des Lebensunterhalts zu klären. Auch die Kosten für Fachbücher, Spezialwerkzeug, Arbeitskleidung oder das Fahrgeld zum Betrieb muss in Einzelfällen von Stiftungen oder Schulvereinen übernommen werden. Sehr hinderlich für die Aufnahme einer Arbeit bzw. Ausbildung war bislang, dass Geflüchtete kein Girokonto eröffnen konnten, wenn sie keinen Ausweis mit einem Lichtbild hatten. Eine Erleichterung stellt die 2014 verabschiedete EU-Richtlinie „Girokonto für jedermann" dar, die bis Herbst 2016 in nationales Recht umgesetzt sein soll und somit auch Geflüchteten die Teilnahme am bargeldlosen Zahlungsverkehr möglich macht.

Für sehr viele Ausbildungsberufe und Jobs ist es notwendig, eine Fahrerlaubnis zu haben. In manchen Bundesländern reicht eine Aufenthaltsgestattung oder Duldung nicht aus, um sich bei einer Fahrschule anzumelden (Stiegler 2003). Auch die Finanzierung eines Führerscheins ist mit den

Asylleistungen kaum möglich, deshalb übernehmen manche Betriebe die Kosten für die jungen Geflüchteten. In den Schulen könnten insbesondere Trainingskurse zur Vorbereitung auf die schriftliche Führerscheinprüfung angeboten werden.

Neben einer auf die individuelle aufenthalts- und arbeitsrechtliche Situation ausgerichteten Berufsplanung können allgemein- und berufsbildende Schulen die Jugendlichen mit einem arbeitsweltbezogenen Sprachunterricht unterstützen. Die „Fachstelle Berufsbezogenes Deutsch" entwickelt seit Jahren die erforderlichen Konzepte und Materialien. In Downloads finden sich erprobte Konzepte, mit denen man im Schulunterricht passgenaue Trainingskurse entwickeln kann (www.deutsch-am-arbeitsplatz.de).

**Selbstbehauptung und Selbstverteidigung**

Die Jugendlichen erleben nicht nur die Willkommenskultur, sondern sie müssen sich auch gegen Alltagsrassismus zur Wehr setzen. Für den Einstieg in die Thematik im Unterricht eignet sich „Der Schwarzfahrer" (Kant/Spielmann 2010). In diesem Kurzfilm ist die „multikulturelle Gesellschaft" im Wagon einer Straßenbahn verdichtet repräsentiert. Brillant ist die Pointe des Filmes, wie ein junger Afrikaner auf die rassistischen Beschimpfungen einer älteren Dame reagiert.

Im Unterricht sind sodann Möglichkeiten *verbaler Selbstverteidigung* zu erarbeiten: Wie wehre ich mich, wenn ich an der Kasse im Laden oder auf dem Amt unfreundlich oder abweisend behandelt werde? Was sage bzw. was tue ich, wenn ich auf der Straße, auf dem Schulhof, im Schwimmbad beschimpft, angerempelt, bespuckt werde? Wie wimmle ich Versicherungsmakler und Zeitungsverkäufer ab? Welche rhetorischen Möglichkeiten bietet das Deutsche, um höflich und freundlich, aber bestimmt und selbstbewusst, sprachlich das einzufordern, was einem zusteht?

Auch die Formen *schriftlicher Selbstbehauptung* sind wichtig: Das Formulieren eines fristgerechten Widerspruchs gegen einen amtlichen Bescheid oder eine Kündigung; das Verfassen eines Beschwerdebriefes oder einer Entschuldigung: all das kann sehr gut im Unterricht an Vorlagen geübt werden. Zu überlegen ist auch, ob in Schulen, beispielsweise in Zusammenarbeit mit Volkshochschulen, ein Schreibdienst angeboten werden kann.

In den Unterkünften oder Wohngruppen erhalten die jungen Geflüchteten zumeist Merkblätter mit Verhaltensregeln bei Überfällen oder einem Brand (Abb. 1). Mit den Jugendlichen muss – auch im Unterricht – immer wieder darüber gesprochen werden, um Unklarheiten aufzugreifen, die Piktogramme zu dekodieren und das Martialische solcher Darstellungen zu verdeutlichen. In Zusammenarbeit mit Vereinen sollten Schulen unbedingt Kurse zur *körperlichen Selbstverteidigung* organisieren.

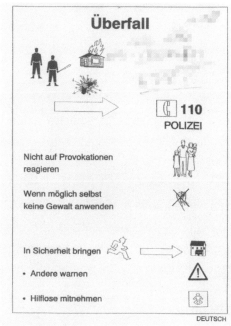

Abb. 1: Merkblatt

**Erinnerungsarbeit**

Heimweh, die Sorge um Familienmitglieder, die Erlebnisse im Krieg und auf der Flucht, Albträume und Traurigkeit – all das bringen die Jugendlichen in den Unterricht mit. Insbesondere mit kulturpädagogischen Ansätzen kann – in der verfremdenden Distanzierung – die Schule darauf ein Stück weit eingehen: In einer Klasse wurden afrikanische Masken genutzt, um den dahinter ‚versteckten' Gefühlen nachzuspüren; subjektiv bedeutsame Gegenstände wurden zu Fotocollagen montiert; die Theatergruppe *Hajusom* bringt seit Jahren selbst geschriebene „Flüchtlingsgeschichten" auf die Bühne.

In der Unterrichtseinheit „Poesie der Städte" haben wir Liedtexte besprochen – „Bochum" von Herbert Grönemeyer, „Istanbul" von Ferzan Özpetek, „Lisboa" von Cristina Branco –, in denen die ambivalenten Gefühle des Weggehens, Ankommens und Zu-Hause-Seins ‚besungen' werden (Schroeder 2003). Im Spiegel der Songs erzählten die jungen Geflüchteten über ihre jeweiligen Geburtsorte und berichteten von ihren Erfahrungen des Einlebens in Deutschland. Sie kannten noch andere Lieder über Städte, und zum Schluss nutzten sie Sätze und Textteile aus den analysierten Songs, um ein Lied über „Hamburg" zu schreiben, in das sie ihre Gefühle einbringen konnten, ohne ihnen im Unterricht emotionale Offenbarungen abzuverlangen.

Frühzeitig sollte überlegt werden, wie die Schulzeit in Deutschland ‚verobjektiviert' werden kann. Welche kulturellen Objektivationen könnten die Jugendlichen im Unterricht herstellen, die den „Lebensabschnitt" in Deutschland und die Zugehörigkeit zu einer Klassengemeinschaft in materialisierter Form dokumentieren? Was, außer einem Zeugnis, will die Schule den Jugendlichen noch mit ins Leben geben? Was können geeignete Schulsouvenirs sein (T-Shirts mit aufgedrucktem Klassenfoto, Urkunden, Pokale, Tagebücher, Alben, Fotos), die gegebenenfalls bei einer Rückkehr als Erinnerungsstücke in die Heimat mitgenommen werden können?

## Literatur

Beauftragte der Bundesregierung für Migration, Flüchtlinge und Integration (2003): Ein Handbuch für Deutschland. Berlin (Print) und www.handbuch-deutschland.de (im Aufbau).
Charta der Vielfalt e.V. (2015): Flüchtlinge in den Arbeitsmarkt! Praxis-Leitfaden für Unternehmen. Berlin.
Klant, Michael; Spielmann, Raphael (2010): Schwarzfahrer. Von Pepe Danquart. Film Portfolio. Aspekte der Filmanalyse. Diesterweg: Westermann Schroedel (DVD).
Stiegler, Klaus Peter (2003): Flüchtlinge und Führerschein. In: Asylmagazin, Heft 5, S. 5-9.
Schroeder, Joachim (1998): Zwischen Scham und Beschämung. Anregungen für einen lebensweltorientierten Unterricht mit jungen Flüchtlingen. In: Carstensen, Corinna u.a. (Hg.): Movies. Junge Flüchtlinge in der Schule. Hamburg: Bergmann + Helbig, S. 75-95.
Schroeder, Joachim (2003): Poesie der Städte. Gespräche über Lyrik mit jungen Flüchtlingen. In: ders. (Hg.): Unverhoffte Resonanz. Literarische Texte im Zugriff „schwieriger" Kinder und Jugendlicher. Ulm: Vaas Verlag, S. 132-138.
Schroeder, Joachim (2007): Recht auf Bildung – auch für Flüchtlinge. Aktuelle Regelungen, konzeptionelle Überlegungen und bildungspolitische Folgerungen. In: Die Deutsche Schule, 2, 99, S. 224-241.
Schroeder, Joachim (2012): Anforderungen an eine „transitorische" Pädagogik des Asyls. In: ders.: Schulen für schwierige Lebenslagen. Münster: Waxmann-Verlag, S. 236-241.
Schroeder, Joachim (2016): Pädagogik im Übergang vom Asyl in die Arbeitswelt. In: Bleher, Werner u.a. (Hg.): Flüchtlingskinder in Deutschland – Überlegungen für adäquate Bildungs- und Bewältigungsangebote. (In Vorbereitung).

GESA MARKMANN
## Gekommen, um zu bleiben
Ein Interview

Mirelas vierter Geburtstag stand kurz bevor, als sie 1992 mit ihrer Mutter und ihrem kleinen Bruder nach Deutschland floh. In Bosnien, ihrem Heimatland, herrschte Krieg. Mirelas Vater blieb. Für seine Tochter begann ihr Leben in Deutschland. Vier Jahre später, im Alter von acht Jahren, kehrte Mirela nach Bosnien zurück. Heute ist Mirela 27 Jahre alt und lebt seit vier Jahren wieder in Deutschland. Im Interview gewährt sie Einblicke in die bis heute lebhaft erinnerten Details ihres Lebens als „Flüchtling".

Mirelas Erfahrungen sind einzigartig. Jeder Mensch, der nach Deutschland fliehen musste – ob vor vielen Jahren oder in den vergangenen Monaten – hat seine individuelle Geschichte. Was diese Menschen gemeinsam haben, ist die Erfahrung einer Flucht. Einblicke in diesen Erfahrungsraum, wie sie Mirela gewährt, ermöglichen einen Wechsel der Perspektive und sensibilisieren für individuelle Lebensbedingungen. Mirelas Einblicke sind Rückblicke, Retrospektiven auf einen Abschnitt ihres Lebens. Sie machen deutlich, wie vergangene Erlebnisse ein ganzes Leben prägen. Ich danke Mirela sehr für diesen Blick in ihre Geschichte.

*Erinnerst du dich daran, wie ihr in Bosnien gelebt habt?*

Mirela: Ich war klein, aber ich kann mich noch an viele Sachen erinnern. Wir lebten auf einem Dorf. Wir hatten Kühe und Hühner. Ich habe gerne mit den Kühen gespielt. Ich war auch immer mit meiner Oma unterwegs. Es war ein friedliches Leben. Mein Vater hat gearbeitet, meine Mutter war zu Hause. Ein ganz normales Leben.

*Eines Tages hat sich dieses Leben verändert…*

Ich kann mich an den Tag erinnern, als wir geflohen sind. Ich weiß noch, der Mann ist mit dem Auto zu uns vor das Haus gekommen und dann hat meine Mutter so einen kleinen Koffer gepackt. Ich erinnere mich noch, meine Oma, also so eine alte verschleierte Frau, das muss man sich vorstellen, weint und mein Vater auch und ich wusste überhaupt nicht, was los ist. Der Mann im Auto war der Mann von der Cousine meines Vaters. Er hat uns nach Bulgarien gefahren. Dort waren wir zehn Tage, dann hat uns mein Onkel, der schon in Deutschland gewohnt hat, an der slowenischen Grenze abgeholt und wir sind mit ihm nach Deutschland gefahren.

*Hast du in Bosnien gespürt, dass sich etwas verändert?*

Als Kind habe ich das irgendwie nicht so wirklich wahrgenommen. Ich habe mit meinen Freunden gespielt. Auf dem Dorf hast du ja ganz viel Spielraum, kannst überall toben und spielen. Ich glaube, mir wurde das erst bewusst, als dieser Mann uns abgeholt hat. Aber so richtig bewusst war mir nicht, was da passiert.

*Was waren deine ersten Eindrücke, als du nach Deutschland kamst?*

Ich habe mich gefragt, wo ich gelandet bin. Ich bin sehr schnell in die Kita gekommen. An ein paar Sachen in der Kita kann ich mich noch erinnern, zum Beispiel an den Besuch des Weihnachtsmanns. Ich bin ja Muslimin, wir glauben nicht an den Weihnachtsmann. Da habe ich den armen Kindern die Illusion vom Weihnachtsmann genommen: „Den gibt's doch gar nicht, das ist doch nur einer der hat sich da verkleidet!" (lacht)

*Wie hast du die Kita erlebt?*

Ich konnte die Sprache nicht. Viele Kinder haben sich gescheut, mit mir Kontakt aufzunehmen. Man konnte sich auch gar nicht mit mir verständigen. Aber ich habe schnell die Sprache gelernt. Meine Mutter sagte, dass ich nach ein paar Monaten schon fließend Deutsch sprechen konnte. Trotzdem habe ich mich am Anfang eher zurückgezogen. In Bosnien war ich nicht im Kindergarten und fragte mich deshalb, wo sie mich jetzt hinstecken.

*Hast du damals noch häufig an Bosnien gedacht?*

Ja. Meine Oma war dort und ich habe sie das letzte Mal am Tag unserer Flucht gesehen. Ein Jahr später ist sie gestorben. Die Nachricht war für mich schrecklich. Auch meinen Vater habe ich eineinhalb Jahre nicht gesehen. Er konnte nicht zu uns kommen, weil die Grenzen geschlossen wurden. In Bosnien hat er in einer humanitären Organisation gearbeitet und Hilfspakete mit einem LKW transportiert. Als er uns wieder besuchen konnte, erzählte er mir Schauergeschichten, wie er nachts von einer Stadt zur anderen gefahren ist, ohne Licht, damit die Soldaten ihn nicht sehen.

*Wie habt ihr zu dieser Zeit gelebt?*

Wir haben in den ersten zwei Jahren in der Wohnung meines Onkels gewohnt. Dort haben wir uns mit mehreren Menschen ein Zimmer geteilt. Wir waren wie Sardinen. Nach zwei Jahren haben wir eine Flüchtlingswohnung bekommen. Da lebten ganz viele unterschiedliche Nationen, zum Beispiel Kroaten, Serben, Bosnier, Russen, Polen. Als wir diese Wohnung bekommen haben, habe ich mich Zuhause gefühlt. Dort waren sehr nette Menschen, die uns betreut haben. Sie haben mit uns Kindern Spiele gespielt, an einem Tag haben wir Indianerzelte gebaut und uns als Indianer verkleidet.

*Nach deiner Zeit in der Kita bist du dann eingeschult worden…*

Genau, nach einem Jahr in der Kita bin ich auf eine ganz normale Grundschule gekommen. Ich habe mich auf diese große Schultüte gefreut, weil ich gehört habe, dass sie mit vielen Süßigkeiten gefüllt wird. Wir haben auch einen großen Schulranzen gekauft. Am ersten Schultag lernte ich meine Klassenlehrerin kennen. Ich erinnere mich unheimlich gerne an sie.

*Warum erinnerst du dich so gerne an deine Lehrerin?*

Sie hat sich um uns gekümmert. Sie bot ihre Hilfe an. Sie hat mich zum Beispiel jeden Morgen gefragt, wie es mir und meiner Familie geht, ob es Neuigkeiten von meinem Vater gibt, wann er zu Besuch kommt. Das war ein Ritual, fast jeden Morgen. Außerdem hatte sie ganz viel Geduld. Ich konnte inzwischen zwar die Sprache, aber ich lebte in meiner eigenen Welt. Ich war oft langsam und vertieft. Sie ist damit richtig gut umgegangen.

*Was ist in ‚deiner eigenen Welt' vorgegangen?*

Ich habe mich immer wieder gefragt, warum mein Vater nicht da ist und meine Mutter mit uns alleine ist. Warum müssen wir eigentlich hier sein?

Warum können wir nicht zurück? Das ist mir durch den Kopf gegeistert. Ich habe es einfach nicht verstanden. Ich habe auch niemanden gefragt. Das war eine schwierige Situation.

*Würdest du heute sagen, dass du über deine Situation hättest sprechen wollen?*

Ich denke, es ist wichtig, dass man mit Kindern darüber redet und dass dir jemand erzählt, was da passiert ist; dass man Kindern auch irgendwie versucht mitzuteilen, warum und wieso sie hier sind; dass man das Thema nicht meidet, dass man offen darüber redet. Ich merke das heute noch. Wenn ich darüber rede, ist das für mich so eine Art Verarbeitungsprozess.

*Wie war der Kontakt zwischen deiner Mutter und der Schule?*

Meine Mutter konnte alles verstehen und auch ein bisschen Deutsch sprechen, aber sie hat sich nie wirklich getraut. Sie ist meistens nicht zu Elternabenden oder anderen Veranstaltungen gekommen. Ich erinnere mich an einen Elternabend, zu dem die Eltern zusammen mit den Kindern eingeladen wurden. Meine Mutter hat einen Kuchen für mich gebacken und mich hingebracht, aber sie ist wieder zurück nach Hause gefahren. Am Ende hat sie mich abgeholt. Ich habe damals nicht so richtig verstanden, warum das so ist. Heute weiß ich, dass sie nichts Falsches sagen oder sich blamieren wollte. Im Nachhinein versteht man, dass das Schwachsinn ist. Aber damals war das so und ich als Kind konnte auch keinen Einfluss darauf nehmen. Wenn meine Mutter mit meiner Lehrerin reden wollte, hat sie immer jemanden mitgebracht, der übersetzen konnte, oder ich habe übersetzt.

*Gab es für dich in der Schule besondere Herausforderungen?*

Zu Hause haben wir nur Bosnisch gesprochen. Die Sprachen miteinander zu verbinden, war schwierig. Ich bin auch einmal in der Woche in eine bosnische Schule gegangen, das war ein Lehrer aus Bosnien. Die Schule wurde für bosnische Kinder aufgemacht, damit sie auch Bosnisch lernen. Da gab es irgendwie so ein Gewusel in meinem Kopf: Jetzt Bosnisch, jetzt Deutsch... und dann war das Schreiben schwierig, also die einzelnen Wörter auf Deutsch zu schreiben.

*Wie hast du dich mit deinen Mitschülern verstanden?*

Im ersten Schuljahr gab es keine Probleme mit anderen Schülern. In dieser Zeit gab es auch keinen Menschen in der Schule, mit dem ich Bosnisch sprechen konnte. In der zweiten Klasse kam ein Mädchen aus Sarajevo in meine Klasse. Da haben wir natürlich auch mal auf Bosnisch geredet, so wie Kinder halt sind, wir haben die anderen auch ein bisschen damit geärgert. Ein Junge war dann richtig gemein zu uns. Auf eine Art und Weise waren wir Außenseiter. Die anderen Mädchen wollten nicht wirklich etwas mit uns zu tun haben. Die Kinder machten sich über unsere Kleidung lustig: „Was hast du denn an?!" Wir hatten nicht viel Geld und irgendwie mussten wir mit diesem Geld klar kommen. Für Kleidung blieb nicht viel übrig. Aber ich habe mich nicht runterziehen lassen.

*Nach vier Jahren in Deutschland seid ihr dann nach Bosnien zurückgekehrt...*

Der Krieg war 1995 zu Ende. Meine Mutter, mein Bruder und ich sind noch ein Jahr länger in Deutschland geblieben. Wir hätten noch länger bleiben können. Aber mein Vater wollte das nicht. Er hätte nach Deutschland kommen können. Aber er wollte, dass wir nach Bosnien zurückkommen. Er war ein richtiger ‚Patriot', der sein Land wieder aufbauen wollte. In Bosnien war ich wieder die ‚Ausländerin', ‚Flüchtling'. Die Kinder in meiner Klasse waren im Krieg, ich nicht. Ich hatte mein schönes Leben in Deutschland. Ich habe Süßigkeiten gegessen. Ich hatte Spielsachen. In Bosnien hieß es dann: „Du bist weggelaufen, du warst doch gar nicht hier!" Das war schon heftig.

*Das heißt, du hast dich in der ersten Zeit unwohl gefühlt?*

So richtig wohl habe ich mich in Bosnien nie wieder gefühlt. Das ist mein Heimatland, aber Deutschland war etwas ganz anderes. Deutschland war so bunt und offen. In Bosnien hatte man klare Vorschriften. Das war in Deutschland auch so, aber es war trotzdem ganz anders. Als ich in die dritte Klasse in Bosnien gekommen bin, gab es dort immer noch die Prügelstrafe. Ich kam aus einem Land, wo man dem Kind nicht mal ein Haar krümmt. Jetzt dachte ich: „Meine Güte, wo bin ich hier gelandet? Ich will zurück!" In der 4. Klasse kam auch noch die kyrillische Schrift dazu. Ich kannte das nicht und bin heulend nach Hause gelaufen. Ich habe mich in Bosnien eher so gefühlt, als ob ich nur zu Besuch bin.

*Inzwischen lebst du wieder in Deutschland...*

Ich wollte eigentlich immer zurück nach Deutschland. Ich habe das aber nicht wirklich ausgesprochen, weil ich mich nicht getraut habe. Nach der Schule habe ich in Bosnien zwei Semester auf Lehramt studiert. Dann ist mein Vater gestorben. Da habe ich gedacht, das lohnt sich überhaupt gar nicht, habe das Studium abgebrochen und dann erstmal gejobbt. Vor ein paar Jahren hat eine Freundin in Deutschland als Au-pair gearbeitet, danach hat die Familie noch ein anderes Au-pair-Mädchen gesucht. Ich habe viel darüber nachgedacht, ob ich meine Mutter alleine lassen kann. Letztendlich habe ich mich entschieden, nach Deutschland zu gehen. Nach meiner Zeit als Au-Pair habe ich einen Bundesfreiwilligendienst gemacht, ich war Schulbegleiterin. Jetzt mache ich eine Ausbildung zur sozialpädagogischen Assistentin. Danach kann ich eine Ausbildung zur Erzieherin machen, vielleicht beginne ich auch wieder ein Studium.

*Was wünscht du dir für die Zukunft?*

Hierbleiben, hier meine Familie aufbauen. Ich möchte mit Kindern arbeiten, das ist so etwas wie meine Bestimmung. Ich wünsche mir auch, dass sich die Situation mit den Flüchtlingen stabilisiert. Viele Menschen haben riesige Vorurteile. Auch ich erlebe noch heute merkwürdig Dinge. Neulich ist eine ältere Dame plötzlich verstummt, als ich bei einem Small Talk in der Bahn erwähnt habe, dass ich Bosnierin bin. Zuvor hatte sie mir von ihren Sorgen über ‚die Flüchtlinge' erzählt. Man muss doch erstmal den Menschen kennenlernen, bevor man über ihn urteilt.

# Teil II:
# Lernkontexte

NATASCHA KHAKPOUR & İNCİ DİRİM

# Deutschförderung unter migrationspädagogischer Perspektive: Spracharbeit mit Schüler_innen, auch geflüchteten – Umgang mit Lehrmaterialien

## 1. Einleitung

In dem vorliegenden Beitrag wird diskutiert, was im Umgang mit Lehrmaterialien im Sinne einer migrationspädagogisch konturierten Deutschförderung in der Schule berücksichtigt werden sollte. Schule in der Migrationsgesellschaft wird als durch die Heterogenität ihrer Schüler_innenschaft konstituiert verstanden, für die auch transnationale Migration und Flucht kennzeichnend sind. Zunächst wird ein kurzer Überblick über die Perspektiven der „Migrationspädagogik" (Mecheril u.a. 2010) gegeben und herausgearbeitet, welche besondere Relevanz sie für das Lehren und Lernen von Deutsch als Zweitsprache in der Schule der Migrationsgesellschaft entfalten. Als ein Schlüsselkonzept der Migrationspädagogik wird die Unterscheidung „Wir und Nicht-Wir" skizziert. Zur Diskussion wird schließlich eine Heuristik gestellt, die dabei unterstützen kann, migrationspädagogische Aspekte bei der Bewertung und Erstellung von Lehrmaterialien zu berücksichtigen.

Der Titel unseres Beitrags umreißt, welche Zielgruppe in der Schule im Zusammenhang mit Deutschförderung adressiert wird – es sind Kinder und Jugendliche, die über ganz unterschiedliche (biographische) Bezüge zu Migration und Flucht verfügen. Viele der Schüler_innen sind in Deutschland oder Österreich geboren, manche sind erst kürzlich in das Schulsystem jener Länder eingetreten. Die hier umrissenen Überlegungen sind davon geprägt, nicht im Sinne einer Zielgruppenpädagogik zu argumentieren, wie mit bestimmten Schüler_innen umgegangen werden müsste, sondern vom Interesse an einer selbstreflexiven, hinterfragenden Haltung in Unterricht, besonders im Kontext der Deutschförderung. Wir gehen dabei davon aus, dass es sich bei Schule um ein hochkomplexes Handlungsfeld handelt, das Lehrer_innen ein hohes Maß an Beurteilungs-, Handlungs- und Reflexionskompetenz abverlangt. Diese ist vor allem durch Qualifikation zu erlangen. Besonders im Bereich der Kompetenz, mit sprachlicher Heterogenität im Unterricht so umgehen zu können, dass Schüler_innen, die sich das Deutsche gerade aneignen, dabei unterstützt werden, bedarf es didaktischen, linguistischen und pädagogischen Wissens und nicht langer Unterrichtserfahrung, wie aktuelle Arbeiten belegen (vgl. Hammer et al. 2015). Auch aufgrund des sich beständig verändernden, vielschichtigen Handlungsfeldes kann sich pädagogisches Handeln kaum an ein Schema bzw. einen sicher funktionierenden Ablaufplan halten. Im Sinne der pädagogischen Professionalisierung als kontinuierlicher Prozess soll daher eine Heuristik entwickelt werden, mit deren Hilfe eine Aufmerksamkeitsrichtung im Umgang mit Lehrmaterial für den beschriebenen Kontext entwickelt wird. Dabei findet eine trichterartige Hinführung in 3-4 Schritten/Bausteinen statt, wobei jeder Baustein an sich nur einen kleinen Einblick in den jeweiligen Kontext zu geben vermag und weiter vertieft werden könnte. Es muss also vorausgeschickt werden, dass an dieser Stelle keine erschöpfende Auseinandersetzung möglich scheint, sondern eher eine Einladung zur weiteren Auseinandersetzung und Diskussion.

## 2. Die Perspektive der Migrationspädagogik und ihre Relevanz für schulische Deutschförderung

Vielfalt und Pluralität, die unter anderem auf verschiedene Formen von Migration zurückzuführen sind, sind in den Schulsystemen der Migrationsgesellschaften Deutschlands und Österreichs nicht nur allgegenwärtig, sondern viel mehr konstitutiv für die Schüler_innenschaft. Dass es sich dabei um keine neue, einzigartige oder überraschende Situation handelt, wird inmitten (medialer) Diskurse, die das Bild eines temporären Notstandes vermitteln, nur zu leicht vergessen. Dabei ist (sprachliche) Heterogenität schon immer konstitutiv für die Schüler_innenschaft der Migrationsgesellschaften. Die Schule geht jedoch nicht auf diese Heterogenität ein bzw. verbleibt in ihrer Nicht-Ankerkennung. „Die Schule […] geht von einer ‚Gleichartigkeit-Normalität' aus und versteht Differenz und Heterogenität eher als ‚Störung'." (Mecheril 2015, S. 27). Schüler_innen, die als Abweichung von der Norm, also beispielsweise der Deutschsprachigkeit, gelten, geraten in eine benachteiligte Position. Im Bereich der sprachlichen Heterogenität in der Schule ist dies oftmals verbunden mit dem Einnehmen einer Defizitperspektive, beispielsweise durch die Rede von Sprachförderbedarf. Diese birgt die Gefahr, vergessen zu lassen, dass es den Schüler_innen nicht etwa an der Fähigkeit zu sprechen mangelt, sondern dass es sich um Förderung einer bestimmten Sprache – dem Deutschen – handelt (vgl. Dirim/Mecheril 2010, S. 138).

Migrationspädagogik dient in diesen Verhältnissen nicht als Pädagogik für Migrant_innen (vgl. Mecheril o.J.), sondern sie richtet den Blick „[...] auf Zugehörigkeitsordnungen in der Migrationsgesellschaft, auf die Macht der Unterscheidung, die sie bewirken und die Bildungsprozesse, die in diesen machtvollen Ordnungen ermöglicht und verhindert sind." (ebd.). Im Fokus liegt also zunächst, wie Unterscheidungen – beispielsweise durch bzw. im Unterricht – getroffen werden und welche Konsequenzen dies für die Schüler_innen mit sich bringen kann. Darüber hinaus geht es um die Ermöglichung von Gleichstellung von in- und außerhalb der Schule konstruierten und gegeneinander hierarchisierten Schüler_innengruppen.

Die Schule wird als Ort begriffen, der gerade nicht außerhalb von gesellschaftlichen (Macht-)Verhältnissen gesehen werden kann. Das ist insofern relevant, als dass gesellschaftliche Diskurse (bspw. das Image von Nationalsprachen oder existente Stereotype) auch das schulische Geschehen durchdringen bzw. strukturieren. Zudem ist die Schule auch der Ort, der dahingehend wirksam ist, welchen weiteren Lebensverlauf Kinder und Jugendliche erfahren können, nicht nur durch die Idee der „Qualifizierung", bspw. einer Vorstellung folgend, dass durch Leistung (gleiche) Erfolge erzielt werden können. Vielmehr sind es auch Erfahrungen von in Frage gestellter oder weniger in Frage gestellter Zugehörigkeiten und Differenz, die sich u.a. auf Schullaufbahnen und biographischen Werdegänge auswirken. In der Schule wird (auch) erlernt, welcher Platz in der Gesellschaft, welche beruflichen Möglichkeiten, welcher Zugang zu (im)materiellen Ressourcen einem/einer zugestanden wird. Wirksam wird dies auch durch die Wirkung auf Konstitutionsprozesse von Subjekten. Schüler_innen erlernen, sich selbst als Migrant_in/DaZler_in/Frau/Flüchtling... zu erkennen und dies zu sein (zur empirischen Erforschung von Subjektivationsprozessen im Kontext von Schule und Bildung vgl. Kleiner/Rose 2014 und Rose 2012).

Was in migrationspädagogischer Forschung für die Schule und pädagogische Professionalisierung im Allgemeinen herausgearbeitet (Mecheril et al. 2010) wurde, lässt sich im Besonderen auf den Bereich des Lehrens und Lernens des Deutschen in der Migrationsgesellschaft anwenden bzw. in ihrer Relevanz entfalten. Gleiches könnte man im Kontext Schule gewiss auch für die Vermittlung von Geschichte oder Geographie und Wirtschaftskunde diskutieren, das Deutsche und seine Vermittlung nimmt aber in dieser Hinsicht eine besondere Stellung ein. Die deutsche Sprache ist nicht nur Gegenstand und Instrument von schulischen Vermittlungspraktiken, sondern reguliert auch den Zugang zum Schulsystem bzw. zu formalen Bildungsabschlüssen. Dabei verbleibt die nationalstaatliche Schule konzeptionell monolingual deutsch, was die Verknüpfung von Kenntnissen des bildungssprachlichen Deutschen und dem Erlangen von formalen Bildungsabschlüssen bewirkt. Das Vermitteln von Deutsch ist also unumgängliche Aufgabe in einem (bzw. eines) Bildungssystem(s), das gegenwärtig von seiner konzeptionellen Deutschsprachigkeit nicht abrückt.

## *Wir-* und *Nicht-Wir* – Unterscheidungen als migrationspädagogische Analyseperspektive im Bereich DaZ in der Schule

Um jene bereits angesprochenen machtvollen Unterscheidungsprozesse analysierbar zu machen, schlägt die Migrationspädagogik vor, die Unterscheidungsprozesse zwischen *Wir* und *Nicht-Wir* in den Blick zu nehmen. Dabei sei betont, dass es sich hierbei um kein beliebiges Unterscheidungsmuster handelt (es könnte bspw. auch untersucht werden, inwiefern Bauch- und Rückenschläfer_innen sozial hergestellt werden), sondern um eine migrationsgesellschaftliche Unterscheidung, das heißt Unterscheidungen, die unter der Bedingung von Migration getroffen und bedeutsam werden und die Aussagen treffen über (zugestandene) Zugehörigkeit zu einem imaginierten natio-ethno-kulturellen *Wir* (ausführlich zum Begriff vgl. Mecheril 2010, S. 12f). Dieses imaginierte *Wir* entsteht und wird erhalten durch die Abgrenzung zu einem – ebenso imaginierten – *Nicht-Wir*. Die Bezüge, die dafür relevant (gesetzt) werden, sind keine trennscharfen Fragen von bspw.

Staatsbürger_innenschaft (österreichisch, nicht-österreichisch) oder von Sprache (deutsch, nicht-deutsch), sondern ruft die „begrifflich aufeinander verweisenden Ausdrücke Kultur, Nation und Ethnizität" (Mecheril 2010, S. 14) in „einer diffusen und mehrwertigen Weise" (ebd.) auf.

Solche Unterscheidungspaare im Kontext von schulischer Deutschvermittlung sind beispielsweise „DaZ-Kind" und „DaM-Kind", „Flüchtlingskind" und „Nicht-Flüchtlingskind", „Migrantenkind" und „Nicht-Migrantenkind", „Seiteneinsteiger_innen" und „Nicht-Seiteneinsteiger_innen" etc.; dabei fällt auf, dass jeweils nur die als Abweichung von der Norm konstruierte Kategorie benannt wird.

Das soll keinesfalls bedeuten, dass Schüler_innen, die sich das Deutsche als weitere Sprache aneignen, keine spezifischen Unterstützungsangebote brauchen oder erhalten sollen, aber will anregen zu hinterfragen, wann welche Kategorie relevant gesetzt wird bzw. welche Aussage damit getroffen werden soll. So ist beispielsweise die Markierung als „mit Migrationshintergrund" nicht geeignet, um Aussagen über den Sprachstand im Deutschen zu treffen. Weitere, subjektivierungstheoretisch begründete, Reflexionen zum Begriff „Deutsch als Zweitsprache" sowie didaktisch-methodische Informationen zum Umgang mit Mehrsprachigkeit an Schulen finden sich in Dirim 2015.

### 3. Lehrmaterialien und ihre Analyse

Neben den bisher ausgeführten Überlegungen zu grundlegenden und perspektivischen Fragen, die nicht nur das individuelle (Unterrichts-)Handeln in den Blick nehmen, sondern auch Fragen von schulstrukturellen und gesellschaftlichen Rahmenbedingungen, ist es wichtig, konkrete Anwendungsmöglichkeiten des Wissens um migrationsgesellschaftliche Unterscheidungslogiken aufzuzeigen. Die wissenschaftliche Beschäftigung mit Lehrwerkanalysen in der Tradition der Fremdsprachenforschung bezieht sich eher auf das Konzept des Print-Lehrwerks, wobei multimediale Entwicklungen immer öfter berücksichtigt werden (vgl. bspw. Nils et al. 2015). Während im klassischen Fremdsprachensetting Lehrmaterialien sich oftmals an eine relativ wenig heterogene Lernendengruppe richten, die sich beispielsweise auf den Nachweis eines bestimmten Niveaus nach dem Gemeinsamen Europäischen Referenzrahmen für Sprachen (GERS) vorbereiten, sind Unterrichtende im schulischen Bereich mit einer anderen Situation konfrontiert. Schüler_innen-Gruppen sind unterschiedlich und stärker heterogen zusammengesetzt und auch die schulischen Strukturen stellen andere Rahmenbedingungen her (zum Überblick über die schulischen Organisationsformen der Deutschförderung vgl. Rösch 2010).

Unabhängig davon, ob es sich um Schulunterricht oder Sprach(förder)kurse handelt, stellt das Internet einen großen Fundus für Lehrmaterialien dar. Zu finden sind dort Ergänzungsmaterialien zu Lehrbüchern ebenso wie interaktive Übungen, verschiedene Texte in Schrift und Ton bzw. Bild und auch fertige Arbeitsblätter zu verschiedenen Themen- und Arbeitsfeldern, wobei besonders Letztere hinsichtlich ihrer Angemessenheit kritisch zu prüfen sind. Rösler (2010) stellt zu der Vielfalt an zur Verfügung stehenden Materialien fest:

„Während die Eingeschränktheit von Material vor dem Aufkommen des Internet je nach Sichtweise als Zensur oder qualitätssichernde Maßnahme von Verlagen beschrieben werden konnte, erlaubt die Anarchie des Netzes die Verbreitung beliebiger und beliebig vieler Texte. Dies bedeutet, dass die Qualitätssicherung auf die Rezipienten verschoben ist." (Rösler 2010, S. 1208). Diese „Qualitätssicherung" muss unserer Ansicht nicht nur für Lehrmaterialien, die im Internet gefunden werden können, sondern für die Prüfung aller Materialien bzw. deren Erstellung gelten und auf

1) „didaktischem, linguistischem und pädagogischem Wissen" (siehe oben) basieren und gleichzeitig auf Basis von
2) Wissen über migrationsgesellschaftliche Unterscheidungen und (natio-ethno-kulturelle) Zugehörigkeiten geschehen.

Didaktische Angemessenheit in migrationsgesellschaftlichen Verhältnissen hat sich also nicht nur zu messen an Fragen von allem vorweg inhaltlicher Relevanz, methodischer Sinnhaftigkeit (darunter u.a. auch verstanden: Grammatikvermittlung, Berücksichtigung der Fertigkeiten), Eignung zur Erreichung der gesetzten Lernziele (fachlicher und sprachlicher Art), Adäquatheit in Bezug auf die Altersgruppe der Adressierten. Unter der Perspektive der Lehrwerkkritik finden sich an anderer Stelle ausführlichere Darstellungen zu den genannten Punkten. Migrationsgesellschaftlich gewendet und in Bezug auf DaZ-Lehrmaterial liegt als (ein) Ergebnis des Projektes zu forschungsgeleiteter Materialentwicklung des Vereins maiz ein Vorschlag zur Analyse von DaZ-Lehrmaterialien vor. Im Zentrum steht dabei die Entwicklung einer subjektivierungstheoretisch und rassismuskritisch informierten Aufmerksamkeitsrichtung zur Analyse und Entwicklung von Unterrichtsmaterialien (vgl. Romaner/Thomas-Olalde 2014).

Im Folgenden soll eine Heuristik entwickelt werden, anhand derer ein migrationspädagogisch und DaZ-didaktisch informierter Blick auf Lehrmaterialen für den Kontext Schule in der Migrationsgesellschaft entwickelt und geschärft werden kann, dabei ersetzen jene Fragen nicht die Auseinandersetzung mit den genannten Punkten linguistischen, methodisch-didaktischen Wissens, sondern können als zusätzliche „Brille" für den gewohnten Blick auf Materialien verstanden werden. Ziel ist es, damit eine Anregung zu erhalten, migrationsgesellschaftliche (Zugehörigkeits-)Verhältnisse reflektieren zu können.

a) Alter: Sind die Themen altersangemessen?

b) Sprachstand / Progression: Wird der Forschungsstand zur Aneignung des Deutschen als Zweitsprache berücksichtigt (vgl. Ehlich et al. 2008)?

c) Inhaltliche Relevanz: Sind die Themen inhaltlich relevant, interessant für diese konkreten Jugendlichen in dieser konkreten (Lern-)Situation? Werden die Umstände, in denen die Schüler_innen leben, berücksichtigt? Inwiefern wird den Schüler_innen die Möglichkeit gegeben, selbst Inhalte einzubringen und die bearbeiteten Themen (mit) zu bestimmen?

d) Ansprache: Wie werden die Lernenden angesprochen?

e) Einbezug und Ausgrenzung: Werden sie auf eine Weise angesprochen, die sie als gleichgestellten Teil der gesamten Schüler_innenschaft einordnet oder ausgrenzt bzw. so, dass es dem imaginierten *Wir* nicht zugehörig wirken könnte? Dies kann sich beispielsweise äußern in einer expliziten „Ansprache als…" oder aber auch durch die Wahl eines bestimmten sprachlichen Registers bzw. fehlende sprachliche Unterstützungsangebote. So zeigt bspw. Knappik (2014) auf, dass sprachliche Heterogenität auch in vielen Unterrichtsvorschlägen für die Schule nicht als Normalfall angenommen und dementsprechend berücksichtigt wird.

f) Gesellschaftsbezug: Wird die Migrationsgesellschaft dargestellt und wenn ja, wie? Wird sie als gesellschaftliche Normalität behandelt oder finden Exotisierungen der Deutschlernenden statt?

g) Konstruktion von *Wir* und *Nicht-Wir*: Inwiefern findet eine Unterscheidung in *Wir* und *Nicht-Wir* statt? Wie werden beide Gruppen konstruiert? Werden Schüler_innen als „Vertreter_innen" einer bestimmten Gruppe angesprochen („Homogenisierung")?

Wird bedacht, dass das Problem auch im Unterrichtsmaterial anderer Fächer entlang konstruierter migrationsgesellschaftlicher Differenzlinien virulent wird, wird deutlich, dass die Gruppe der in prekären Verhältnissen lebenden Schüler_innen auch in anderen Fächern inferiorisierenden Darstellungen begegnen muss, wodurch sich mögliche Identifizierungen verstärken könnten.

## 4. Ausblick

Die hier skizzierten Überlegungen stellen keinen abgeschlossenen Kriterienkatalog dar, sondern erheben den Anspruch, zur weiteren Auseinandersetzung anregen zu wollen. Dass auch die Deutsch (als Zweitsprache)-Didaktik verwoben ist mit gesellschaftlichen Prozessen von Unterscheidungen, stellt eine zentrale Reflexionsanforderung dar. Damit muss nicht etwa auf die Anwesenheit von Schüler_innen, die Fluchterfahrungen machen mussten, reagiert werden, obwohl das Wissen um verschiedene Verletzlichkeiten die Wichtigkeit der Reflexion betont. Vielmehr geht es bei der Reflexion natio-ethno-kultureller Zugehörigkeiten um eine Querschnittsaufgabe pädagogischen Handelns in der Migrationsgesellschaft. Für den Umgang mit Lehrmaterial bedeutet dies, dass es zunächst wichtig ist, analysieren zu können, wie diese einzuordnen sind, um dann deren Einsatz dementsprechend zu gestalten: Können bspw. stereotypisierende Darstellungsweisen im Unterricht thematisiert, Gegendarstellungen oder andere Strategien für den Unterricht gefunden werden?

## Literatur

Dirim, İ. (2015): Umgang mit migrationsbedingter Mehrsprachigkeit in der schulischen Bildung. In: Leiprecht, R.; Steinbach, A. (Hg.): Schule in der Migrationsgesellschaft. Ein Handbuch. Band 2: Sprache – Rassismus-Professionalität. Schwalbach Ts. (Debus Pädagogik), S. 25-48.

Ehlich, K.; Bredel, U.; Reich, H. H. (2008): Referenzrahmen zur altersspezifischen Sprachaneignung. Bildungsforschung 29.I Berlin: BMBF.

Hammer, S.; Carlson, S.; Ehmke, T.; Koch-Priewe, B.; Köker, A.; Ohm, U.; Schulze, N. (2015): Kompetenz von Lehramtsstudierenden in Deutsch als Zweitsprache: Validierung des GSL-Testinstruments. Zeitschrift für Pädagogik, (61. Beiheft), S. 32-54.

Höhne, T.; Kunz, T.; Radtke, F.-O. (2005): Bilder von Fremden: Was unsere Kinder aus Schulbüchern über Migranten lernen sollen. Frankfurter Beiträge zur Erziehungswissenschaft Reihe Monographien. Johann Wolfgang Goethe-Universität.

Knappik, M. (2014): Normalitätsannahmen in Bezug auf sprachliche Voraussetzungen von Schülerinnen und Schülern in Unterrichtsvorschlägen für Deutschlehrkräfte der Sekundarstufe 1, Vortrag am 09.09.2014, Symposion Deutschdidaktik, Basel.

Niehaus, I.; Otto, M.; Georgi, V.; Hoppe, R. (2015): Schulbuchstudie Migration und Integration, hg. v. d. Bundesbeauftragten für Migration, Flüchtlinge und Integration. Berlin.

Maijala, M. (2007): Was ein Lehrwerk können muss – Thesen und Empfehlungen zu Potenzialen und Grenzen des Lehrwerks im Unterricht Deutsch als Fremdsprache.

Mecheril, P. (2015): Das Anliegen der Migrationspädagogik. In: Leiprecht, R.; Steinbach, A. (Hg.): Schule in der Migrationsgesellschaft. Ein Handbuch. Band 1: Bd. I: Grundlagen – Differenzlinien – Fachdidaktiken, Schwalbach: debus, S. 25-53.

Mecheril, P. (o.J.): Was ist Migrationspädagogik http://www.bildung-interkulturell.de/cweb/cgi-bin-noauth/cache/VAL_BLOB/9518/ 9518/6372/Was%20ist%20Migrationsp%E4dagogik_MOZAIK_Mecheril.pdf, Abrufzeitpunkt 25.01.2016.

Neuner, G. (1994): Lehrwerkforschung – Lehrwerkkritik. In: Kast, B. ; Neuner, G. (Hg.): Zur Analyse, Begutachtung und Entwicklung von Lehrwerken für den fremdsprachlichen Deutschunterricht, Berlin u.a.: Langenscheidt, S. 8-22.

Nils, B.; Guadalupe, C.; Llampalas, G. (2015): Ein Verfahrensvorschlag zur Lehrwerkanalyse für DaF-Sprachenzentren Deutsch als Fremdsprache (2), S. 103-112.

Romaner, E.; Thomas-Olalde, O. (2014): „Materialisierte Diskurs"- Aspekte einer theoriegeleiteten Analyse von DaZ-Materialien. In: maiz (Hg.): Deutsch als Zweitsprache. Ergebnisse und Perspektiven eines partizipativen Forschungsprozesses. Linz: Eigenverlag, S. 130-161.

Rösler, D. (2010): Die Funktion von Medien im Deutsch als Fremd- und Zweitspracheunterricht. In: Krumm, H.-J. et al. (Hg.): Deutsch als Fremd- und Zweitsprache: 2. Halbband. Berlin: de Gruyter, S. 1199-1214.

Rösch, H. (2010): Sprachförderkurs DaZ oder Lernbegleitung? In: Ahrenholz, B.; Oomen-Welke, I. (Hg.): Deutsch als Zeitsprache. 2., korrigierte und überarb. Aufl., Band 9: Ulrich, W. (Hg.): Deutschunterricht in Theorie und Praxis. Baltmannsweiler: Schneider Verlag Hohengehren, S. 457-466.

CLAUDIA OSBURG

# Sprache als Lerngegenstand im Unterricht

## 1. Sprachsysteme unterscheiden sich

Wer in einem Land „ankommen" will, wird die Sprache lernen wollen. Sie ist nicht nur hilfreich, um Asylanträge zu stellen, um sich zu verständigen und um Freundschaften zu schließen, sondern sie ist auch ein Stück Identität. Eine Sprache in Form einer Fremdsprache zu sprechen, ist etwas anderes als „in ihr zu leben". Das Eintauchen in eine andere Sprache besteht nicht nur darin, andere Wörter und eine neue Grammatik zu lernen. Es verlangt eine neue Art des Hörens, des Sehens und Fühlens, es verlangt eine neue Art, Erfahrung begrifflich zu fassen, eine neue begriffliche Kultur. Die Sprachen der in Deutschland zugewanderten Menschen sind vielfältig. Sie kommen z.B. aus Syrien, Afghanistan oder dem Irak (vgl. auch Hirseland in diesem Band). Innerhalb der Länder werden teilweise unterschiedliche Dialekte gesprochen. Allein im arabischen Sprachraum gibt es mehrere Dialekte, die sich nur hinsichtlich der Aussprache unterscheiden, aber die für die Sprecher untereinander kaum verständlich sind. Noch vielfältigere Unterschiede bestehen zur deutschen Sprache, z.B. in Bezug auf die Phoneme und Sprachlaute, in Bezug auf die Semantik und in Bezug auf das Schriftsystem.

### Die geschriebene Sprache

Während die lateinische, die griechische oder die kyrillische Schrift Alphabetschriften mit Vokalen sind, handelt es sich bei der arabischen und hebräischen Schrift um eine so genannte Konsonantenschrift – und auch die Schreibrichtung unterscheidet sich von der lateinischen, da von rechts nach links geschrieben wird.

Tab. 1: Der Name *Michael* in unterschiedlichen Sprachen und Schriften, entnommen aus Kalkavan-Aydin (2016), S. 9

| Sprachen | Deutsch | Türkisch | Arabisch | Hebräisch | Russisch | Griechisch |
|---|---|---|---|---|---|---|
| Name | Michael | Mikail | ميخائيل<br>Mikaeel | לאכים<br>Mikha'el | Михаил<br>Mikhail | Μιχαήλ<br>Michail |

Einige Kinder, die nach Deutschland kommen, sind alphabetisiert, andere werden Schreiben lernen (vgl. auch Markmann in diesem Band). Viele werden mit (mindestens) zwei Sprach- und Schriftsystemen konfrontiert. Auf die Unterschiedlichkeit von Alphabet- und Konsonantenschriften weist die Sprachwissenschaftlerin Zeynep Kalkavan-Aydin hin: „Im Gegensatz zum Deutschen ist Arabisch eine Konsonantenschrift. Wie der Name schon ausdrückt, wird in semitischen Sprachen weitgehend auf Vokale verzichtet. Alle Konsonanten werden durch Zeichen ausgedrückt. Im Arabischen wird zwischen Kurz- und Langvokalen differenziert. Kurzvokale werden nicht verschriftlicht, Langvokale durch Buchstaben, die auch für Konsonanten stehen können: das lange [a] durch Alif ا; das lange [i] durch Ya ي und das lange [u] durch Waw و." (Kalkavan-Aydin 2016, S. 10).

**Die gesprochene Sprache**

Die Sprachentwicklung beginnt bereits im Mutterleib. Das Kind „hört" die Sprachlaute der Mutter. Untersuchungen haben gezeigt, dass der Säugling bereits nach sechs Monaten auf die Phoneme der Muttersprache anders reagiert als auf Phoneme anderer Sprachen. „Menschliches Leben ist bis zur Geburt noch auf keine Kultur festgelegt. Die neurobiologische Grundausstattung Neugeborener ist kosmopolitisch", so beschreibt es der Psychologe und Professor für Erziehungswissenschaft André F. Zimpel (vgl. Zimpel 2013, S. 92). Der Säugling beginnt das zu lernen, was für ihn wichtig ist. Dazu gehört die Muttersprache.

Es gibt etwa 4.000 Sprachen auf der Welt (vgl. Braus 2010). Jede Sprache hat dabei ihre eigenen Phoneme, d.h. kleinste bedeutungsunterscheidende Einheiten, wie z.B. das /h/ und /b/ in /hant/ und /bant/ (vgl. Abb. 1).

Ob das [s] in unserer Sprache „gelispelt" wird, ist uninteressant. Das Wort <Haus> bleibt <Haus>, egal, wie das [s] ausgesprochen wird. Wird es jedoch durch ein [t] ersetzt, ändert sich die Bedeutung in dem „Minimalpaar" von *Haus* zu *Haut*. 

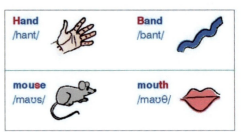

Abb. 1, entnommen aus Dehn/Oomen-Welke/Osburg 2012, S. 19

In der englischen Sprache hingegen ist es wichtig, wie der „s-Laut" gebildet wird. /s/ und /θ/ sind hier zwei Phoneme. Das Kind lernt all jene Phoneme, die individuell bedeutsam sind. Kinder, die mehrsprachig aufwachsen, lernen weitaus mehr Phoneme als einsprachige Kinder. Lebenslang ist Sprachlernen möglich, aber ab einem Alter von ca. 20-25 Jahren fällt es monolingual Aufgewachsenen schwerer, Phoneme anderer Sprachen zu identifizieren und die entsprechenden Sprachlaute zu bilden. Sprecher haben sich an die Phoneme ihrer Sprache „gewöhnt" und hören jene der anderen Sprache nur schwer – oder vielleicht gar nicht mehr (vgl. dazu Dehn/Oomen-Welke/Osburg 2012). Sprachlernen ist damit kein primäres Ergebnis des Hörens, sondern der Kognition.

In der deutschen Sprache gibt es fünf Vokale, im Hocharabischen, wie oben skizziert, nur drei, die kurz oder lang gesprochen werden können. Charakteristisch ist weiter, dass die Aussprache der drei Vokale stark von den umgebenen Konsonanten beeinflusst wird. Die Aussprache arabischer konsonantischer Sprachlaute ist für deutsche Sprecher ungewohnt – nur drei Laute werden an den Lippen gebildet, mehrere an den Zähnen und auch die vielfältigen Gaumen- und Kehllaute sind für „Deutsche" artikulatorisch schwer zu bilden; auch die phonologischen Besonderheiten sind nicht immer zu *hören*. In der folgenden Abbildung (Abb. 2) ist anhand von drei Minimalpaaren dargestellt, dass die Konsonanten und nicht die Vokale oppositionell zueinander stehen; aber erst die – in Bezug auf die deutsche Sprache – „Sonderzeichen" markieren die Unterschiede, denn die Alphabetschrift vermag die sprachlichen Differenzen nicht zu markieren; die arabische hingegen schon.

| | |
|---|---|
| tabaḥḥur (gründliches Studium) | - tabaḫḫur (Verdampfung) |
| tarbīʿ (Viertel) | - tarbīḥ (zum Profit verhelfen) |
| ġumma (Kummer) | - rumma (Seil) |

Abb.2, entnommen aus Osburg 1999, S. 90

## 2. Schrift als Vergegenständlichung gesprochener Sprache

Die gesprochene Sprache ist flüchtig, die geschriebene gegenständlich und sie kann betrachtet werden. Oppositionen werden sichtbar gemacht wie z.B. in *Hund* und *Hand* oder in *Wind* und *Wand*. Eine russische Mutter erzählte von Problemen mit ihren Kindern: Sie würden zu viel *raufen*. Im weiteren Gespräch stellte sich heraus, dass die Kinder sich nicht *raufen*, sondern zu viel *rauchen* würden. Für sie waren die lautlichen Unterschiede kaum hörbar; die Schrift macht sie aber sichtbar. Der Weg über die geschriebene Sprache kann das Erlernen der gesprochenen erleichtern – Schrift ist damit ein bedeutsames Repräsentationssystem.

Im arabischsprachigen Raum, in dem sich die Dialekte oft nur durch unterschiedliche Aussprachen unterscheiden, werden manche Filme hocharabisch untertitelt, um Verstehen zu erleichtern.

Schrift kann stets wieder betrachtet werden. Gerade in schulischen Kontexten ist Schrift bedeutsam, denn die Bildungssprache dort ist für viele eine weitere „neue" Sprache, die sich von der Umgangssprache unterscheidet. Sprache schriftlich fixiert zu haben, ermöglicht dem Betrachter, über sie zu reflektieren (vgl. auch Markmann in diesem Band); er kann in eine neue Welt eintauchen.

## 3. Ableitungen für den Unterricht

Kinder, die eine zweite Sprache lernen, haben in der Erstsprache bestimmte sprachliche Besonderheiten bereits gefestigt: das Phonemsystem, die Sprechmelodie, das Sprechtempo. Jeder Sprecher – auch innerhalb einer Sprachgemeinschaft – hat sich eine individuelle Sprache angeeignet; laut, leise, selbstsicher, schüchtern, aufdringlich, unaufdringlich, schnell, langsam, melodisch etc. Sie ist Teil der Persönlichkeit. Jede Sprache hat zudem eine eigene Semantik. Über je mehr Wörter ein Individuum verfügt, desto differenzierter kann es wahrnehmen. Während es in nordischen Ländern viele Wörter für das Wort *weiß* gibt, um die Qualität des Schnees zu beschreiben, ist die deutsche Sprache hier semantisch eher arm. Die deutsche Sprache verfügt über mehr Fachwörter als die arabische. Lerner müssen komplett neue Begriffe erlernen. Wer aber früh eine zweite Sprache lernt, dem fällt es leichter zu sehen, dass andere Menschen die Welt anders sehen, anders kategorisieren, andere Begriffe gebrauchen (vgl. Osburg 2016, 2011). Verschiedene Wirklichkeiten werden damit kontrastiert. Dieser Kontrast kann zu einem „Kulturschock" führen oder eben auch zu einer multiperspektivischen Sichtweise. Eine neue Sprache zu lernen, in einer neuen Sprache zu denken, ist damit viel mehr als nur zu „hören", wie man spricht.

**Sprachlernen im Unterricht**

Für den Unterricht ergeben sich daraus viele Konsequenzen: Sprachlernen als das Lernen von Oppositionen (vgl. /hant/ vs. /bant/) zu betrachten, bedeutet z.B., den Kindern Minimalpaare anzubieten. Je unterschiedlicher das Sprachsystem der Muttersprache in Bezug auf das zu Erlernende ist, desto mehr sollte das Kind die Möglichkeit bekommen, Unterschiede auf mehreren Ebenen zu erfassen: auf der Ebene der Schrift, der gesprochenen Sprache und über Handlungen, da über sie semantisches Wissen erweitert werden kann. Ein reichhaltiger sprachlicher Input, gekoppelt an Kontexte und Situationen, erleichtert das Lernen. Begriffliche kulturelle Unterschiede sollten immer mitgedacht werden. Im Folgenden einige Beispiele:

- Reime und Sprachspiele bieten sich an, um sensibel für Oppositionen zu werden und sich das Sprachsystem zu erschließen.
- Schrift sollte ständig präsent sein: Im Klassenzimmer dienen Beschriftungen dazu, sich Wörter und Begriffe zu erschließen, Gegenstände zu bezeichnen und sich zu merken.
- Sprachlernen wird durch Bilder unterstützt. Der Kontext kann so visuell und konkret erschlossen werden, Begriffe und Kontexte werden verständlicher. Gerade bei Wörtern mit lautlichen Ähnlichkeiten bieten Bilder und Wörter Hilfen zum Erschließen von Bedeutungen.

- Verneinungen sollten vermieden werden, denn Negationen werden häufig zugunsten des Subjekts „überhört". Klare Anweisungen und Strukturen, konkrete Verweise, helfen beim Verstehen: „Nimm den Bleistift." statt: „Du sollst doch nicht den Füller nehmen."
- Bildliche Sprache, Doppeldeutungen oder Ironie sind Hürden für Sprachlerner, da Sprache umgedeutet werden muss; der Hörer muss vom Inhalt abstrahieren, um die Aussage zu verstehen.
- Da Sprachlernen an Oppositionen, an Kontexten und individuellen Bedeutungen ansetzt, sollte Sprache bedeutsam werden: Das Schreiben von „freien" Texten auf dem Weg zur Schriftlichkeit ist genauso zentral, wie ein Scriptor für Kinder zu werden, die etwas zu sagen haben, aber sich nicht (schriftlich) mitteilen können. Bilder und (eigene) Zeichnungen dienen als Sprachanlass oder sind symbolische Repräsentanten von individuell Bedeutsamen. Ein Bild kann Geschichten erzählen und durch das Zeichnen können Ereignisse verarbeitet werden.

Der Weg, den die Lernenden gehen, ist individuell. Welche Unterstützung sinnvoll ist, das können wir nur vermuten. Vielleicht ist es manchmal auch nur das Zuhören oder eine wohlklingende und sympathische Stimme, die Freude am Sprachlernen weckt.

**Literatur**

Braus, Dieter F. (2010): Ein Blick ins Gehirn. Stuttgart, New York, 2. erweiterte Auflage.
Dehn, Mechthild/Oomen-Welke, Ingelore/Osburg, Claudia (2012): Kinder & Sprache(n). Was Erwachsene wissen sollten. Seelze: Klett, Kallmeyer.
Kalkavan-Aydin, Zeynep (2016): Sprachen und Schriften. In: Deutsch Differenziert 3, S. 9-11.
Osburg, Claudia (2016): Sprache und Begriffsbildung. Wissenserwerb im Kontext kognitiver Strukturen. In: Kilian, Jörg/Brouër, Birgit/Lüttenberg, Dina (Hrsg.): Handbuch Sprache in der Bildung. (= Handbücher Sprachwissen, 21) Berlin/Boston: de Gruyter, S. 323-345.
Osburg, Claudia (2011): Semantik. Wörter und ihre Bedeutungen verstehen und gebrauchen. In: Knapp, Werner/Löffler, Cordula/Osburg, Claudia/Singer, Kristina: Sprechen, schreiben und verstehen. Sprachförderung in der Primarstufe. Seelze:Klett, Kallmeyer, S. 48-92.
Osburg, Claudia (1999): Das kann ich nicht hören. Phonologie im Fokus der Aufmerksamkeit für das Lernen in mehrsprachigen Situationen. In: Decke-Cornill, Helene/Reichart-Wallrabenstein, Maike (Hrsg.): Sprache und Fremdverstehen. Frankfurt a. M.: Peter Lang, S. 89-102.
Zimpel, André F. (2013): Lasst unsere Kinder spielen! Der Schlüssel zum Erfolg. Göttingen: Vandenhoeck & Ruprecht.

INGELORE OOMEN-WELKE & YVONNE DECKER-ERNST

# Ein „Start in Deutsch" für Kinder nach der Flucht

Kinder brauchen Bildung, brauchen Sprache und wollen Willkommen sein.

Wir möchten unsere langjährige Erfahrung in Vorbereitungsklassen für Kinder nach der Flucht fruchtbar machen. Viele Kinder haben eine schwierige Lebensphase hinter und vor sich. Ihre Familien legen gerade deshalb großen Wert auf Bildung für eine günstige Zukunft und auf regulären Schulbesuch, der gute Deutschkenntnisse voraussetzt.

Lehrpersonen beachten sprachpädagogische Grundsätze: freundliches Zugehen auf jedes Kind als Willkommen; an das Kind adressierte Ansprache mit explizitem und reichem Sprachangebot und unterstützender Gestik, Akzeptanz der knappen kindlichen Äußerungen, die mithilfe der Lehrperson ausgebaut werden (s. ausführlich Oomen-Welke 2015a, S. 72 ff.; Dehn u.a. 2012, S. 73-83; S. 128-135).

## 1. Erste Orientierungen beim Start in Deutsch

Das Zurechtfinden in der Schule beginnt mit dem Gewinnen von Orientierung. Nach der Flucht stellt die Schule einen Raum dar, der in der Regel fest, organisiert und zuverlässig ist, dabei aber auch komplex, und in dem Kinder Übersicht und Vertrauen gewinnen. Wege zur und in der Schule, Räume und Personen stellen eine Herausforderung für die Orientierung dar, die Angst macht. Die verpflichtende Regelmäßigkeit des Schulbesuchs und der schulischen Aktivitäten ist teils erst neu zu erfahren. Lehrpersonen können durch eine freundliche Willkommenskultur Kommunikationsprozesse und Verhaltensroutinen in Gang setzen.

Die lateinische Schrift kann eine Verunsicherung darstellen. Viele Kinder müssen lernen, mit den Materialien Heften, Stiften, Büchern, Zetteln, Ablagefach usw. schulgemäß umzugehen.

Routinen und Rituale stellen erste Markierungspunkte dar. Die Kinder haben einen festen Platz für sich und ihre Sachen, sie bekommen Hilfe bei der Ablage. Im imitierenden Mittun und durch Symbole (s. Dehn u.a. 2012, S. 108 f.) wie z.B.

Abb. 1: Stuhlkreis, leise

lernen sie kooperative und individuelle Arbeitsformen und dabei auch, Verantwortung für ihre Anteile zu übernehmen.

Sprachlich dominieren zu Anfang Sprachroutinen und -rituale (Formeln für Sprechanlässe). Für Begrüßung, Danken und Bitten – als Formen der Höflichkeitserziehung – gibt es als sprachliche Routinen die Anrede mit *Herr X, Frau Y*, sowie *Guten Morgen / Grüß Gott / Hallo...* oder *Auf Wiedersehen / Ade / Tschüss / Bis dann...* (z.B. mit Liedern); *danke / vielen Dank*; *bitte* und später *Könntest du vielleicht / Würden Sie bitte / Wäre es möglich, dass ...* Dies lernen sie über das „imitierende Mittun" (Bauer 2005, bes. S. 160 f.). Routinen und Rituale verleihen Verhaltenssicherheit: *Aha, so geht das hier!*

Weitere Routinen:

* nachfragende Kontaktformeln: *Wie heißt das? / Wer ist das? /Was ist das? / Wie geht das? / Wie macht man das? / Welche Farbe? / Wo steht das? / Warum ist das so?* usw.

* Anweisungen für unterrichtliche Aktivitäten: *Alle Kinder sind jetzt am Platz./ Jetzt sind wir ganz leise. / Wir heben den Finger / strecken / zeigen auf. / Hört gut zu! / Wir bilden einen Stuhlkreis. / Nehmt euer Heft! / Alle Bücher sind jetzt zu...*

Manche Rituale können in Rollenspielen und in Kooperation eingeübt werden und dabei deutsche und andere Formeln verbinden: *Guten Tag, Miriam – Hallo Aljoscha, salam! – Wo ist unsere Klasse? ....*

Viele Wiederholungen festigen diese Formeln; sie sind beständig brauchbar und geben Verhaltenssicherheit. Bald kommen altersgerechte alte Reime und Kinderlieder hinzu.

## 2. Alltag auf Deutsch – Themen des ersten Deutschlernens

Alltagstaugliche Themen geben Orientierung in der neuen Lebenswelt, fassen sie in Sprache und ermöglichen Verständigung: *ich, Körper, Kleidung – meine Familie und andere Menschen – die Lernwelt bzw. Schule – Umgebung, Wohnen und Wohnort* usw. Reihenfolgen, Umfang und evtl. Abfolge der Teilthemen variieren; z.B. können zu „ich" außer Namen, Geschlecht und Herkunft noch Körperteile, Kleidung, Familienmitglieder und ggf. Wohnen gehören sowie Ernährung und Kontakte. Es wird viel mit Bildmaterial gearbeitet, am besten unfertig, ausmalbar, zusammensetzbar oder ergänzungsfähig.

Kontakte mit Kindern des Aufnahmelandes werden hoffentlich allmählich hergestellt, damit diese Kinder die zu erlernende Sprache als handlungsstark und damit sinnvoll erfahren. Dabei müssen sie oft auf Fragen antworten und etwas über sich mitteilen. Daher erscheint es uns wichtig, bald mit ihnen an einem Portfolio „Über mich" zu arbeiten, das ihnen bei der eigenen Präsentation hilft (Decker 2007; Oomen-Welke 2006), teils angelehnt an Portfolios der Schulfremdsprachen (Legutke 2002). Neben der sprachlichen ist die bildliche Darstellung des eigenen Ich ausdrucksvoll als Foto, als zeichnerische Selbstdarstellung oder/und als Sprachenportrait nach Krumm (2001).

## 3. Basiswortschatz

Um über die genannten und alle anderen Themen sprechen zu können, brauchen Sprecher Sprachmittel. Für die Themen bzw. Inhalte stehen zunächst einmal Wörter zur Verfügung. Kinder benötigen zum Start in Deutsch etwa 200 bis 250 erste Wörter, brauchen bald 600-700 Begriffswörter (Grundwortschatz bei Oomen 1980) und beim Übergang in eine Regelklasse ca. 1000 einfache Wörter, deren Zahl sich durch Zusammensetzung und Ableitung erheblich vergrößern lässt.

Die Wörter gehören teils zu einem bestimmten Bereich, andere sind in vielfältigen Zusammenhängen verwendbar: Verben wie *tun, machen* oder Nomen wie *Ding, Sache, Angelegenheit, Problem, Tätigkeit.* Modalverben wie *müssen, sollen, können, dürfen, mögen, wollen* geben Verbindlichkeit oder Einstellung zusätzlich zum Vollverb an. Manche Vollverben wie *bringen, holen, geben* passen in viele Kontexte: *Pitt gibt ihm Geld, Saures, Auskunft, Widerworte.* Basislisten sichern die Grundlagen und helfen bei der Auswahl aus dem riesigen deutschen Wortschatz. Durch Zusammensetzungen und Ableitungen kann der Wortschatz später kontinuierlich erweitert werden kann. (Vgl. Oomen-Welke/Decker-Ernst demn.)

**4. Sätze bauen, um Inhalte auszudrücken**

Mit Sprache macht man *Aussagen über* Gegenstände: Sachen werden als Sachverhalte, Eigenschaften, Verhältnisse und Zustände, Vorgänge ausgedrückt. Von Anfang an wird zur Gewöhnung an die Veränderlichkeit vieler Wörter daher Deutsch in kleinen Sätzen vermittelt: *Das ist der Tisch. Hier ist die Schule. Da ist der Stift. Das ist das Heft...* Meist beginnt der Unterricht mit Gegenständen in Klassenzimmer und Schule und mit der eigenen Person. Der nächste Lernschritt besteht im Ausdruck von Zugehörigkeiten und evtl. Mengen: *Das ist mein Kopf. Das ist mein Bein. Das sind meine Beine.* sowie der HAB-Relation mit Akkusativ und dem Plural: *Ich habe einen Kopf – zwei Beine...* (s.u.). Der Aufbau der grammatischen Struktur des Deutschen geht mit den Themen des Deutschlernens Hand in Hand. Beispiele, an welchen Inhalten Sprachthemen erarbeitet werden können, ohne zwingende Zuordnung:

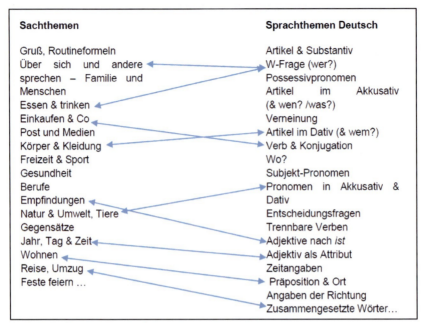

Abb. 2: Sach- und Sprachthemen

Erste Schritte des Aufbaus einer einfachen grammatischen Struktur:

**Schritt 1: Benennen der Körperteile an Robbi Robot**

der Kopf – das Auge – das Ohr – die Nase – der Mund – die Haare – der Arm – das Bein – der Fuß – der Bauch ...

*Das ist der Kopf...*
*Da ist die Nase...*
*Hier ist das Ohr...*

Abb. 3: Robbi Robot

Robbi Robot ist ein Roboter aus Papier. Die Bezeichnungen seiner Körperteile werden nach und nach an die Klassenwand geheftet, benannt und dabei mit den Schriftkarten versehen, dann mehrfach wiederholt. Die kleinen Figuren setzen die Kinder selbst zusammensetzen und beschriften sie im Heft. Erlernt werden dabei auch die Zeigegesten *da* und *hier* und der Verweis mit *das ist* und dem Artikel.

# Ein „Start in Deutsch" für Kinder nach der Flucht

## Schritt 2: Die drei Artikel im Nominativ

Dabei werden die drei Artikel eingeführt: *der – die – das*. Die Kinder lernen, dass die Nomen des Deutschen einen vom Genus bestimmten Artikel haben. Sie werden ihn mit der Zeit verwenden. Wir empfehlen bei vergessenem Artikel ein gestisches oder optisches Signal (Fingerzeichen oder Klatschen). Das enthebt die Lehrperson der expliziten Ermahnung.

Weltweit werden die deutschen Artikel mit Farbkärtchen gekennzeichnet, hier die üblichere Farbwahl:

| der | den |     | dem | *blaue Farbe* |
| die |     |     | der | *rote Farbe*  |
| das |     |     | dem | *grüne Farbe* |
| die |     |     | den | *gelbe Farbe* |

Abb. 4: Deutsche Artikel

Zu Anfang werden drei Kärtchen für Nominativ Singular ausgegeben: *der, die, das*. In der Übungsphase kann ein Kind auf einen Körperteil zeigen, die anderen nennen ihn und halten das passende Artikelkärtchen hoch: *Das ist die Hand.* → *die* = rotes Kärtchen.

## Schritt 3: Einige Nomen und Artikel im Plural

Einige Körperteile kommen paarig vor: *Augen, Ohren, Arme, Hände, Beine, Füße*, sodass die Pluralform mit *die* (Kärtchen mit eigener Farbe: gelb) eingeführt wird. *die* kommt zweimal vor: für *einen* Gegenstand (rote Karte) und für *mehr als einen* Gegenstand (gelbe Karte). An der Pinnwand kann eine entsprechende Übersicht entstehen, die erweiterbar ist und die Abb. 4 entspricht.

## Schritt 4: Unbestimmter Artikel oder Zahlwort in Singular und Plural

Vor anderen Pluralformen kommen die ersten Zahlwörter vor. Das Zahlwort *eins* entspricht dem unbestimmten Artikel *ein, eine, ein* zu den definiten Artikeln *der, die, das*. Für die unbestimmten Artikel gibt es im Deutschen keine eigene Pluralform (aber französisch *des*, spanisch *unos*, *unas*), denn die Mehrzahl von *ein-* sind alle Zahlen größer eins: Singular *ein, eine, ein* – Plural *zwei, drei, vier*... Da die Kinder meist schon nebenbei die Zahlen bis zehn gelernt haben, fällt ihnen dieser Plural leicht.

Robbi Robot zeigt, wie viele Körperteile jeweils vorhanden sind, mit Verbform der 3. Person Plural von *sein*: „sind" *Das ist ein Kopf. Da ist eine Nase. Hier ist ein Gesicht. / Da sind zwei Ohren...* Ergänzend: *Das sind zehn Finger.*

Auf den Artikelkärtchen werden die Formen des unbestimmten Artikels ergänzt[1]:

| Das ist/ Da ist | Das sind/ Da sind | Das ist/ Da ist | Das sind/ Da sind | |
|---|---|---|---|---|
| der Kopf | | ein Kopf | | *blaue Farbe* |
| der Mund | | ein Mund | | |
| der Arm | die Arme | ein Arm | zwei Arme | |
| der Finger | die Finger | ein Finger | zehn Finger | |
| die Stirn | | eine Stirn | | *rote Farbe* |
| die Nase | | eine Nase | | |
| die Hand | die Hände | eine Hand | zwei Hände | |
| das Ohr | die Ohren | ein Ohr | zwei Ohren | *grüne Farbe* |
| das Haar | | ein Haar | viele Haare | |
| das Gesicht | | ein Gesicht | | |
| das Bein | die Beine | ein Bein | zwei Beine | |

Abb. 5: Erweiterung an der Pinnwand

Der nächste Schritt bringt die Zuordnung eines Gegenstandes zu einer Person oder Sache: *Das ist mein Kopf.* Die Possessiva *mein-* (und *dein-, sein-,* aber auch *ihr-, unser-, euer-*) funktionieren alle wie der *ein-*Artikel. *mein-* kann man mit Geste auf sich selbst deiktisch erklären. Allerdings kennt *mein-* den Plural, anders als *ein-*: *meine Hände.*

Die Tabelle kann erweitert oder verdoppelt werden und auch andere Personen als Besitzer aufführen: 2. Person *dein-*, 3. Person *sein-* und *ihr-*, sowie – später, nach einiger Zeit – den Plural der „Besitzer" wie *un-*

---

[1] Die Artikel mit verschiedenem Kasus werden nach und nach *jeweils mit zeitlichem Abstand* ergänzt: Endform mit Akkusativ und Dativ, später mit den Possessiva.

# Ein „Start in Deutsch" für Kinder nach der Flucht

*ser-, euer- ihr-.* Die Artikelkärtchen werden entsprechend durch neue Begleiter ergänzt, später auch durch den demonstrativen Begleiter *dies-*: *Ich habe dieses Buch. Dieser Kuchen ist gut.*

Damit ergeben sich vielfache Spielvariationen, etwa zu zweit: *Was ist das? – Das ist mein Hals...* und mit dem Possessivum der 2. Person: *Das ist deine Hand und das sind deine Finger – deine fünf Finger – deine zehn Finger...* - oder mit anderen Gegenständen im Klassenzimmer, die schon bekannt sind: *Das sind seine / deine Sachen;* oder mit Robbi: *Das ist sein Bauch...*

**Ein späterer Schritt:**

Die Possessiva im Plural (*wir, ihr, sie* → *unser-, euer-, ihr-*) werden zeitversetzt eingeführt, um Verwechslungen und Fehler zu vermeiden: *Das sind eure Hefte und da sind ihre Stifte. – Da sind meine Bücher und das sind meine Stifte. – Hier sind meine Sachen und da sind eure Sachen...*

**Schritt 5: Das Verb *haben* mit Akkusativ**

Der nächste Schritt bringt *haben* mit Akkusativ als Ergänzung, dazu sind Personalpronomen als Subjekt und personale Verbform nötig:
*Ich habe einen Kopf. ...*

| |
|---|
| *Ich* (Handgeste auf mich) **habe** *einen Kopf* (mit der flachen Hand an den Kopf tippen) → *mein Kopf.* |
| *Ich* (Handgeste auf mich) **habe** *einen Hals* → *mein Hals.* |
| *Ich* (Handgeste auf mich) **habe** *eine Hand und noch eine Hand* → *zwei Hände, meine Hände.* |
| *Ich* (Handgeste auf mich) **habe** *einen Fuß und noch einen Fuß* → *zwei Füße, meine Füße.* usw. |

Neu ist der Akkusativ, der am bestimmten oder unbestimmten Artikel des Maskulinums eingeführt wird: *der* → *den, ein* → *einen. ein* (neutr.) und *eine* zeigen wie *die* und *das* keine Veränderung.

Die Artikelkarten werden ergänzt; später können die Possessivartikel hinzukommen:

Sobald obige Sätze in der 1. Person *Ich* genügend durchgespielt sind, werden die zwei anderen Personen im Singular eingeführt: *du* und *er, sie*. Das geht gut am selben Material „Körper" und zur Abwechslung mit den Schulsachen. Am Anfang sind phantasiereiche Kontexte nicht nötig und oft eher ungünstig für das klare Verstehen.

Der Wortschatz wird zusammen mit der Grammatik wiederholt.

> Ich <u>habe</u> eine Brille, das ist meine Brille.
> Du <u>hast</u> ein**en** Mund, das ist dein Mund.
> Sie <u>hat</u> zwei Stifte, das sind ihre Stifte…

Die dargestellten sechs Schritte können auf eine Woche verteilt werden, mit zahlreichen Wiederholungen in verschiedenen Konstellationen und mit schriftlichen Übungen, Schiebe- und Drehtafeln usw.

**Schritt 6: Mehr Plural**

Neu lernen wir *Tobias Träumer* kennen. Er hat im Traum mehrere Köpfe und Gliedmaßen. Daher benutzen wir auch den Plural der Körperteile, die normalerweise nur einmal am Körper vorkommen:

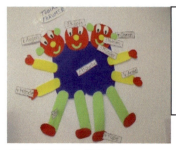

> drei Köpfe – sechs Augen – drei Nasen – drei Münder – sechs Ohren – zwei Bäuche – vier Arme – vier Hände – viermal zehn Finger – vier Beine – vier Füße

Abb. 6: Tobias Träumer

Es wird empfohlen, mit den Kindern die Pluralformen der Substantive zu memorieren und nicht nach Typen der Pluralbildung zu suchen, falls die Kinder das nicht einfordern.

Die Kinder kennen die folgenden Satzmuster und verwenden sie im kommunikativen Spiel, nebenbei kommen die Personalformen von *haben* vor:

# Ein „Start in Deutsch" für Kinder nach der Flucht

> Da sind vier Beine.
> Das sind drei Köpfe. - Tobias <u>hat</u> drei Köpfe.
> Du <u>hast</u> auch drei Köpfe. – Nein, ich <u>habe</u> einen Kopf. usw.

Daraus kann wieder ein Bild an der Pinnwand entstehen, ferner ist dies ein geeignetes Material für Schiebe- und Drehtafeln (s.u.). In der Endform sehen die allmählich entstandene Übersicht und die Kärtchen der Artikel und Begleiter etwa so aus:

| der  | den   | dem   |                                  | blaue  |
|------|-------|-------|----------------------------------|--------|
| ein  | einen | einem |                                  | Farbe  |
| die  |       | der   |                                  | rote   |
| eine |       | einer |                                  | Farbe  |
| das  |       | dem   |                                  | grüne  |
| ein  |       | einem |                                  | Farbe  |
| die  |       | den   | Artikelfälle unbestimmter Artikel | gelbe  |
| ...  |       | ...   |                                  | Farbe  |

Abb. 7: Artikelformen

| der   | den einen | dem         |                                                       |
|-------|-----------|-------------|-------------------------------------------------------|
| ein   | meinen    | einem       |                                                       |
| mein  |           | meinem      |                                                       |
| die   |           | der einer   |                                                       |
| eine  |           | seiner      |                                                       |
| deine |           |             |                                                       |
| das   |           | dem         |                                                       |
| ein   |           | einem       |                                                       |
| ihr   |           | eurem       | Artikel und Possessivum/ besitzanzeigender Begleiter  |
| die   |           | den         |                                                       |
| ...   |           | ...         |                                                       |
| eure  |           | euren       |                                                       |

Abb. 8: Weitere Begleiter

Für fortgeschrittene Zeiten eine Anregung aus dem Kinderbuch von Leo Lionni: Frederick, das zum Start in Deutsch beitragen kann, auch wenn anfangs einige Wörter vorweg erklärt und der Text ins Präsens gesetzt werden müsste: *Eine Maus trägt eine Nuss, zwei Mäuse tragen drei Nüsse...*

## Weitere Schritte

| Die Einführung der Formen des Verbs *sein*: | Weitere einfache, regelmäßige Verben in allen Personalformen |
|---|---|
| *Ich bin in der Schule. Ich bin ein Junge.* <br> *Ich bin in der Klasse. Ich bin ein Mädchen.* <br> *Du bist ...* <br> *Er ist ...* <br> *Sie ist ...* <br> *Wir sind...* <br> *Ihr seid...* <br> *Sie sind ...* | *Ich lerne Deutsch.* <br> *Du lernst rechnen. ...* <br> *Sie spielt mit Autos. ...* <br> *Wir lachen oft. ...* <br> *Ihr sucht den Fehler. /Ihr ratet Wörter. ...* <br> *Sie schreiben ins Heft* |

sowie die Verben, die zum Wortfeld der Körperbewegungen gehören:

*lachen, laufen, leben, lecken, rennen, riechen, schauen, schlafen,*

*schlucken, schmecken, schwimmen, schwitzen, sehen, trinken, wachsen, weinen,*

*ich lache, er lacht, wir schwimmen, ihr helft, sie schlafen ...*

| Die Verneinung: | Die Ja-Nein Frage/ Entscheidungsfrage |
|---|---|
| *Nein, wir schimpfen nicht oft. ...* <br> *Nein, ich schreibe nicht falsch....* | *Gehst du zum Spielplatz?...* <br> *Bist du krank? –* <br> *Lachst du?* |

| Die W-Frage / Ergänzungsfrage: |
|---|
| *Wo bist du?* <br> *Wohin gehst du?* <br> *Wer ist das?* <br> *Was machst du?...* |

Siehe auch die rechte Spalte in Abb. 2. Sie zeigt eine oft vorgefundene Abfolge erlernter Sprachstrukturen von Kindern im Grundschulalter und auch älterer Lerner, die aber nicht zwingend ist. Ähnliche Reihenfolgen schlagen auch viele Lehrwerke vor.

Grammatik festigt sich auch über das Ohr, durch „strukturierten Input". Das soll heißen, dass die Lehrperson beim Sprechen eine grammatische Struktur, die wichtig wird, durch ein wenig Verzögerung und Betonung sanft hervorhebt, sodass diese deutliche Aufmerksamkeit erhält. Das trägt mit der Zeit zur Festigung bei, zumal junge Kinder viel über das Hören lernen.

## 5. Zum Arbeitsmaterial für Sprachstrukturen – Bilder für Gegenstände und Sachverhalte

Da die Kinder am Anfang des Deutschlernens logischerweise noch keine Erklärungen verstehen können, müssen Anschauung und Handlung möglichst klar sein. Daher spielen die Sachen selbst, aber auch analoge Abbildungen eine große Rolle, wie schon oben bei den Arbeitsanweisungen erwähnt. Es sind zunächst meist Bilder einzelner Personen und Gegenstände, später Bilder von Handlungen und Situationen oder Wimmerbilder als erste Erzählanlässe. Nicht alle Bilder – Fotos oder Zeichnungen – werden allerdings im intendierten Sinne verstanden, manche Begriffe lassen sich nicht wirklich darstellen (Angst), manche gehören nicht zum Erfahrungsbereich aller Kinder (Geburtstag, Geburtstagsgeschenk) (s. Oomen-Welke 2012, S. 226 ff.). Bilder für viele Gegenstände und Sachverhalte finden sich in Wörterbüchern für die Grundschule (s. Oomen-Welke 2012b) und im Internet.

**Material für Sprachstrukturen**

Funktional und variabel einsetzbar sind Kärtchen wie oben, außerdem für Wörter oder Satzglieder an der Pinnwand, weil sie Aufmerksamkeit zentrieren, weil man sie verschieben, zusammensetzen und trennen kann (Operationen), weil die Farben Zusammengehöriges und Verschiedenes ordnen können.

Abb. 9: Das Perfekt     Abb. 10: Silben und Wortbausteine

Empfehlenswert für verschiedene Verwendungen sind kleine quadratische oder runde dicke Blöcke mit farblich unterschiedlichen Blättern. Diese eignen sich als Artikelkärtchen oder Silbenkärtchen oder Wortbausteine (s.o.).

Für die Hand der Lernenden empfehlen wir dynamisch veränderbare Materialien, z.B. Dreh- und Schiebetafeln, die weithin bekannt sein dürften. Für *Schiebetafeln* (Abb. 11) bieten wir jungen Kindern Tierumrisse aus festem Papier/Pappe an (Abb. 12), älteren Schülerinnen und Schülern geometrische bzw. technische Formen.

| Der Mann | komm | | über die Straße. |
|---|---|---|---|
| Die Frau | steh | e | eine neue Jacke. |
| Das Kind | geh | st | seinen Freund. |
| Ich | spring | t | einen Brief an |
| Du | sing | en | meine Mutter. |
| Er | sag | | ihr Lieblingslied. |
| Sie | ruf | | über den Zaun. |
| Es | brauch | | ein komisches |
| Wir | such | | Geräusch. |
| Ihr | schreib | | seine Brille. |
| Die Kinder | hör | | einen großen |
| Die Familie | bekomm | | Schluck Saft. |
| Lisa | kauf | | schnell über die |
| Paul | trink | | Wiese. |
| Der Hund | renn | | ein neues Auto. |
| | | | der Lehrerin guten Tag. |
| | | | jeden Tag in die Schule. |
| | | | ein schönes Geschenk. |

Abb. 11: Schiebetafel

# Ein „Start in Deutsch" für Kinder nach der Flucht

Die Tiere (oder andere) können ausgeschnitten w erden. Die Striche sind Schlitze, durch die wir Papierstreifen ziehen, die Wörter oder Satzglieder enthalten. Der Papierstreifen bleibt hinter dem Bild, vorn erscheint nur eine Zeile wie *Ich / spring / e / schnell über die Wiese*. Man achte auf die Breite der Schlitze.

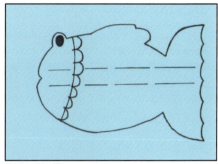

Abb. 12: Tierumriss

Für *Drehtafeln* (Abb. 13) werden mehrere ausgeschnittene Kreise verschiedener Größe konzentrisch übereinander gelegt und im Zentrum mit einer Briefklammer zusammengeheftet. Der Radius muss jeweils breiter werden, damit die obere Scheibe die Schrift der unteren nicht verdeckt.

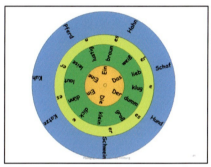

Abb. 13: Drehtafel

Die Kinder drehen die Scheiben nacheinander, bis ein passender Ausdruck entsteht: ein einfacher Satz wie *Du bist müde* aus dreischeibiger Drehtafel, ein viergliedriger Ausdruck wie *der dumm-e Vogel* aus vierlagiger Drehtafel, ein zusammengesetztes Wort aus zweilagiger Drehtafel wie *Schul-heft, Morgen-lied,* ein Satz wie *Die Ente friss-t ein-en Frosch* aus sieben Scheiben usw. Die Ergebnisse werden aufgeschrieben und natürlich kontrolliert.

Andere Möglichkeiten sind Kreise für zusammengesetzte Wörter, Plural oder Satzreihenfolgen.

*Mehr zur Methodik beim Start in Deutsch s. Decker-Ernst & Oomen-Welke (demn. [4]2016) und in der dort angegebenen Literatur.*

## Literatur

Bauer, Joachim (2006): Warum ich fühle, was du fühlst. München: Heyne.; viele Aufl.

Decker, Yvonne (2007): „Meine Sprachen und ich." Praxis der Portfolioarbeit in Internationaler Vorbereitungsklasse und Förderkurs. In: B. Ahrenholz (Hrsg.): Deutsch als Zweitsprache. Freiburg: Fillibach. S. 169-185.

Decker-Ernst, Yvonne & Ingelore Oomen-Welke (2008): Methoden für Deutsch als Zweitsprache. In: B. Ahrenholz & I. Oomen-Welke Hrsg.: Deutsch als Zweitsprache. DTP 9. Baltmannsweiler: Schneider, S. 324-342; demn. $^4$2016.

Dehn, Mechthild; Ingelore Oomen-Welke & Claudia Osburg (2012): Kinder und Sprachen – Was Erwachsene wissen sollten. Seelze: Kallmeyer.

Krumm, Hans-Jürgen (2001): Kinder und ihre Sprachen – Lebendige Mehrsprachigkeit. Wien: eviva.

Legutke, Michael K. & Lortz, Wiltrud (2002): Mein Sprachenportfolio. Braunschweig: Diesterweg.

Meißner, Cordula u.a. (2010): Meine Welt auf Deutsch. Der illustrierte Alltags- und Sachwortschatz. Stuttgart: Ernst Klett Sprachen.

Oomen, Ingelore (1980): Grundwortschatz für Ausländerkinder. In: Praxis Deutsch Sonderheft `80. Seelze: Friedrich. S. 37-39.

Oomen-Welke, Ingelore (2006): „Meine Sprachen und ich." Inspiration aus der Portfolio-Arbeit in DaZ für Vorbereitungsklassen und Kindergarten. In: B. Ahrenholz (Hrsg.): Kinder mit Migrationshintergrund – Spracherwerb und Fördermöglichkeiten. Freiburg: Fillibach. S. 115-131.

Oomen-Welke, Ingelore (2012): Durch Bilder die Welt erfassen: Bildwortschatz – Sprachwortschatz in Deutsch als Erst- und Zweitsprache. In: I. Oomen-Welke & M. Staiger (Hrsg.): Bilder in Medien, Kunst, Literatur, Sprache, Didaktik. Freiburg: Fillibach, S. 219-230.

Oomen-Welke, Ingelore (2015a): Zwei- und Mehrsprachigkeit – Lernwege und Potenziale. In: Z. Kalkavan-Aydın (Hrsg.): Deutsch als Zweitsprache – Didaktik für die Grundschule. Berlin: Cornelsen. S. 67-113.

Oomen-Welke, Ingelore (2012b): Wörterbücher für die Grundschule – Eine Sichtung an Beispielen. In: Grundschule Deutsch 36, S. 45-49.

GESA MARKMANN

# Sprachliche Strukturen sichtbar machen

Kinder und Jugendliche, die aus ihrem Heimatland geflohen sind und in Deutschland ankommen, verfügen über ganz unterschiedliche Erfahrungen mit Sprache und Schrift. Dieser Beitrag beleuchtet, welcher Art diese Erfahrungen sein können und wie Lernende in einem schriftorientierten Unterricht beim (Schrift-)Spracherwerb in Deutsch unterstützt werden können. Dabei wird im weiteren Verlauf ein Fokus auf Kinder und Jugendliche mit der Erstsprache Arabisch gelegt.

## 1. Erfahrungen mit Sprache und Schrift

Kinder und Jugendliche, die – nach der Flucht oder mit anderen biographischen Hintergründen – Deutsch als Zweitsprache erwerben (müssen), lernen unter besonderen Bedingungen Lesen und Schreiben: Sie erwerben die Schrift einer Sprache, die sie sich in der Regel noch gar nicht oder erst in Grundzügen aneignen konnten. Dies stellt eine große kognitive Herausforderung dar. Ein Teil dieser Schülerinnen und Schüler hat bisher in noch keiner Sprache Lesen und Schreiben gelernt, weil sie (noch) keine Schule besucht haben oder in ihrem Heimatland aus unterschiedlichen Gründen keine Gelegenheit hierzu erhielten. Andere sind in einer lateinischen Schrift alphabetisiert (z.B. Türkisch), lernten die kyrillische Schrift (z.B. Bulgarisch, Ukrainisch, Serbisch) oder sammelten Erfahrungen mit der arabischen Schrift, so z.B. arabischsprachige Kinder und Jugendliche aus dem Irak oder Syrien. Wieder andere lernten eine sogenannte Silben- oder Bilderschrift. Was eint, was unterscheidet diese Schriften?

### Die Welt der Schriften

Schrift ist allgegenwärtig. Sie ermöglicht u.a. räumlich und zeitlich versetzte Kommunikation, bewahrt Informationen und unterstützt das Gedächtnis, regelt das Zusammenleben und lässt Leserinnen und Leser die Welt mit den Augen anderer sehen (vgl. u.a. Coulmas 1982). Mit einem vereinbarten

Zeichensystem werden Informationen auf einen ‚Träger' geschrieben und können von diesem wieder abgelesen werden. Menschen nutzen – je nachdem, welche Sprache(n) sie sprechen – unterschiedliche Schriftsysteme. Sie lassen sich u.a. danach unterscheiden, von welcher Art die sprachlichen Einheiten sind, die von den graphischen Einheiten (Schriftzeichen) repräsentiert werden. Im Deutschen und in vielen anderen Sprachen sind die Sprachlaute die primäre Bezugsgröße für die Schriftzeichen. Dies ist jedoch nicht die einzige Möglichkeit: So können auch Silben (z.B. Japanisch) sowie Wörter bzw. Morpheme (Chinesisch) eine Bezugsgröße graphischer Einheiten sein. Je nach dominantem Bezug lassen sich – stark vereinfacht – *logographische Schrifttypen* (Zeichen beziehen sich primär auf Wörter bzw. Morpheme) von Alphabet- und Silbenschriften, sogenannten *phonographischen Schrifttypen* (Zeichen beziehen sich primär auf lautliche Einheiten), unterscheiden. Die Basiseinheit von Alphabetschriften sind die Grapheme. Je nachdem, ob sie für Vokale *und* Konsonanten oder nur für Konsonanten stehen, lassen sich Konsonant-Vokal-Schriften und Konsonantenschriften unterscheiden (vgl. Dürscheid 2012, S. 68). Alphabetschriften verfügen über verschiedene Inventare von Schriftzeichen, z.B. die lateinische, die kyrillische oder die arabische Schrift. Für *alle* Schriftsysteme des alphabetischen Schrifttyps sind jedoch die Regeln für die Beziehungen zwischen den Phonemen und den Graphemen grundlegend.

**Vertrautes und Neues in der Schrift entdecken**

Abhängig davon, welche Erfahrungen die Kinder und Jugendlichen bisher gesammelt haben, müssen sie beim Schriftspracherwerb in Deutsch spezifische Herausforderungen bewältigen (vgl. Schulte-Buntert 2015). All jene, die bereits Lesen und Schreiben gelernt haben, verfügen über Einsichten in die Funktion und den Aufbau von Schrift (z.B. Wissen um die symbolische Funktion sprachlicher Zeichen, Beziehung zur gesprochenen Sprache, metasprachliche Bewusstheit), auf die sie beim Schriftspracherwerb in Deutsch aufbauen können. Alphabetisierte Lernende sehen sich aufgrund unterschiedlicher Spezifika der Schriftsysteme unter Umständen aber auch mit besonderen Schwierigkeiten konfrontiert: So können beispielsweise für Menschen, die das arabische Schriftsystem kennengelernt haben, die im deutschen Schriftsystem andere Schreibrichtung, die Unterscheidung von Klein- und Großbuchstaben sowie die konsequente Verschriftung von Vokalen herausfordernd sein. Letzteres Phänomen wird in diesem Beitrag näher beleuchtet (vgl. Abschnitt 3).

## 2. Strukturen der Schrift

‚Rauscht' die gesprochene Sprache gleichsam als Lautstrom vorüber, macht Schrift Sprache dauerhaft sichtbar. So kann Sprache zum Gegenstand der Betrachtung gemacht werden (vgl. Osburg 2009, S. 127). Kinder, die Deutsch als Zweitsprache lernen, können deshalb von einer Schriftorientierung auf unterschiedlichen Ebenen ganz besonders profitieren (vgl. auch Osburg in diesem Band).

Aufgrund des dominanten Bezugs von Alphabetschriften zu Sprachlauten gilt der alphabetische Zugang als ‚Schlüsselfunktion' für den Schriftspracherwerb (Scheerer-Neumann 1999, S. 246). Dennoch ist Schreiben viel mehr als die bloße Verschriftung gesprochener Sprache und die bekannte Maxime ‚Schreib, wie du sprichst' selbst bei standardsprachlichen Sprecherinnen und Sprechern des Deutschen nur sehr eingeschränkt zielführend. Lernende müssen vielmehr Einsichten in Funktion und Aufbau von Schrift erlangen, also kognitive Klarheit erwerben (vgl. Valtin 2000, Osburg/Valtin 2012). Das deutsche Schriftsystem ist im Kernbereich von großer Systematik geprägt. Dies erklärt, warum viele Lernende sich die Schriftsprache eigenaktiv aneignen können. Entsprechend wird Schriftspracherwerb heute vielfach als Prozess gezeichnet, in dem die Lernenden Sprache und Schrift begegnen und ausprobierend Muster finden (vgl. z.B. Brinkmann 2015). Ein Teil der Lernenden bewältigt den sprachanalytischen Problemlösungsprozess, den ihnen der Schriftspracherwerb abverlangt, weitgehend selbstständig. Lernende, die beim Entdecken und Verallgemeinern von Strukturen aufgrund individueller kognitiver Bedingungen auf Schwierigkeiten stoßen oder – wie Menschen mit Fluchterfahrungen – das Sprach- und Schriftsystem des Deutschen neu kennenlernen, können über eine Schriftorientierung durch die Begegnung mit schriftsprachlichen Mustern strukturierte Erfahrungen sammeln, die sie sowohl bei der (Recht-)Schreibung als auch beim

Spracherwerb insgesamt unterstützen können (vgl. auch Osburg 2000). Ein möglicher Weg der Unterstützung wird im Folgenden anhand der Verschriftung von Vokalen verdeutlicht.

## 3. Die Verschriftung von Vokalen

Lernende, die bereits Kontakt mit dem arabischen Schriftsystem hatten, sind – wie deutschsprachige Lernende – mit einem phonographischen Schrifttyp vertraut (vgl. Abschnitt 1). Ein bedeutender Unterschied[1] zwischen dem arabischen und dem deutschen Schriftsystem ist, dass es sich bei der arabischen Schrift um eine sogenannte Konsonantenschrift[2] handelt:

„Steht ein kurzer Vokal nach einem Konsonanten, wird er durch einen kleinen nach links unten gerichteten Strich am Ende an dem Konsonantenbuchstaben angezeigt [...]. Ein Kringel wird verwendet, wenn auf den Konsonanten kein Vokal folgt. Steht ein langer Vokal nach einem Konsonanten, so wird er zusätzlich zu den jeweiligen Strichen als eigener Buchstabe geschrieben [...].Die kleinen Striche am vorherigen Konsonanten, die bei den Kurzvokalen als einziges Zeichen den jeweiligen Vokal markieren, werden meistens nicht geschrieben. Sie finden sich in Kinder- und Lehrbüchern des Arabischen sowie im Koran (zur genauen Wiedergabe des heiligen Textes). Ansonsten werden sie meist weggelassen, etwa in Zeitungen und in Büchern für Erwachsene." (Zeldes/Kanbar 2014, S. 144)

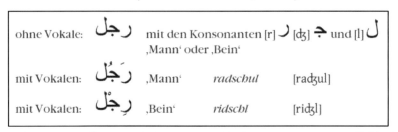

Abb. 1: Verschriftung von Vokalen im Arabischen, entnommen aus Zeldes/Kanbar 2014, S. 146

---

[1] Es existieren weitere zentrale Unterschiede, darunter die Verwendung unterschiedlicher Schriftzeichen und die Schreibrichtung (vgl. Osburg in diesem Band, Kalkavan 2016), die im Unterricht bearbeitet werden müssen.
[2] Das Arabische wird zu den ‚Konsonantenschriften' gezählt; genau genommen handelt es sich bei dem Begriff jedoch um eine Vereinfachung, da – wie das Zitat von Zeldes/Kanbar 2014 zeigt – die Möglichkeit der Kennzeichnung von Vokalen besteht (vgl. auch Dürscheid 2012, S. 68).

Arabischsprachige Menschen ergänzen während des Lesens ‚fehlende' Vokale aus dem Sinnzusammenhang (Abb. 1 verdeutlicht die Markierung von Vokalen und zeigt, dass bei Verzicht auf diese Markierungen in isolierten Wörtern durchaus unterschiedliche Begriffe erlesen werden können). Lernende, die in der arabischen Schrift alphabetisiert sind, tendieren entsprechend dazu, auch Vokale in der deutschen Schrift auszulassen (vgl. Dahmen 2015, S. 159).

In der deutschen Schrift werden alle Vokale verschriftet. Die Auslassung von Vokalbuchstaben ist jedoch auch in den Schreibungen Lernender mit der Erstsprache Deutsch zu beobachten. Das Phänomen gilt als typisches ‚Durchgangsstadium' des Schriftspracherwerbs (z.B. Günther 1986). Ursache hierfür könnten u.a. die unterschiedlichen Bildungsbedingungen im Mund sein, die dazu führen, dass Konsonanten stärker wahrgenommen werden als Vokale, die der Koartikulation unterliegen (vgl. auch Spiegel 2014, S. 54).

Die Verschriftung des Vokals folgt im deutschen Schriftsystem einem Muster: Jede Silbe verfügt über mindestens einen vokalischen Silbenkern. Es gibt keine Silbe ohne Vokal. Dieses Muster kann in einem schriftorientierten Unterricht thematisiert werden.[3]

## 4. Unterricht schriftorientiert gestalten

Da die Schreibsilbe die grundlegende Struktur bildet, die hier hinsichtlich der Verschriftung von Vokalen analysiert wird, steht diese im Zentrum des im Folgenden skizzierten Ansatzes[4]. Das offene Angebot besteht aus zwei Schwerpunkten. Sie können von den Schülerinnen und Schülern je nach individuellen Lernvoraussetzungen in unterschiedlichem Tempo und mit unterschiedlichen Gewichtungen bearbeitet werden:

---

[3] Auch nicht alphabetisierte Lernende mit der Erstsprache Arabisch können von der Thematisierung der Vokale profitieren. So verfügt die deutsche Sprache über ein deutlich umfangreicheres Vokalinventar als die arabische (im Arabischen gibt es drei Vokale, im Deutschen fünf sowie mehrere Umlaute). Die Schrift macht dieses Inventar sichtbar und kann so gezielt zur Sprachförderung genutzt werden (vgl. auch Osburg in diesem Band).
[4] Näheres auch vgl. Markmann 2016.

*a) Vokale im Blick*

Die Gruppe der Vokale (zunächst nur a, e, i, o, u, später auch die Umlaute und Diphthonge) wird thematisiert. Die Vokalbuchstaben können in diesem Zusammenhang beispielsweise auf einem Plakat visualisiert werden. Die Lernenden werden auf klangliche Unterschiede zwischen Vokalen und Konsonanten aufmerksam. In der Schrift werden Vokale rot markiert. Alternativ können die Lernenden auf andere Markierungen (z.B. ein kleines Kreuz oder Unterstreichungen) zurückgreifen. Die Beschäftigung mit Vokalen kann durch den Einsatz von Lautgebärden gestützt werden (vgl. z.B. Schäfer/Leis 2008, S. 22).

*b) Silben im Blick*

Die Lernenden untersuchen den Aufbau von Silben. Sie markieren die Vokale silbisch gegliederter Wörter und fügen fehlende Vokale ein. Bedeutsam ist hier die Auswahl des Wortmaterials. Die meisten deutschen nativen Wörter sind sogenannte trochäische Zweisilber oder lassen die Bildung eines solchen zu. Sie bestehen also aus einer betonten Vollsilbe (1. Silbe) und einer unbetonten Reduktionssilbe (2. Silbe). Der Bau der 1. und 2. Silbe weist Regelmäßigkeiten auf. Lernende sollten zunächst Einblicke in diese grundlegende Wortstruktur des prototypischen Zweisilbers erhalten. Diese Forderung ergibt sich daraus, dass es für den Lernprozess wichtig scheint, zunächst Grundlegendes zu erkennen, bevor die Aufmerksamkeit auf weniger häufige Wörter gerichtet wird (vgl. Müller 2010, S. 59).

Um die silbische Gliederung von Wörtern in der Schrift sichtbar zu machen, werden die Silben gekennzeichnet. Silbenbögen bieten den Vorteil, dass Wörter so auch nachträglich silbisch gegliedert werden können. Auch bietet die Vorgabe leerer Silbenbögen einen hohen Aufforderungscharakter zum Schreiben. Über der Analyse von Silben steht hier immer die Bedeutung der Wörter, deren Bestandteile sie bilden: Silben werden stets innerhalb eines Wortes (wenn möglich begleitet durch ein Bild oder einen Gegenstand) betrachtet, sie stehen niemals isoliert.

## Die Entwicklung von Materialen[5]

In einem inklusiven Unterricht lernen Kinder gemeinsam, jedoch auf unterschiedlichen Wegen. Die Potenziale eines solchen Unterrichts werden dann besonders deutlich, wenn das Lernangebot vielfältige Möglichkeiten zur Bearbeitung zulässt. Im Zuge der Bearbeitung der Frage nach dem Aufbau der Silbe können gemeinsam mit den Lernenden vielfältige Materialien konstruiert werden, die sich jeweils mit unterschiedlichen Lernziele verbinden lassen. ‚Forscheraufgaben' (vgl. z.B. Markmann 2014) ermöglichen insbesondere im Rahmen einer inklusiven Lernkultur Möglichkeiten der „Individualisierung ‚von unten'" (vgl. Brügelmann 2002, S. 39). Aber auch stark strukturierte Aufgaben, die die Aufmerksamkeit der Lernende gezielt auf Strukturen der Silbe zu lenken vermögen, sollten Teil des Angebots sein. So können beispielsweise die Vokale in silbisch gegliederten Wörtern mit kleinen Karten verdeckt und passende Vokale in Form von Vokalkarten eingesetzt werden (Abb. 2) oder Vokale mit roten Punkten markiert werden (Abb. 3). Klettmaterial ermöglicht in diesem Beispiel die Selbstkontrolle durch die Lernenden. Entsprechende Aufgaben können von den Lernenden in vielfältiger Form selbst erstellt und der Lerngruppe zur Verfügung gestellt werden.

Abb. 2: Arbeitsmaterial

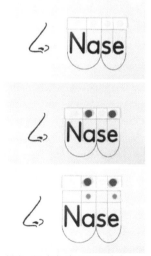

Abb. 3: Arbeitsmaterial

---

[5] Die hier vorgestellten Materialien (Abb. 2,3) wurden von der Autorin entwickelt.

## 5. Schluss

Lernende, die nach der Flucht Deutsch als Zweitsprache lernen, stehen vor besonderen Herausforderungen. Eine strukturierte Auseinandersetzung mit dem deutschen Schriftsystem – auch in Vergleich mit dem Schriftsystem der Erstsprache – vermag sie dabei zu unterstützen, diesen Herausforderungen zu begegnen, indem sie *durch die Schrift* kognitive Klarheit erwerben. Ein schriftorientierter Unterricht, wie er in diesem Beitrag skizziert wurde, regt Lernende dazu an, die Strukturen der (Schrift-)Sprache zu erforschen und ihr sprachliches Wissen zu erweitern. Hiervon können alle Lernenden profitieren.

## Literatur

Brinkmann, Erika (2015): Richtig schreiben lernen nach dem Spracherfahrungsansatz. In: Brinkmann, Erika (Hg.): Rechtschreiben in der Diskussion – Schriftspracherwerb und Rechtschreibunterricht. Beiträge zur Reform der Grundschule, Bd. 140. Grundschulverband: Frankfurt, S. 44-53.

Brügelmann, Hans (2002): Heterogenität, Integration, Differenzierung: Empirische Befunde – pädagogische Perspektiven. In: Heinzel, Frederike/Prengel, Annedore (Hg.): Heterogenität, Integration und Differenzierung in der Primarstufe. Opladen: Leske und Budrich, S. 31-43.

Coulmas, Florian (1982): Über Schrift. Frankfurt a.M.: Suhrkamp.

Dahmen, Siliviana (2015): Orthographiefehler bei DaZ-Lernern. In: Michalik, Magdalena/Kuchenreuther, Michaela (Hg.): Grundlagen der Sprachdidaktik Deutsch als Zweitsprache. Baltmannsweiler: Schneider Verlag Hohengehren, S. 154-175.

Dürscheid, Christa (2012): Einführung in die Schriftlinguistik. 4., überarb. und aktualisierte Aufl. Göttingen: Vandenhoeck & Ruprecht.

Günther, Klaus B. (1986): Ein Stufenmodell der Entwicklung kindlicher Lese- und Schreibstrategien. In: Brügelmann, Hans (Hg.): ABC und Schriftsprache. Konstanz: Faude, S. 32-54.

Kalkavan-Aydin, Zeynep (2016): Sprachen und Schriften. In: Deutsch Differenziert, H. 3, S. 9-11.

Markmann, Gesa (2016): Strukturen der Schrift entdecken. In: Deutsch Differenziert, H. 3.

Markmann, Gesa (2014): Mit den Augen eines Forschers. Sprachliche Strukturen im inklusiven Unterricht untersuchen. In: Deutsch Differenziert, Heft 2, S. 14-16.

Müller, Astrid (2010): Rechtschreiben lernen. Die Schriftstruktur entdecken - Grundlagen und Übungsvorschläge. Seelze: Klett und Kallmeyer.

Osburg, Claudia/Valtin, Renate (2012): Lesen & Schreiben. In: Braun, Otto/Lüdtke, Ulrike (Hg.): Sprache und Kommunikation. Stuttgart: Kohlhammer, S. 290-304.

Osburg, Claudia (2009): Sprachentwicklungsstörungen und Störungen des Schriftspracherwerbs. In: Grohnfeldt, Manfred (Hg.): Lehrbuch der Sprachheilpädagogik und Logopädie. Band 2: Erscheinungsformen und Störungsbilder. 3. Auflage. Stuttgart: Kohlhammer.

Osburg, Claudia (2000): Gesprochene und geschriebene Sprache. Aussprachstörungen und Schriftspracherwerb. Baltmannsweiler: Schneider Verlag Hohengehren.

Scheerer-Neumann, Gerheid (1999): Die Bedeutung der alphabetischen Strategie für die Förderung lese-rechtschreibschwacher Kinder. In: Schulte-Körne, Gerd (Hg.): Legasthenie: erkennen, verstehen, fördern. Bochum: Verlag Dr. Winkler, S. 247-261.

Schäfer, Holger/Leis, Nicole (2008): Lesen und Schreiben im Handumdrehen. Lautgebärden erleichtern den Schriftspracherwerb in Förderschule und Grundschule. München: Reinhardt.

Schulte-Buntert, Ellen (2015): Schriftspracherwerb in der Zweitsprache Deutsch. In: Michalik, Magdalena/Kuchenreuther, Michaela (Hg.): Grundlagen der Sprachdidaktik Deutsch als Zweitsprache. Baltmannsweiler: Schneider Verlag Hohengehren, S. 129-153.

Spiegel, Ute (2014): Mit Rechtschreibstrategien richtig schreiben lernen. Grundlagen und Übungen für die Klassen 2-4. Seelze: Kallmeyer in Verb. mit Klett.

Valtin, Renate (2000): Die Theorie der kognitiven Klarheit – Das neue Verständnis von Lese-Rechtschreib-Schwierigkeiten. In: Ganser, Bernd (Hg.): Lese-Rechtschreib-Schwierigkeiten - Diagnose - Förderung - Materialien. Donauwörth: Auer Verlag, S. 16-42.

Zeldes, Amir/Kanbar, Ghazwan (2014): Das Arabische und das Hebräische. In: Krifka, Manfred et al. (Hg.): Das mehrsprachige Klassenzimmer. Über die Muttersprachen unserer Schüler. Berlin, Heidelberg: Springer, S. 135-174.

BEATE LEßMANN

# Heimisch werden in Sprache, Schrift und Klasse

Eine alltägliche Situation: Das Hineinstolpern in die Schule in einem fremden Land. Was hier für den Unterricht in einer 1. Klasse beschrieben wird, ist übertragbar auf das Lernen und Leben bis zur Klasse 10. Immer geht es darum, Lernangebote zu initiieren, die dazu beitragen, dass Kinder und Jugendliche in ihrer Individualität wertgeschätzt und in Sprache, Schrift und Klasse heimisch werden.

## 1. Aus Syrien nach Deutschland

Am 28. August kommt Jana aus Syrien in Deutschland an. Genau eine Woche später, am 4. September, erlebt die Sechsjährige ihren ersten Schultag in einer Grundschule in Schleswig-Holstein. Sie wird gemeinsam mit 21 Kindern eingeschult, darunter ist auch Samir[1], den sie bereits aus ihrer Heimat kennt und der auch hier in ihrer Nähe wohnt. Jana besuchte vorher weder eine Schule noch eine Kindertageseinrichtung. Hier wird sie nun – ohne Deutschkenntnisse – in eine ganz normale Grundschulklasse gemeinsam mit anderen Kindern unterschiedlicher Sprach- und Schriftkenntnisse aufgenommen. Jana und Samir erhalten zunächst keinen zusätzlichen Unterricht in Deutsch als Zweitsprache (DaZ). Erst nach den Herbstferien kann eine Stunde Sprachförderung in einer Kleingruppe eingerichtet werden.
Jana ist in der ersten Zeit sehr schüchtern und verängstigt. Sie verhält sich zurückhaltend und spricht zunächst gar nicht. In unvorhergesehenen Situationen sucht sie die Nähe der Lehrerin. Begegnet sie Menschen, die sie nicht kennt, reagiert sie besonders verschüchtert. Samir muss nach wenigen Wochen die Klasse verlassen, da seine Familie eine neue Wohnung gefunden hat. Bei einer nachträglichen schulärztlichen Untersuchung stellt sich heraus, dass Jana gesundheitliche Probleme hat. Ihre Ohren und ihr Rücken müssen weiter untersucht werden. Sie wurde bereits am Herzen operiert – kurz bevor sie Syrien verließ.

---

[1] Der Name wurde geändert.

Im Laufe der ersten Wochen taut Jana auf. Wenn sie ein neues Wort verinnerlicht hat, erzählt sie es stolz der Klassenlehrerin oder ihrer Patenschülerin aus der 4. Klasse in der Pause, später auch den Mitschülerinnen. *Kommt, schnell!*, fordert sie die anderen auf, wenn es in die Sporthalle gehen soll. Zunächst sind es einzelne Wörter, dann Sätze wie *Jana essen, Jana nicht trinken, Jana liebt fahren* oder auch *Jana liebt Prinzessinnen.*

## 2. Sich neu finden – als Person, in der Sprache, in der Gruppe

In der ersten Woche überreicht die Klassenlehrerin[2] jedem Kind ein eigenes „Tagebuch" (Leßmann 2007). Es ist ein gebundenes Buch mit lauter leeren Seiten und einer Einladung[3] auf der Umschlagseite, durch die auch Jana aufgefordert wird, in dieses Buch alles zu schreiben und zu malen, was ihr wichtig ist. Mindestens einmal in der Woche erhalten die Kinder dieser Klasse Zeit dafür. In den ersten Wochen lernen sie in der sogenannten „Schreibzeit" (Leßmann 2013) auch, mit Hilfe einer Anlauttabelle die eigenen Wörter zu verschriften. Nach einigen Wochen können sie in ersten „Autorenrunden" (Leßmann 2007, 2013) ihren Mitschülern/-innen Texte oder Bilder vorstellen.

Janas Entwicklung der ersten vier Monate soll exemplarisch an vier Seiten aus ihrem Tagebuch skizziert werden.

---

[2] Ich danke Silke Theurich, die mir aus ihrer Klasse diese Erfahrungen berichtete und die Abbildungen 1 bis 4 mit der Erlaubnis der Eltern zur Verfügung stellte.
[3] Als Download für unterschiedliche Altersstufen erhältlich:
www.beate-lessmann.de/schreiben/tagebuch-schreibbuch

Abb. 1: 4. September

Abb. 2: 9. Oktober

Abb. 3: 20. November

Abb. 4: 10. Dezember

## Die eigenen Themen – in Bild und Wort

Das Motiv der Prinzessin zieht sich durch Janas Tagebuch. Gleich auf der ersten Seite findet sich eine farbenreiche, phantasievolle und detailgenaue Darstellung unter ihrem Vor- und Nachnamen[4]. Es könnte sein, dass sie sich selbst als Prinzessin dargestellt hat. Auf insgesamt 5 von 17 in den ersten drei Monaten gestalteten Tagebuchseiten findet sich das Motiv der Prinzessin, immer in der farbenfrohen und differenzierten Darstellung von Körper, Gesicht, Kleidung und später auch Schuhen. Sie bringt außerdem Elemente ihres Lebensalltages zeichnerisch und teilweise schriftsprachlich zum Ausdruck wie etwa Geschenke, einen Bildschirm, den Besuch im Schwimmbad (s. Abb. 3), Blumen (s. Abb. 4) oder einen geschmückten Tannenbaum in der Vorweihnachtszeit. Ihre Verschriftungen reichen vom eigenen Namen, über die Namen von Mitschüler/-innen und *Mama* bis zur Benennung von Dingen aus dem Alltagsleben und der Natur wie *BLATT* oder *BÄR*. Ihre Bilder und Texte erwecken den Eindruck einer heilen Welt. Ganz anders Samir: Er zeichnet Gewehre, Panzer und fließendes Blut – Bilder der Bedrohung und des Krieges. Beide nehmen den Raum an, der ihnen durch das Tagebuch und die Schreibzeit angeboten wird, und drücken persönlich Bedeutsames aus: Erfahrungen, die belasten, genauso wie Träume, die entlasten.

## Vom Buchstaben zum Wort zum Satz

Auf einigen Seiten finden sich Buchstaben, abgezeichnet von der Anlauttabelle oder von anderen Schriftvorlagen, noch nicht zu Wörtern zusammengefügt. Jana experimentiert mit ihnen, ordnet sie auf unterschiedliche Art und Weise an und nähert sich dabei der ihr unbekannten Schriftsprache. Ihren Namen konnte sie bereits schreiben, nicht nur den Vor-, sondern auch den Nachnamen. Sie verwendet dabei große und kleine Druckbuchstaben. Am 5. Schultag konstruiert sie mit der Anlauttabelle und der Hilfe ihrer Patenschülerin einige der ihr bekannten Namen aus der Klasse. Etwa einen Monat nach Schulbeginn schreibt sie ihr erstes Wort selbstständig auf: *Mama* (s. Abb. 2). Zweieinhalb Monate nach Schulbeginn formuliert sie

---

[4] Der Nachname wurde hier aus dem Bild entfernt.

erstmals alleine schriftlich einen Satz: *JANA ShW iMM BAD*. Und weitere drei Wochen später schreibt sie das Wort *BLUME* lautgetreu. Zwischendurch wendet sie sich wieder den Buchstaben zu und erstellt lange Listen. Nach drei Monaten Schreibzeit kann sie alle Begriffe der Anlauttabelle benennen und sich auf ihr beim Schreiben orientieren. Jana nutzt die verschiedenen Ebenen des Schriftsystems. Die Entwicklung vom Wort zum Satz entspricht ihrer skizzierten mündlichen Sprachentwicklung.

**Das Eine nicht ohne das Andere: Kind – Text – Gruppe**

Nachdem Jana in den ersten Wochen vor allem auf die Lehrerin als Bezugsperson fixiert ist, öffnet sie sich zunehmend der Gruppe. Von Anfang an genießt sie Situationen, in denen sich die ganze Klasse gemeinsam im Kreis zusammenfindet. Sie gibt sich mit den anderen Kindern dem Erzählen, Vorlesen, Singen oder Vorstellen der eigenen Texte und Bilder hin. War sie lange Zeit aktive Zuhörerin, so beginnt sie nach drei Monaten, in der großen Gruppe etwas von sich selbst beizutragen. Ein Strahlen in ihren Augen macht deutlich, wie wohltuend und stärkend es ist, sich in die Gruppe einbringen zu können. Den Mut dazu verdankt sie nicht nur ihrer Sprachentwicklung, sondern auch dem stabilen Bezugssystem ihrer Klasse, in dem Vertrauen und Offenheit von Tag zu Tag wachsen. Die eigenen Texte bilden dafür einen wertvollen Baustein, nicht nur, weil die Kinder hier die Möglichkeit erhalten, Eigenes auszudrücken, sondern auch, weil sie mit ihren ureigenen Gedanken, Ideen und Gefühlen das Leben der Klasse und deren Identität bereichern und damit zu einem unersetzlichen Teil des Ganzen werden.

**3. Innerlich ankommen**

Nach drei Monaten liebt Jana nicht nur ihre Lehrerin, sondern auch ihre Klasse, in der sie heimisch geworden ist. Und sie liebt die Schreibzeit – das Schreiben im Tagebuch und das Vorstellen der Texte in der Autorenrunde. Sie kann selbst sehen, was sie bereits geschafft hat. Fachliches Lernen, individuelle Bedeutsamkeit der Themen und die Einbindung in die Gruppe gehören zusammen. Eine solche Kombination bietet gute Voraussetzungen, um weiterhin hochmotiviert zu lernen. So ist es nachzulesen in der Motivationstheorie (z.B. Deci und Ryan 1993) oder der aktuellen empirischen Unterrichtsforschung (vgl. Hattie et al. 2013; Gold 2015). Dass auch Janas Eltern diese Entwicklung zu schätzen wissen, zeigt sich darin, dass sie eine größere Wohnung, die ihnen kürzlich in einer anderen Region angeboten wurde, nicht angenommen haben. Diese Schule, in der Jana jetzt zuhause ist, wollen sie auf keinen Fall für ihre Tochter missen.

## Literatur

Deci, Edward L./Ryan, Richard M. (1993): Die Selbstbestimmungstheorie der Motivation und ihre Bedeutung für die Pädagogik. In: *Zeitschrift für Pädagogik* 39 (2), S. 223-238.
Gold, Andreas (2015): Guter Unterricht: Was wir wirklich darüber wissen. 1. Aufl. Göttingen: Vandenhoeck & Ruprecht.
Hattie, John/Beywl, Wolfgang/Zierer, Klaus (2013): Lernen sichtbar machen. Baltmannsweiler: Schneider-Verl. Hohengehren.
Leßmann, Beate (2007): Individuelle Lernwege im Schreiben und Rechtschreiben. Ein Handbuch für den Deutschunterricht. Teil I: Klassen 1 und 2. 3 Bände. Heinsberg: Dieck (I).
Leßmann, Beate (2013): Individuelle Lernwege im Schreiben und Rechtschreiben. Ein Handbuch für den Deutschunterricht. Teilband IIA: Klassen 3 bis 6. Entwicklung von Schreibkompetenz auf der Grundlage individuell bedeutsamer Texte. 3 Bände. Heinsberg: Dieck (IIA).

Internet

Materialien für Tagebuch, Schreibzeit und Autorenrunde u.a.: www.beate-lessmann.de

CHRISTINA HEIN

# Ein Lapbook: Auf den Spuren von Karlinchen

## 1. Karlinchen – ein Kind auf der Flucht

Eine Vielzahl an Menschen mit Fluchterfahrungen ist im vergangenen Jahr nach Deutschland gekommen. In der Schule spreche ich mit meinen Zweitklässlerinnen und Zweitklässlern darüber, dass wir eine neue Nachbarklasse – eine IVK (Internationale Vorbereitungsklasse) – bekommen. Die Kinder berichten und erzählen von Nachrichten, die sie im Radio hören und im Fernsehen mitbekommen sowie auch von Gebäuden, die in ihrer Nachbarschaft entstehen. Die Kinder können ihre Fragen stellen und wir sprechen darüber – auch wenn nicht gleich Antworten gefunden werden können. Warum kommen die Menschen hierher? Was mache ich, wenn das Kind mich nicht versteht? Sprechen die Kinder Englisch? Sind die nett?

Eine Geschichte, die von dieser Thematik handelt, ist das Buch „Karlinchen. Ein Kind auf der Flucht" von Annegert Fuchshuber. Die Geschichte erzählt von dem Mädchen Karlinchen, das alleine und voller Angst aus ihrem Heimatland flieht. Karlinchen läuft und läuft. Sie begegnet auf ihrer Flucht unterschiedlichen Personen und Figuren. Als Erstes kommt sie in ein Dorf und bittet die Menschen dort um etwas zu Essen. Diese Leute rufen die Polizei und Karlinchen läuft davon. Auf ihrer Flucht hat sie Angst. Sie kommt in das Land der Steinbeißer. Diese begegnen ihr freundlich und bieten ihr Steine als Mahlzeit an – doch so etwas möchte Karlinchen nicht essen. Hinter einem Wald liegt das Land der Seidenschwänze. Zunächst heißen die Seidenschwänze Karlinchen Willkommen – doch nachdem diese feststellen, dass Karlinchen keinen Seidenschwanz besitzt, wollen sie nichts mehr mit ihr zu tun haben. In dem Land der Nebelkrähen gestaltet sich die Begegnung ebenfalls schwierig, da Karlinchen nicht auf die Bäume fliegen kann und nicht die hiesige Speise, eine tote Maus, verzehren mag. Im darauffolgenden Land der Schaffraffer findet Karlinchen keine Beachtung. Man mag ihr nichts abgeben, obwohl alles im Überfluss vorhanden ist. Am Stadtrand bei den Fabriken und Müllbergen wollen die Menschen Karlinchen auch nichts abgeben. Karlinchen darf nicht bleiben. Sie ist weiterhin auf sich allein gestellt. Sie weiß nicht mehr, wohin sie noch gehen soll. Am Ende der Geschichte trifft Karlinchen auf einen Narren. Der Narr ist freundlich, bietet ihr Nahrung und einen Schlafplatz an. Sie beschließt, ein Narr zu werden, da Narren gut zu anderen zu sein scheinen.

## 2. Mit Karlinchen auf dem Weg

Die Geschichte wird in Etappen erzählt, um jeweils im Anschluss an Schlüsselszenen mit den Kindern ins Gespräch zu kommen, zu reflektieren und Fragen zu klären.

Auf der ersten Doppelseite des Buches sind ein brennendes Haus und die davonlaufende Karlinchen zu sehen. Nachdem ich den ersten Abschnitt vorgelesen habe, steht die Frage an der Tafel: „Was braucht Karlinchen nun?" Die Zweitklässlerinnen und Zweitklässler besprechen sich untereinander, notieren ihre Gedanken in Gedankenblasen und stellen sie im Anschluss vor.

In den Gedankenblasen steht beispielsweise:

*„Karlinchen braucht etwas zu essen. Jemand, der auf Karlinchen aufpasst!"*
*„Sie braucht Freundschaft. Sie braucht Eltern. Sie braucht Schuhe."*
*„Karlinchen braucht Geschwister."*
*„Sie braucht eine Schule."*

Danach lese ich die Geschichte weiter. Die Bilder der Geschichte habe ich farbig aus dem Buch kopiert und laminiert. Gemeinsam sitzen wir im Kreis. Die Bilder liegen der Reihenfolge im Buch entsprechend hintereinander, durch einen roten Faden miteinander verbunden. Die Kinder erhalten einen Glasstein und können diesen an jene Stelle der Geschichte legen, die sie besonders bewegt hat.

## Karlinchen weint

Nachdem Karlinchen zum wiederholten Male abgewiesen wird und auch am Rande der Stadt keinen Platz zum Bleiben findet, weiß sie nicht „wohin sie noch gehen sollte. Und zu allem Unglück fing es noch an zu regnen" (Fuchshuber, 2015). Diese Stelle ist im Buch eindrucksvoll bebildert. Die Schülerinnen und Schüler äußern sich schriftlich auf Tropfen zur Gefühlswelt Karlinchens. Die Tropfen stehen symbolisch für ihre Tränen.

So schreiben einzelne Kinder:

*„Karlinchen weint, weil sie keiner lieb hat."*

*„Karlinchen weint, weil niemand ihr hilft und sie fühlt sich ausgeschlossen. Karlinchen wird ganz oft vertrieben."*

*„Karlinchen ist traurig, weil sie kein Haus hat und keine Eltern, kein Essen und vieles mehr."*

Abb. 1: Karlinchens Tränen

Ein Lapbook: Auf den Spuren von Karlinchen

**Wegbegleitung im Lapbook**

Um das Gehörte und Besprochene individuell vertiefen und bearbeiten zu können, gestaltet jedes der Kinder ein eigenes Lapbook (Abb. 2-4).

Abb. 2: Lapbooks - Vorderansicht

„Lapbooks sind Faltbücher, die zu einem Thema entstehen, dem sich die Schüler schreibend, bastelnd und malend nähern" (Lurz/Scherrer, 2013, S.130). Für das Innenleben des Lapbooks werden den Kindern verschiedene Vorlagen zur Verfügung gestellt, wie beispielsweise Sprech- und Gedankenblasen, Karlinchen (aus dem Buch kopiert), sowie auch kleine Faltbücher, die in das große Lapbook geklebt werden können.

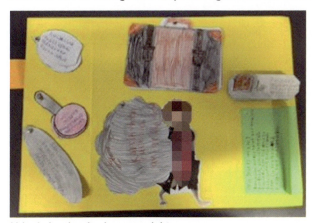

Abb. 3: Lapbook - Innenansicht

In dem kleinen Faltbuch (Abb. 4) können die Kinder die für sie zentralen Stellen der Geschichte festhalten, indem sie dazu malen und schreiben.

Abb. 4: Faltbuch

„Jedes Kind hat die Möglichkeit, aus der dargebotenen Vielfalt der Schreibvorgabe das auszuwählen und zu thematisieren, was ihm persönlich bedeutsam erscheint. Ausgangspunkt ist also immer das inhaltliche Interesse der Schreibenden (Dehn et al., 2011, S.11).

Zu Beginn der Karlincheneinheit wird zunächst das Lapbook angelegt. Es wächst sodann Stück für Stück mit der Geschichte. In einem ersten Schritt gestalten die Kinder individuell ihr Lapbookcover.

In weiteren Schritten gestalten sie nach jedem vorgelesenen Abschnitt das Innenleben ihrer Lapbooks. Die bereits beschriebenen Gedankenblasen und Tränen können ideal ins Lapbook eingebunden werden. Grundsätzlich entscheidet aber jedes Kind für sich, welche Bestandteile es aufnehmen möchte. Wie an einer Art Buffet kann sich an Vorlagen und Schreibvorgaben durch Impulsfragen individuell nach Belieben bedient werden. Die Schülerinnen und Schüler gehen unterschiedlichen Fragen nach, wie z.B.: „Was denkt und fühlt Karlinchen?", „Warum bekommt sie keine Hilfe?" oder „Was träumt sie?".

Einige haben sich Sprechblasen für das Lapbook ausgewählt, um Karlinchen Mut zusprechen zu können:

„Karlinchen, du musst keine Angst haben."

„Du musst warten bis der Regen vorbei ist."

„Karlinchen, du schaffst das. Komm schon."

Auf dem Buffet befindet sich beispielsweise auch eine Lupe als Vorlage, um eine Stelle der Geschichte genauer zu untersuchen. Papier in unterschiedlichen Farben lädt die Kinder ein, die Karlinchengeschichte weiterzuschreiben und ihre persönliche Meinung dazu zu äußern. Einige Figuren des Buches, wie z.b. die Seidenschwänze oder auch der Narr, können den Schülerinnen und Schülern als Vorlage zur Verfügung gestellt werden. Sie können diese in ihr Lapbook einkleben sowie dazu malen und schreiben.

Am Ende der Geschichte findet Karlinchen ihren Platz bei dem Narren, der ihr offen, freundlich und ohne Bedingungen begegnet. Die Zweitklässlerinnen und Zweitklässler sind erleichtert. So schreibt ein Junge in seinem Lapbook: „Karlinchen hat Glück, weil der Narr ihr was zu Essen abgibt. Karlinchen hat einen neuen Freund."

Die Kinder tauchen in die Geschichte ein, übertragen diese in ihre eigene Lebenswelt und können sich selbst positionieren. Sie kommen durch Karlinchen miteinander ins Gespräch – über ihre Gedanken und Gefühle zur Welt und dem, was wirklich für sie wichtig ist.

**Literatur**

Dehn, Mechthild/Merklinger, Daniela/Schüler, Lis (2011): Texte und Kontexte. Schreiben als kulturelle Tätigkeit in der Grundschule. Seelze: Kallmeyer/Klett.

Fuchshuber, Annegert (2015): Karlinchen. Ein Kind auf der Flucht. Berlin: Annette Betz in der Ueberreuter Verlag GmbH.

Lurz, Dominique/Scherrer, Barbara (2013): 111 Ideen für selbstständiges Präsentieren, Lernplakat, Lapbook, PowerPoint & Co. Für Grundschüler. Mülheim an der Ruhr: Verlag an der Ruhr.

CHRISTOPH SCHIEFELE

# Spiele als Eisbrecher – Erste Begegnungen und Kommunikationsgestaltung mit minimierten Sprachbarrieren

## 1. Begegnungen von Kindern mit und ohne Fluchterfahrungen ermöglichen

Auf wissenschaftstheoretischer Ebene ist vor allem die erziehungswissenschaftliche Teildisziplin des „Interkulturellen Lernens" um fluchterfahrene Kinder und deren Bildung bemüht. Sie beschäftigt sich bereits seit längerem damit, Konzepte sowie Lehr- und Lernformen zu entwickeln, mit deren Hilfe migrierte Lernende ins deutsche Bildungssystem integriert werden können (z.B. Holzbrecher/Over 2015; Gogolin/Krüger-Potratz 2010). Dabei geht es „um mehr als eine ‚Vermittlung' von Sachgegenständen [,…] gerade interkulturelles Lernen beinhaltet immer auch zugleich den Anspruch, ‚Nachhaltigkeit' " (Holzbrecher 2015, S. 316) zu ermöglichen. Um diese Nachhaltigkeit zu erreichen, besteht eine große Herausforderung im Umgang mit fluchterfahrenen Kindern darin, die Segregation dieser Kinder abzuwenden und stattdessen Kontakte mit Menschen des Ankunftslandes zu schaffen. Ansätze des interkulturellen Lernens versuchen in ihrer Gesamtheit häufig, einem definierten Bildungsanspruch gerecht zu werden. Um diesen jedoch erfüllen zu können, sollten den Fluchterfahrenen in einem vorherigen Schritt unbelastete Begegnungen als Basis eines gelingenden Ankommens in fremder Umgebung ermöglicht werden.

„Begegnung" in einem offenen wie zweckfreien Verständnis meint in diesem Kontext das herkunftsunabhängige Zusammentreffen Fluchterfahrener mit Inländischen, auf deren Basis sich zunehmende Berührungspunkte entwickeln können. Diese Begegnungen sind vor allem durch (sozio-) kulturelle (z.B. Vorurteile) wie kommunikative Barrieren (z.B. unterschiedliche Sprachen) erschwert, weswegen gezielte Begegnungsmaßnahmen inszeniert werden müssen, die diese Hindernisse berücksichtigen und gleichzeitig überwinden lassen. Mit Blick auf diese notwendigen Anforderungen bieten gemeinsame Spiele ein gleichermaßen geeignetes wie unkompliziert leistbares Mittel, um unbeschwerte Begegnungen in Form von gemeinsamen Interaktionen zu arrangieren.

## 2. Spiele als kulturunabhängige Form der Begegnungsgestaltung

„Spiel" und „spielen" in all seinen unterschiedlichen Erscheinungs- und Umsetzungsformen ist ein universelles Phänomen (vgl. Wittig 2014, S. 157ff), das kultur-, situations- und altersunabhängig von allen Menschen dieser Welt ausgeübt wird. Egal ob spontane Bewegungsspiele, freie Rollenspiele oder kommerzielle Regelspiele, ob mit oder ohne Spielzeug bzw. -gerät, „spielen" ist eine kulturübergreifende Aktivität und wird in allen Kulturen praktiziert.

### Zur freudvollen und natürlichen Tätigkeit des Spielens

Diese Omnipräsenz des Spiels liegt darin begründet, dass Menschen bereits ab frühester Kindheit durch spielerische Handlungen die Welt erkunden und für sich entdecken. Mit dem „zweckfreien Aufnehmen und Integrieren von Erfahrungen mit der belebten und unbelebten Umwelt" (Papousek 2003, S. 30) setzen sich Kinder in Form von Spielen mit ihrer alltäglichen Lebensumwelt auseinander. Spiele übernehmen damit eine große Bedeutung für die Gesamtentwicklung jedes Individuums (vgl. Oerter 2011) und repräsentieren gleichzeitig freudvolle Tätigkeiten mit hohem Aufforderungscharakter. Mit zunehmendem Alter wandeln sich die praktizierten Spielformen, die Ausübung als lustvolle und angenehme Tätigkeit jedoch bleibt weiterhin und bis ins hohe Alter erhalten.

Diese Kombination der natürlichen, kulturübergreifenden Erscheinungsweise und der vergnüglichen Ausübung unterstreicht die Sinnhaftigkeit der Vorgehensweise, Begegnungsgestaltung in Form von Spielen zu inszenieren.

## „Mehr als nur Zeitvertreib!" – Zum unersetzbaren Wert von Spielen

Immer wieder müssen sich Spiele in Bildungskontexten unterschiedlicher Vorwürfe erwehren (vgl. Heimlich 2014). Neben Zweckentfremdungsvorwürfen (u.a. Flitner 2002; Einsiedler 1999) ist vor allem unter pädagogischen Fachkräften vermehrt die Meinung vertreten, dass Kinder bei Spielen zwar Spaß hätten, die angestrebten Lernziele allerdings häufig diesem Wohlgefühl zum Opfer fallen würden. Statt einer Stellungnahme zu dieser Sichtweise soll an dieser Stelle vielmehr festgehalten werden, dass diese Kritik auf die Gestaltung von Begegnungskontexten für fluchterfahrene Kinder in Form von Spielen nicht übertragen werden kann: Wie einleitend erwähnt, sollten jegliche Bildungsziele bei der Gestaltung anfänglicher Begegnungen ausgeschlossen und stattdessen der Aufbau von Kontaktmöglichkeiten sowie der Abbau von Barrieren im Vordergrund stehen. Dieser Leitlinie folgend sowie das dargestellte Potential von Spielen zur Überwindung soziokultureller Barrieren aufgreifend, bieten Spiele die optimalen Voraussetzungen zur Gestaltung einer kindgerechten wie motivierenden Interaktionsgestaltung. Dass durch diese Vorgehensweise auch sprachliche Barrieren überbrückt werden können, soll im Folgenden dargestellt werden.

## 3. Spielgestaltung ohne Sprachbarrieren

Jedes Spiel beruht in seiner Gesamtheit, abhängig von Inhalt und Umsetzung in unterschiedlichem Maße, auf dem „Gebrauch und Austausch von Sprache" (Bruner 2002, S. 36f). Trotz dieser sprachlichen Allgegenwärtigkeit dürfen Spiele allerdings nicht als unumgängliche Sprachbarrieren verstanden werden, wie die Differenzierung in verbale und nonverbale Kommunikation verdeutlicht:

### Verbale Sprache als Kommunikations-Barriere

Menschen mit unterschiedlichen Sprachen und ohne bzw. geringen Fremdsprachenkenntnissen können sich auf verbaler Ebene nur schwer oder gar nicht miteinander verständigen. Diese Verständigungshürde ist vor allem bei Begegnungen mit fluchterfahrenen Menschen häufig abschreckend oder so schwer zu überwinden, dass eine Kontaktaufnahme von beiden Seiten nur von kurzer Dauer, stark belastet oder gar nicht umgesetzt wird. Die verbale Kommunikation und ihre Nicht-Umsetzbarkeit wirken sich damit direkt hinderlich auf gemeinsame Begegnungen aus.

Um diese Kommunikationshürden zu minimieren, bietet sich der Rückgriff auf Erkenntnisse der Spracherwerbsforschung an: Entsprechend der interaktionistischen Spracherwerbstheorie (Bruner 2002) beginnt der Spracherwerb eines Kindes nicht mit dessen erstem Wort, sondern dessen ersten gemeinsamen Interaktionen mit seinen Bezugspersonen. Folglich sind dialogische Handlungskontexte, die auch ohne Verbalsprache funktionieren, die Basis sprachlicher Bildung (vgl. Schiefele 2012, S. 38ff).

Überträgt man diese Erkenntnisse auf die Gestaltung von Begegnungsmaßnahmen für fluchterfahrene Menschen, so bedeutet dies, dass Begegnungen zuallererst durch gemeinsame Interaktionskontexte inszeniert werden müssen. Gemäß der zuvor dargestellten Anlage sowie kulturübergreifenden Existenz des Spielens lassen sich derartige Interaktionen mit Hilfe ausgewählter Regelspiele umsetzen.

**Gemeinsame Spiele als sprachentlastete Interaktion**

Damit Kommunikation auf nonverbaler Ebene in Form von Interaktionen gelingen kann, ist für die beteiligten Akteure ein klarer Bezugsrahmen nötig, der die Struktur der gemeinsamen Handlung vorgibt und Verbalsprache unnötig erscheinen lässt. Diese Anforderungen erfüllen Regelspiele gleich in doppelter Hinsicht:

- Klare, konventionelle Regeln (z.B. bei klassischen Würfelspielen wie Mensch-ärgere-dich-nicht) geben den Bezugsrahmen der Interaktion in Spielform vor und lassen sich sowohl nonverbal als auch durch den Spielablauf klären.
- Gleichzeitig verfügen alle Interaktionspartner durch ihre vorhandenen Spielerfahrungen über ein bekanntes Ablaufmuster, das ihnen Anknüpfungspunkte und Handlungssicherheit ermöglicht. „Man orien-

tiert sich an dem bereits Bekannten, das nicht völlig neu, nicht so schwer zugänglich und verstehbar ist und somit leichter aufgegriffen werden kann" (Rademacher/Wilhelm 1991, S. 10).

Ausgewählte Regelspiele ermöglichen somit eine behutsame Annäherung an spielerische Begegnungen, die handlungsdialogisch kommunikativ aber sprachentlastet stattfinden. Da Verbalsprache aufgrund des klaren Spielrahmens nicht verständnisnotwendig ist, können die Begegnungsinteraktionen durch nonverbale Kommunikationsmittel initiiert und aufrechterhalten werden.

Es zeigt sich, dass Spiele als eine Form der Begegnungsinszenierung vielversprechendes Potential zur Überwindung soziokultureller wie kommunikativer Barrieren bereitstellen und gleichzeitig für alle Beteiligten eine vergnügliche Aktivität darstellen. Um diese günstigen Voraussetzungen anwenden und ausschöpfen zu können, ist es hilfreich, bestimmte Impulse zur praktischen Umsetzung zu berücksichtigen.

## 4. Anregungen zur praktischen Umsetzung

Der Großteil kommerzieller Regelspiele besitzt anhand seiner Spielmaterialien einen großen Aufforderungscharakter und basiert auf einfachen Spielprinzipien wie -regeln. Um diesen förderlichen Rahmen von Regelspielen zur Begegnungsgestaltung mit fluchterfahrenen Kindern und Erwachsenen nutzen zu können und Missverständnisse zu vermeiden, ist es sinnvoll, die verwendeten Spiele im Voraus anhand überlegter Kriterien auszuwählen.

### Kriterien für die Auswahl von Spielen

Der Markt kommerzieller Spiele bietet ein breites, stetig wachsendes Spektrum unterschiedlicher Inhalte und Abläufe. Um aus dieser Fülle passende Regelspiele zur Inszenierung von Begegnungsmaßnahmen auszuwählen, ist eine kriteriengeleitete Selektion notwendig. Die hierfür im Folgenden aufgeführte Kriterienliste soll unter Rückgriff auf existierende Beispiele lediglich hilfreiche Orientierungsimpulse zur sinnvollen

Auswahl liefern und nicht als Übersichtsliste mit Vollständigkeitscharakter missverstanden werden.

Als universelle Voraussetzung zur Begegnungsgestaltung mit Hilfe von Regelspielen muss ein funktionierender Spielablauf gewährleistet sein, der auch ohne Verbalkommunikation funktioniert und sichergestellt ist. Eventuell notwendige Erklärungen zum Spielablaufverständnis können im Voraus enaktiv durch praktisches Zeigen unter Rückgriff auf die konkreten Spielmaterialien vorgenommen werden.

Tab. 1: Kriterienliste zur Auswahl geeigneter kommerzieller Spiele

| Spielkriterium | Konkretisierung der Spielinhalte und Spielabläufe | Beispiele |
| --- | --- | --- |
| Entsprachlichte Brettspiele mit Würfeln | Würfelspiele ohne Ereignis- oder Aufgabenkärtchen:<br>• Start-Ziel-Spiele<br>• Such- und Fangspiele<br>• Taktische Würfel-spiele | • Mensch-ärgere-dich-nicht©<br>• Malefiz©<br>• Leiterspiele<br>• Fang den Hut©<br>• Backgammon<br>• Can't stop© |
| Strategische Denkspiele | Bestehen nur aus Spielfiguren und Spielplan ohne Zusatzmaterialien | • Mühle<br>• Dame<br>• Schach |
| Gedächtnis- und Kombinationsspiele | Lösung der Spielaufgabe durch Verknüpfen von Informationen | • Memory<br>• Mastermind©<br>• Vier gewinnt© |
| Geschicklichkeits- und Reaktionsspiele | Anwendung (fein-) motorischer, reaktiver oder spieltaktischer Fähigkeiten | • Mikado©<br>• Spitz paß auf©<br>• Angelspiele<br>• Halli-Galli© |
| Aktionsspiele | Beinhalten Spielflächen mit aktionsreichen und spontanen Spielabläufen durch klar strukturierte Spielanlage | • Skill©<br>• Tischkicker<br>• Flipper<br>• Tipp-Kick© |
| Zahlenspiele | Ziffern und Zahlen bestimmen des Spielinhalt und -ablauf | • Kniffel©<br>• Domino<br>• Rummikub© |
| Kartenspiele ohne Verbalsprachinhalte | Spielablauf wird durch klare Regeln und Spielkartenwert bzw. Spielkartenoptik sichergestellt | • Uno©<br>• 17+4<br>• Skat<br>• SET© |

Neben diesen vorgefertigten, kommerziellen Spielen bieten sich auch freie Spielformen an, die meist in größeren Gruppen mit mehreren Personen gespielt werden können.

Tab. 2: Kriterienliste zur Auswahl geeigneter unkommerzieller Spiele

| Spielkriterium | Konkretisierung der Spielinhalte und -abläufe | Beispiele |
| --- | --- | --- |
| Großräumige Bewegungsspiele | Den Spielpartnern steht eine ausreichende Spielfläche zur Verfügung, in der sie sportliche Bewegungsspiele ausführen können | • Fangspiele in sämtlichen Variationen<br>• Ballspiele (z.B. „Völkerball")<br>• Klassische Sportarten (z.B. Fußball) |
| Sozial- und Kooperationsspiele | Bewegungsspiele, in welchen nonverbale Zusammenarbeit einzelner oder mehrerer Spielpartner notwendig ist | • Eisschollenspiel<br>• Marionettenspiel<br>*Weitere Anregungen finden sich z.B. bei Spellner 2014, Griesbeck 2008 oder Ripoll 2003* |

Unter Berücksichtigung dieser Kriterien bieten kommerzielle wie unkommerzielle Regelspiele ausgezeichnete Voraussetzungen zur Begegnungsgestaltung von Menschen mit Fluchterfahrung. Dabei können sowohl altgediente Klassiker wie beispielsweise „Mensch-ärgere-dich-nicht" als auch aktuell veröffentlichte Neuerscheinungen zielführend verwendet werden.

**Anlässe für Spiele als Begegnungsmaßnahme**

Um den Wert und das Potenzial von Spielen als Begegnungsmaßnahmen praktisch umsetzen zu können, müssen vielfältige und breite Anlässe für Spielgelegenheiten geschaffen werden. Eine Beschränkung spielerischer Interaktionen auf bestimmte Zeiten oder Bereiche würde die große Wirkungsfähigkeit dieser Begegnungsmaßnahmen eingrenzen. Anstelle festgeschriebener Rahmenstrukturen oder vorgegebener Zeiten für gemeinsame Spiele ist vielmehr ein grundlegend freies und ungezwungenes Verständnis von Begegnungsmaßnahmen mit Hilfe von Regelspielen zielführend: Offene Gelegenheiten zum Spielen, spontan oder geplant, ausschweifend oder von kurzer Dauer, gewinnend oder verlierend, altmodisch oder modern, jung oder alt... Mit einem solchen Verständnis können Spiele von fluchterfahrenen mit inländischen Kindern im Schulalltag, in Wohneinrichtungen, im Rahmen geplanter Veranstaltungen – kurz bei jeder Gelegenheit – einen hilfreichen Beitrag zur Begegnungsgestaltung leisten.

Vor allem auch in schulischen Kontexten erweisen sich Spiele als Form und Möglichkeit des gegenseitigen Kennenlernens als besonders geeignet und können die Ausgangslage für weitere Interaktions- und Aktivitätskontexte liefern. Verbunden mit diesem ermutigenden Appell an alle mit der Beschulung fluchterfahrener Kinder betrauten Lehrkräfte, Regelspielen als Begegnungsmaßnahme im Unterrichtsalltag Zeiten und Anlässe einzuräumen, soll an dieser Stelle nochmals betont werden, dass gemeinsame Interaktionen von Menschen mit und ohne Fluchterfahrungen die Basis eines zukünftigen Miteinanders vermitteln können.

## 5. Fazit und abschließende Bemerkungen

Spiele in all ihren unterschiedlichen Erscheinungsformen bieten aufgrund ihrer natürlichen Anlage im menschlichen Alltag, ihrer kulturübergreifenden Existenz sowie ihren nonverbalen Umsetzungsmöglichkeiten vielfältiges Potential zur Gestaltung von Begegnungen zwischen Menschen mit und ohne Fluchterfahrungen. Unter Berücksichtigung dargestellter Kriterien lassen sich mit ihrer Hilfe bekannte soziokulturelle wie kommunikative Barrieren des Aufeinanderzugehens überwinden.

Dennoch wird Begegnungsgestaltung mit Hilfe von Spielen kein Allheilmittel sein und auch nicht reibungslos ablaufen. Es wäre naiv zu glauben, dass spielerische Interaktionen zwischen in- und ausländischen Menschen sämtliche Herausforderungen der Flüchtlingsintegration auflösen würden. Es geht nicht um die realitätsferne Vorstellung, „daß [sic] durch gemeinsame Aktivitäten sich die Jugendlichen zweier oder mehrerer Nationen besser verstehen, daß [sic] dadurch Freundschaften entstehen und ein Beitrag zur Völkerverständigung […] geleistet wird" (Rademacher/Wilhelm 1991, S. 10). Aber gerade mit Blick auf die unbestrittene Existenz schwer überwindbarer Begegnungshürden von Menschen mit und ohne Fluchterfahrungen bieten Spiele als eine offene Form der Begegnungsmaßnahme vielfältiges und nachhaltiges Potential, um in einem ersten Schritt, und gleichzeitig auf freudvolle Art, strukturelle Begegnungsbarrieren abzubauen.

## Literatur

Bruner, Jerome (2002): Wie das Kind sprechen lernt. 2. ergänzte Auflage. Bern, Göttingen: Huber.
Einsiedler, Wolfgang (1999): Das Spiel der Kinder. Zur Pädagogik und Psychologie des Kinderspiels. 3. Aktualisierte und erweiterte Auflage. Klinkhardt: Bad Heilbrunn.
Flitner, Andreas (2002): Spielen - Lernen. Neuausgabe der 11. Auflage. Weinheim und Basel: Beltz.
Gogolin, Ingrid/Krüger-Potratz (Hg.) (2010): Einführung in die Interkulturelle Pädagogik. 2. durchgesehene Auflage. Opladen & Farmington Hills: Verlag Barbara Budrich.
Griesbeck, Josef (2008): Die besten 50 Gruppenspiele. Werl: Don Bosco Medien.
Heimlich, Ulrich (2014): Einführung in die Spielpädagogik. 3. aktualisierte und erweiterte Auflage. Stuttgart: utb Gmbh.
Holzbrecher, Alfred (2015): Schlüsselbegriffe einer interkulturellen Didaktik. In: Holzbrecher, Alfred/Over, Ulf (Hg.): Handbuch Interkulturelle Schulentwicklung. Weinheim: Beltz Verlagsgruppe, S. 316-327.
Holzbrecher, Alfred/Over, Ulf (Hg.): Handbuch Interkulturelle Schulentwicklung. Weinheim: Beltz Verlagsgruppe.
Oerter, Rolf (2011): Psychologie des Spiels. 2. Auflage. Weinheim: Beltz.
Papousek, Hanu (2003): Spiel in der Wiege der Menschheit. In: Papousek, Mechthild/von Gontard, Alexander (Hg.): Spiel und Kreativität in der frühen Kindheit. Stuttgart: Pfeiffer bei Klett-Cotta, S.17-55.
Rademacher, Helmolt/Wilhelm, Maria (1991): Spiele und Übungen zum interkulturellen Lernen. Berlin: VWB.
Ripoll, Oriol (2003): Die schönsten Kinderspiele der Welt. Freiburg: Velber.
Schiefele, Christoph (2012): Bedeutung von Alltags- und Spielformaten für die Erweiterung sprachlich-kommunikativer Fähigkeiten. Eine empirische Vergleichsstudie über vier Kinder. Freiburg: Centaurus-Verlag.
Spellner, Cathrin (2014): 77 einfache Spiele für ein besseres Lernklima. Hamburg: Persen Verlag.
Wittig, Steffen (2014): Kultur - Spiel -Subjekt. In: Schäfer, Alfred/Thompson, Christiane (Hg.): SPIEL. Paderborn: Schöningh, S. 157-184.

ERBIN DIKONGUE

# CHAT der WELTEN Brandenburg – Ein Bildungsprogramm des Globalen Lernens und der Bildung für nachhaltige Entwicklung

## 1. Thema „Menschen auf der Flucht"

Heutzutage sind die Klassen an vielen Orten heterogener geworden, die Zahl der geflüchteten Kinder an Schulen ist gestiegen. Jedes in Deutschland lebende geflüchtete Kind hat das Recht auf Bildung. Auch in Brandenburg kommen tausende Kinder mit Fluchtgeschichte in Schulen an. Bei der Integration von Flüchtlingen spielen Schulen eine bedeutende Rolle. Die Aufnahme von geflüchteten Kindern in die Schulen bringt große Herausforderungen mit sich. Daraus ergeben sich verschiedene zusammenhängende Fragestellungen, z.B.: Welche Schulen und Klassen sollen sie besuchen? Können sie „genug" Deutsch? Wie weit sind sie mit ihrer Alphabetisierung? Was sollte unterrichtet werden? Welche pädagogischen Konzepte und integrierten Angebote für ihre Integration sind vorhanden? Zusätzlich zu diesem Fragekomplex bestehen in der Bevölkerung in vielen Kommunen Vorbehalte und Ablehnung. Die Bearbeitung des Themas „Menschen auf der Flucht" an Schulen zielt – dem Ansatz der RAA Brandenburg entsprechend (bzw. dem Leitbild des Globalen Lernens folgend) – nicht allein darauf ab, Wissen zu vermitteln, sondern auch Urteilsfähigkeit und Handlungskompetenzen zu stärken, damit die Schülerinnen und Schüler selbst agieren können. Im Zentrum steht der Anspruch, andere Perspektiven übernehmen zu können und Handlungsmöglichkeiten innerhalb und außerhalb des schulischen Rahmens aufzuzeigen. Die Reproduktion von Vorurteilen, kolonialen Ideen und Stereotypen sowie die Reduktion von Asylsuchenden als „Bedürftige" sind unbedingt zu vermeiden. Denn es geht hier um die Förderung einer fairen, friedlichen Welt und eines globalen, gerechten Miteinanders.

Die vielfältigen politischen, wirtschaftlichen und sozialen Aspekte des Themas können im Rahmen von Projekttagen oder Projektwochen in Schulfächern wie Geschichte, Politische Bildung, Geografie, Sozial- bzw. Gemeinschaftskunde, Lebensgestaltung/Ethik/Religion oder Deutsch bearbeitet werden, denn es gibt viele Anknüpfungspunkte. Die Thematik ist selbstverständlich sehr komplex, daher sollten die Dimensionen der Bildung für nachhaltige Entwicklung sowie des Globalen Lernens einbezogen werden:

- *Bildung für nachhaltige Entwicklung*

„Nachhaltige Entwicklung bedeutet, die Bedürfnisse der Gegenwart so zu befriedigen, dass die Möglichkeiten zukünftiger Generationen nicht eingeschränkt werden. Dabei ist es wichtig, die drei Dimensionen der Nachhaltigkeit – wirtschaftlich effizient, sozial gerecht, ökologisch tragfähig – gleichberechtigt zu betrachten […]"[1]

- *Globales Lernen*

Die Programminhalte orientieren sich an Menschenrechten, befähigen zu demokratischem Handeln und motivieren zu nachhaltigem Leben. Sie vermitteln globale Probleme und Zusammenhänge in ihrer Vernetzung mittels interdisziplinärer und ganzheitlicher Lehrmethoden.

Da Kinder viel voneinander lernen, können geflüchtete Kinder mithilfe von geeigneten pädagogischen Konzepten und Angeboten in Schulen eine Bereicherung für das deutsche Schulsystem und die Gesellschaft sein. Um Lernende mit Fluchterfahrungen in der Schule willkommen zu heißen und erfolgreich in den Unterricht einzubinden, sollten Lehrkräfte und Schulämter beraten, geschult und unterstützt sowie passende Konzepte und Angebote für Schulen und Kommunen entwickelt werden. Des Weiteren sind interkulturelle Kompetenzen und Qualifizierungen im Bereich „Deutsch als Fremdsprache" sehr relevant.

---

[1] https://www.bmz.de/de/service/glossar/N/nachhaltige_entwicklung.html (Zugriff: 30.01.2016)

## 2. CHAT der WELTEN in BRANDENBURG

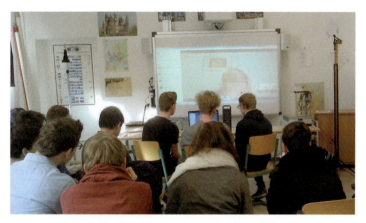

Abb. 1: Videochat mit einem in Deutschland lebenden Flüchtling aus Ruanda (CHAT-Projekt, 9. Klasse eines Gymnasiums im Januar 2016)

Das Bildungsprogramm CHAT der WELTEN ist ein bundesweites Angebot von Engagement Global[2], das *die Themen und Fragestellungen des Globalen Lernens mittels digitaler Kommunikationstechnik in den Unterricht integriert.* Das zentrale Element des CHAT der WELTEN ist der „CHAT", der *Austausch via live-geschalteter oder zeitversetzter Online-Kommunikation.* Für die CHAT-Projekte wird ein Videochat genutzt.

Durch den CHAT der WELTEN findet *ein virtueller Austausch* zwischen Menschen aus dem Globalen Süden und dem Globalen Norden statt und Themen des Globalen Lernens werden aus verschiedenen Perspektiven beleuchtet.

*Die Zielgruppe von CHAT der WELTEN sind Schülerinnen und Schüler ab der 5. Klasse sowie Lehrkräfte in Deutschland und dem Globalen Süden.* Es werden Lernende aller allgemeinbildenden und berufsbildenden Schulen angesprochen.

---

[2] Engagement Global gGmbH ist Anlaufpunkt in Deutschland für entwicklungspolitisches Engagement und wird vom Bundesministerium für wirtschaftliche Entwicklung und Zusammenarbeit finanziert.

In Brandenburg wird der CHAT der WELTEN gemeinsam mit weiteren Partnern der RAA Brandenburg umgesetzt. Das Programm konzentriert sich inhaltlich auf die *Flüchtlingsthematik*. Lernende kommen über digitale Medien ins Gespräch mit Menschen aus anderen Ländern und werden dabei fachlich und pädagogisch begleitet. Ziel ist es, Lernende und Lehrkräfte in Brandenburg, die sich in ihren Kommunen für eine Willkommenskultur engagieren möchten, zu unterstützen, die Problemlösungskompetenzen von Lernenden zu stärken und deren Medienkompetenzen zu festigen. Schulklassen in Brandenburg bekommen die Chance, sich in einem Videochat mit Schulklassen oder Einzelpersonen aus dem Globalen Süden über das Thema auszutauschen. Charakteristisch für den CHAT der WELTEN ist die Einbeziehung der Südperspektive. Auf diesem Weg sollen die CHAT-Partner voneinander und miteinander lernen. Die Sichtweisen von Menschen aus dem Globalen Süden sowie die Auslandserfahrung von vielen Referenten oder CHAT-Partnern sind sehr wichtig für den Perspektivwechsel bei den Lernenden.

**Was wird im Land Brandenburg angeboten?**

*Für Schülerinnen und Schüler bzw. Auszubildende:*

- Projekttage
- dreitägige Schulprojekte
- Projektwochen zum Thema „Menschen auf der Flucht"

*Für Lehrkräfte und Bildungsreferenten:*

- Fortbildungen zum Thema „Menschen auf der Flucht"
- Qualifizierungsmaßnahmen für Multiplikatoren, die als Bildungsreferenten für die Durchführung von CHAT-Projekten fungieren.

Spezielle Fortbildungen für Lehrkräfte sollen einen inhaltlichen Überblick zum Thema vermitteln und Anregungen geben, dieses Thema mit Schülerinnen und Schülern unter anderem durch den Einsatz neuer Medien zu bearbeiten.

Die RAA Brandenburg bietet interessierten Lehrkräften die Möglichkeit, sich bei der Durchführung eines CHAT-Projekts durch ihre pädagogisch und inhaltlich qualifizierten Referenten unterstützen zu lassen. Je nach Bedarf der Lehrkraft und Rahmenbedingungen des Unterrichts stehen dabei verschiedene Varianten zur Auswahl:

- Eine Referentin/ein Referent gewährleistet eigenständig – aber in enger Abstimmung mit der Lehrkraft – die methodische und inhaltliche Begleitung des gesamten Projektablaufs.

- Die Referentin/der Referent der RAA Brandenburg wird nur für die Einheit, in der der Chat selbst stattfindet, in die Schule eingeladen, während die Durchführung der restlichen Phasen sowie die thematische Einbettung durch die Lehrkraft übernommen wird.

- Die Lehrkraft ist selbst qualifiziert und motiviert, ein CHAT-Projekt eigenständig durchzuführen. Bei Bedarf kann dann die Expertise der RAA Brandenburg mit zu Rate gezogen werden.

Im Rahmen von CHAT-Projekten können Besuche von Fachleuten oder geflüchteten Menschen in Klassen ergänzend auch eingeplant werden. Alle Angebote von CHAT der WELTEN Brandenburg sind kostenfrei.

**Mit wem wird gechattet?**

Je nach Kapazitäten und Wünschen der Schulklassen können Chats mit Politikern, Fachleuten der internationalen Zusammenarbeit oder Flüchtlingsorganisationen, Flüchtlingen, aber auch mit Schulklassen im Ausland erfolgen.

Einzelpersonen aus Europa, Asien, Afrika oder Lateinamerika erklären sich bereit, über ihren persönlichen Bezug und ihre Erfahrungen zu dem Thema zu berichten. Sie können sowohl in Deutschland als auch im Ausland leben. Kontakt zu den CHAT-Partnern wird über Öffentlichkeitsarbeit, Werbung, aber insbesondere über persönlichen Kontakt von Kollegen und Referenten hergestellt. Interessierte werden dann inhaltlich und pädagogisch begleitet bzw. vorbereitet.

Schulklassen im Ausland werden via Skype thematisch vorbereitet und auch im Anschluss noch weiter begleitet.

Da viele der CHAT-Partner kein Deutsch bzw. auch andere Sprachen sprechen, bietet der Chat auch eine wunderbare Möglichkeit für Lernende, die eigenen Fremdsprachenkenntnisse zu vertiefen. Er kann auf Deutsch, Englisch, Spanisch oder Französisch stattfinden.

**Die Kernelemente eines CHAT-Projekts**[3]

- Einführungsgespräch mit den Lehrkräften (vor Projektstart)
- Thematische Einführung mittels Lehrkraft bzw. bei Bedarf mittels einer Referentin/eines Referenten
- Erarbeitung des Themas „Menschen auf der Flucht" mit der Schulklasse. Die thematische und methodische Begleitung in der gesamten Projektlaufzeit erfolgt gegebenenfalls durch die Unterstützung einer Referentin/eines Referenten.
- Vorbereitung und Begleitung mindestens eines Chats durch Lehrkräfte oder eine Referentin/einen Referenten
- Durchführung eines Chats
- Nachbereitung des Chats durch eine Referentin/einen Referenten bzw. durch Lehrkraft

**Ablauf des Online-Chats**

*a) Die Vorbereitung des Chats*

Vor dem eigentlichen Chat sollen die Lernenden mit dem Lehrenden bzw. Referenten konkrete inhaltliche Aspekte zum Thema „Menschen auf der Flucht" erarbeiten. Gemeinsam überlegen sie, wie sie beim Chat gerne auftreten möchten, welche Dinge man beachten sollte, ob es Un-

---

[3] Ein CHAT-Projekt ist die Gesamtheit von Bildungseinheiten und einem darin eingebetteten Onlineaustausch.

sicherheiten mit dem Medium Chat gibt und welche Fragen sie im Chat stellen wollen.

*b) Die Durchführung des Chats*

Der Chat ist der Höhepunkt des Projekts, bei dem sich die Klasse mit einer anderen Schulklasse oder Einzelperson virtuell austauscht. Hier geht es nicht nur um Fachwissen, sondern auch um Alltagsaspekte und den eigenen Bezug zum Thema.

*c) Die Nachbereitung des Chats und der Erwerb von Handlungskompetenz*

Die Lehrkraft soll die Lernenden ermutigen, ihre eigene Meinung zum Thema und zu den Ergebnissen zu äußern. Abschließend überlegt die Klasse, ob sie gemeinsame Perspektiven und Handlungswege entwickeln möchte. Sie kann so konkrete eigene Projekte planen und im Anschluss selbstständig umsetzen.

**Ablaufbeispiele für CHAT-Projekte an Schulen**

Tab. 1: Ablaufschema

| | | |
|---|---|---|
| 1 | Einstieg ins Thema „Menschen auf der Flucht" (Begriffsklärung Flucht und Migration, Sammlung von Fluchtursachen/Druck- und Sogfaktoren, aktuelle Zahlen und Fakten zu Krisenregionen und Fluchtbewegungen weltweit) | Erkennen |
| 2 | Thematische Vertiefung, Schaffen von Problembewusstsein, Globale Zusammenhänge, Asylverfahren… *Durchführung eines Chats:* Am Beispiel von individuellen Fluchtbiographien oder Chat bzw. Austausch mit Fachleuten | Bewerten |
| 3 | Erarbeitung von Handlungsmöglichkeiten vor Ort (Perspektivwechsel und Arbeit von internationalen und lokalen Flüchtlingsorganisationen). | Handeln |

Folgendes könnte vermittelt werden:

- Begriffsklärung: Flucht und Migration (Unterschied zwischen Flucht und Migration)
- Wer gilt als Flüchtling (gemäß der Genfer Flüchtlingskonvention von 1951)?
- Verortung der Fluchtbewegungen und Auseinandersetzung mit globalen Zusammenhängen
- Fluchtursachen: Druckfaktoren und Sogfaktoren
- Wie viele Flüchtlinge gibt es weltweit?
- Woher kommen die meisten Flüchtlinge und wohin fliehen sie?
- Welche Wege nehmen sie?
- Welche Länder nehmen die meisten Flüchtlinge auf?
- Wie ist die Situation in den Herkunftsländern von Geflüchteten?
- Wie viele Asylsuchende gibt es in Deutschland und wie erfolgt die Verteilung von Asylsuchenden in den Bundesländern (Königsteiner Schlüssel...)?
- Die europäische Asylpolitik und das Asylverfahren
- Handlungsmöglichkeiten und Perspektivwechsel (Unbegleitete minderjährige Flüchtlinge -UMF-)

Tab. 2: Ablauf einer Projektwoche

| Tag | Inhalt | | Methode |
|---|---|---|---|
| Tag 1 Einführung | Einstieg ins Thema | Migrationshintergrund in eigenen Familien? Begriffsklärung, Globale Ungerechtigkeit, warum flüchten sie? | Fragestellungen Biografie, Spiele Brainstorming, Refugee Chair, Filme sehen ... |
| Tag 2 Tiefere Auseinandersetzung mit dem Thema | Verortung der Fluchtbewegungen und Auseinandersetzung mit globalen Zusammenhängen | Woher? Wohin? Welche Wege nehmen sie? Wie viele Flüchtlinge gibt es in Deutschland? Wie viele in Brandenburg? Wie ist die Situation in den Herkunftsländern? BRD/DDR nach dem Zweiten Weltkrieg (Flucht)? | Quiz, Fragestellungen, Videos, Rollenspiele, Was wäre, wenn ... |
| Tag 3 Vertiefungsphase | Europäische Asylpolitik, deutsches Asylrecht | Asylverfahren, Situation der Asylsuchenden, Frontex, Dublin-Abkommen | Was darfst du, was darfst du nicht? Videos und Diskussionen |
| Tag 4 Vertiefungsphase | Perspektivwechsel | Was hat das Thema mit mir zu tun? Mitverantwortung? | Asylsuchende als Gäste, gemeinsam „spielen" ... |
| | *Chat: Vorbereitung/Erarbeitung von Fragen* *– Durchführung* *– Aufgreifen der Erkenntnisse* | *Onlineaustausch mit CHAT-Partnern (Flüchtlingen, Fachleuten oder Schulklassen im Globalen Süden)* | |
| Tag 5 Handlungsphase | Handlungsmöglichkeiten | Was kann ich tun? Was können wir als Klasse tun und wie, wo kann ich mich engagieren? | Gedankenkarten, Rollenspiele ... |

CHAT-Projekte sind auch innerhalb eines Tages durchführbar, was aber zeitlich nicht unbedingt wünschenswert ist.

## Überblick über durchgeführte CHAT-Projekte an Brandenburger Schulen

Das Regionalprojekt CHAT der WELTEN Brandenburg ist im Oktober 2014 gestartet und seitdem wurden mehr als 65 Veranstaltungstage an Brandenburger Schulen, drei Fortbildungen für Lehrkräfte und Bildungsreferenten sowie viele überregionale Veranstaltungen durchgeführt. Über 20 Schulen im Land Brandenburg (Grundschulen, Oberschulen, Gesamtschulen, Berufliche Schulen, Oberstufenzentren und Gymnasien) und zwei Schulen im Ausland haben teilgenommen, insgesamt wurden ungefähr 600 Lernende, 100 Lehrkräfte und Multiplikatoren, darunter sieben Referenten mit Fluchterfahrung und zwölf CHAT-Partner (zwei CHAT-Partnerinnen kamen als geflüchtete Kinder im Alter von zehn und zwölf Jahren nach Deutschland) erreicht.

Im Rahmen von CHAT-Projekten in Brandenburg erfolgten Chats mit in Deutschland lebenden Flüchtlingen aus verschiedenen Ländern (Syrien, Pakistan, Tschad, Ruanda, Eritrea, Kamerun), Fachleuten von Flüchtlingsorganisationen wie ZFM (Zentrum für Flüchtlingshilfe und Migrationsdienste in Berlin), Borderline Europe - Menschenrechte ohne Grenze e.V. - und KuB (Kontakt- und Beratungsstelle für außereuropäische Flüchtlinge e.V.), Sozialarbeitern, Politikern und einer Schulklasse in Kamerun.

## Erfahrungen und Perspektiven

Unsere Erfahrung mit der Nachfrage nach dem Angebot des CHAT der WELTEN in Brandenburg zeigt, dass Lernende und Lehrende mehr über die Hintergründe der Fluchtbewegungen erfahren, sich über das Thema „Menschen auf der Flucht" informieren, Flüchtlinge bzw. ihre Geschichten kennenlernen und sich für die Willkommenskultur in eigenen Schulen und Kommunen besser vorbereiten wollen.

Der beliebteste Moment und Höhepunkt aller CHAT-Projekte ist – den Rückmeldungen der Teilnehmenden zufolge – der Live-Videochat, weil die Lernenden dadurch die Möglichkeit haben,

# CHAT der WELTEN Brandenburg

- zum Beispiel direkt von betroffenen Flüchtlingen zu hören, woher sie kommen, wie es ist, auf der Flucht zu sein, warum und wie sie geflüchtet sind, wie sie die Flucht erlebt haben, wie sie es geschafft haben, sich in Deutschland zu etablieren und wie die Situation in ihren Herkunftsländern ist.

- mit engagierten Fachleuten und Sozialarbeitern in Deutschland, Großbritannien, Niederlande, Italien und Uganda zu diskutieren, welche über ihre Arbeit mit Flüchtlingen oder Projekten für Flüchtlinge, oder auch die Aufnahme von Flüchtlingen in anderen Ländern berichten und nähere Details aus ihrer praktischen Arbeit im Themenfeld geben.

- Politiker in Deutschland zu politischen Maßnahmen sowie Handlungsmöglichkeiten zu befragen.

- sich mit einer Schulklasse in Kamerun und künftig auch anderen Partnerländern via Skype auszutauschen.

Im letzten Teil von CHAT-Projekten wird ein Austausch unter Lernenden über mögliche konkrete Aktivitäten in Schulen oder in den Kommunen angeregt. Hier einige beispielhafte Vorschläge, die Lernende in CHAT-Projekten entwickelten:

- Kontakte mit Asylsuchenden und Flüchtlingen aufnehmen, Begegnungen organisieren, in die Schule einladen

- Gemeinsame Aktivitäten durchführen: gemeinsam kochen, Sportaktivitäten organisieren, zusammen spielen, gemeinsam Musik und Theater machen

- Flüchtlingen die deutsche Sprache beibringen, Nachhilfe oder Hausaufgabenhilfe anbieten

- Flüchtlinge selbst zu Wort kommen lassen und sich über ihre Heimatländer informieren

- Flüchtlinge in und außerhalb der Schule zum Gesprächsthema machen

- Flüchtlingen Deutschland, Brandenburg, den Landkreis und die Region vorstellen (durchaus auch ironisch: Worauf achtet „der Deutsche"? „Landes-Knigge"?)
- Hilfsbereit und offen sein
- Projektideen zusammen entwickeln, an Aktionen teilnehmen (mit Respekt und Würde), Kleidung bzw. Spielzeug sammeln (vorher nachfragen, was gebraucht wird), Veranstaltungen oder Feste organisieren
- Flüchtlingen Informationen vermitteln (Straßen, Supermärkte, Apotheken, ...), bei Jobsuche unterstützen, bei Übersetzungen helfen bzw. dolmetschen, zu Behörden oder Ärzten begleiten
- Sich politisch in und außerhalb der Schule engagieren (Stellungnahmen als Schülervertretung, Infos für andere Schülerinnen und Schüler bereitstellen, sich in die Initiativgruppe „Schule ohne Rassismus – Schule mit Courage" einbringen oder eine Initiativgruppe gründen, lokale Willkommensbündnisse, Pro Asyl, Borderline Europe e.V., Flüchtlingsräte, Amnesty International, Unterstützerkreise für Kirchenasyl unterstützen, ehrenamtliches Engagement in Asylbewerberwohnheimen leisten)
- Lobbyarbeit (im Verwandtenkreis, im Dorf, im Viertel, mit Freunden) und Öffentlichkeitsarbeit machen (in Schulzeitschriften berichten)

Im Anschluss an CHAT-Projekte haben einige Schülerinnen und Schüler oder auch Arbeitsgruppen in Schulen zudem konkrete Aktionen umgesetzt (Interviews mit Asylsuchenden geführt, Ausstellungen organisiert, Besuche in Asylbewerberwohnheimen gemacht, Asylsuchende in Schulen eingeladen und gemeinsam gekocht, in Schulzeitschriften berichtet, Sportaktivitäten organisiert ...) und Initiativen gegründet.

Informationen im Internet:

http://www.raa-brandenburg.de/ProjekteProgramme/CHATderWELTEN/tabid/2784/Default.aspx

http://chat.engagement-global.de/der-chat-der-welten-in-brandenburg.html

# Teil III:
# Schule und Hochschule entwickeln

RITA PANESAR, KATJA REINECKE & KIRSTEN ULLMANN

# Lernchancen für alle!
## Schulentwicklung als Strategie zur Integration von Schülerinnen und Schülern mit Fluchterfahrung

## 1. Einleitung

Schulen in der Bundesrepublik Deutschland müssen sich aktuell auf eine große Zahl von Seiteneinsteiger/-innen ins Schulsystem einstellen. Die GEW rechnet mit 300.000 neuen Schüler/-innen innerhalb eines Schuljahres[1]. Ein Großteil der Kinder und Jugendlichen hat Fluchterfahrungen; sie sind entweder allein oder mit Angehörigen in die Bundesrepublik geflohen.[2]

Geflüchteten Schülern/-innen gute Schulbildung zukommen zu lassen, ist keine Wohltätigkeit, Sondermaßnahme oder Krisenbewältigung. Die Schulpolitik muss vielmehr gesetzlichen Vorgaben gerecht werden und Seiteneinsteigern/-innen ihr Recht auf Bildung, Bildungsabschlüsse und damit berufliche Möglichkeiten garantieren.[3] „Bildung darf nicht zu einem Zufallsprodukt werden, sie ist ein Grundrecht, für jedes Kind, egal wo es lebt und über welchen Aufenthaltsstatus es verfügt." (Gottschalk 2014, S. 219).

Dass dieser hohe Anspruch eine große Herausforderung für die praktische Umsetzung in den Schulen bedeutet, machen nicht nur alltägliche Berichte etwa von Lehrkräften geflüchteter Schüler/-innen deutlich. Auch Studien

---

[1] http://www.gew.de/presse/pressemitteilungen/detailseite/neuigkeiten/gew-bildung-kann-nicht-warten-1 (Zugriff 10.2.2016)

[2] Die umgangssprachlich als „Flüchtlingsklassen" bezeichneten Klassen richten sich nicht ausschließlich an Kinder und Jugendliche mit Fluchterfahrung, sondern an alle Seiteneinsteiger/-innen mit geringen oder keinen Deutschkenntnissen. In diesen Klassen sitzen Kinder und Jugendliche mit sehr unterschiedlichen Aufenthaltsstatus nebeneinander (vgl. Massumi, von Dewitz et al. 2015, S. 14).

[3] Das Grundrecht auf Bildung für jedes Kind und jeden Jugendlichen leitet sich aus der von der UN im Jahr 1989 verabschiedeten Kinderrechtskonvention ab. Die UN-Kinderrechtskonvention trat am 2. September 1990 in Kraft und wurde von Deutschland 1992 unterzeichnet; zunächst mit einer Vorbehaltserklärung, nach der das Ausländerrecht Vorrang vor den Verpflichtungen der Konvention hatte. Diese Vorbehaltserklärung wurde 2010 von Deutschland zurückgenommen, seitdem gilt die Kinderrechtskonvention vollständig.

zum Umgang mit Heterogenität in Schule allgemein weisen auf Stolpersteine und Widerstände hin. Dem deutschen Schulsystem gelingt es bereits in Bezug auf die hier geborenen Schüler/-innen nicht ausreichend, herkunftsbedingte Nachteile aufgrund des Bildungshintergrundes der Eltern, des sozioökonomischen Status[4], des Migrationshintergrunds oder aufgrund fehlender bildungssprachlicher Kompetenzen auszugleichen (vgl. Antidiskriminierungsstelle des Bundes 2013, S. 15). Wer schlechte Ausgangsvoraussetzungen hat, macht hier meist auch schlechte Abschlüsse.

Schulpolitiker/-innen, Schulen und Lehrkräfte, die Chancengerechtigkeit anstreben und angemessene Bedingungen für die Seiteneinsteiger/-innen schaffen möchten, benötigen ein umfassendes Verständnis der Lebensbedingungen von Schüler/-innen mit Fluchterfahrung, um Nachteile aufgrund der Lebenssituation ausgleichen zu können.

Der Verlust der sozialen Bezüge im Herkunftsland, die Sorge um dort verbliebene Familienmitglieder, die Trauer um Angehörige und Freunde, die ums Leben gekommen oder vermisst sind, und die Erfahrungen während der Flucht erfordern Energie zur Bewältigung und erschweren Lern- und Bildungsprozesse in der Schule. Der unsichere Aufenthaltsstatus, Diskriminierungserfahrungen, die oft monatelange oder sogar jahrelange Ungewissheit über die Bleibeperspektive in Deutschland, der Verlust des Status aus dem Herkunftsland, aber auch die Schwierigkeit, an qualifizierte Informationen zu gelangen, kosten Kraft. Häufige Fehlzeiten in der Schule aufgrund von Behördenterminen sowie eine prekäre Unterbringung in Massenunterkünften ohne Privatsphäre verringern die Möglichkeiten zu lernen. Dieser Lebenssituation von Schülern/-innen muss die Schule jedoch Rechnung tragen, um ihnen Bildungserfolg zu ermöglichen.

---

[4] vgl. den Bericht des Sonderberichterstatters für das Recht auf Bildung, Vernor Muñoz, http://www.netzwerk-bildungsfreiheit.de/pdf/Mission_on_Germany_DE.pdf (Zugriff 10.2.2016)

## 2. Schule in der Einwanderungsgesellschaft – Interkulturelle Öffnung von Schulen

Seiteneinsteiger/-innen in das Schulsystem zu integrieren, ist keine vom schulischen Regelbetrieb abgekoppelte Aufgabe. In der Migrationsgesellschaft sind die Schulen darauf angewiesen, Verfahren für die Integration der Neuankömmlinge zu erarbeiten und beständig weiterzuentwickeln. Dies erfordert eine systematische Bestandsaufnahme und Analyse: Wie gelingt es der Schule, Seiteneinsteiger/-innen in den Schulbetrieb zu integrieren? Welche Gruppen erreicht das Bildungsangebot der Schule und welche nicht? Welche Bildungsabschlüsse erreichen Schüler/-innen mit Zuwanderungsgeschichte und welche Ergebnisse erzielen sie im Vergleich zu den Schüler/-innen ohne Zuwanderungsgeschichte?

Schulentwicklung mit dem Ziel, Schüler/-innen mit Fluchterfahrung langfristig zum Bildungserfolg zu führen, ist ein kontinuierlicher Prozess, der bei der Schulleitung angesiedelt sein sollte und alle beteiligten Gruppen und Gremien einbezieht (vgl. Beschluss der KMK zur Interkulturellen Bildung und Erziehung in der Schule[5]). Maßnahmen zur Integration von Seiteneinsteigern/-innen müssen als Querschnittsaufgabe mit allen anderen Maßnahmen der Schulentwicklung abgestimmt sein. Sie können nur gelingen, wenn der gemeinsame Lernprozess aller Beteiligten auf gleicher Augenhöhe stattfindet und Kompetenzen, Bedürfnisse sowie Vorstellungen der Schüler/-innen gleichberechtigt einbezogen werden. Das Konzept der Interkulturellen Öffnung hat „einen veränderten Blick der Institution sowie der in ihr verantwortlich Handelnden auf die durch Migrationsprozesse veränderte Realität insgesamt sowie (...) eine Anpassung der Institution an eine in vielen Dimensionen plurale Schülerschaft" zum Ziel (Karakaşoğlu 2013, S. 5).

Untersuchungen, die eine strukturelle Benachteiligung von Kindern mit Zuwanderungsgeschichte im deutschen Schulsystem nachweisen (vgl. Gomolla/Radtke 2002), machen deutlich, wie notwendig es ist, schulische

---

[5] http://www.kmk.org/fileadmin/Dateien/veroeffentlichungen_beschluesse/1996/1996_10_25-Interkulturelle-Bildung.pdf, S. 6 (Zugriff 10.2.2016)

Strukturen und Routinen daraufhin zu überprüfen, welche (unbeabsichtigten) diskriminierenden Auswirkungen sie haben. Es gilt, insbesondere schulische Prozesse der Leistungsmessung und -beurteilung in den Blick zu nehmen. Bei interkulturellen Öffnungsprozessen geht es nicht nur darum, dass sich alle Schüler/-innen an der Schule wohlfühlen – auch wenn dies ein Gelingensfaktor für den Schulerfolg sein kann. Kriterium für den Erfolg der Maßnahmen muss der Schulerfolg der Schüler/-innen sein.

Um Schulen bei interkulturellen Öffnungsprozessen zu unterstützen, haben in Hamburg das Landesinstitut für Lehrerbildung (LI) sowie die KWB Koordinierungsstelle Weiterbildung und Beschäftigung e. V., eine von der Stadt geförderte Weiterbildungseinrichtung[6], eine 80-stündige Qualifizierung für Lehrkräfte zur Interkulturellen Koordination entwickelt. Diese erstreckt sich über insgesamt zwei Jahre.

Die Interkulturellen Koordinationen tragen mit ihren Projekten und Schulentwicklungsimpulsen dazu bei, dass Vorurteile und negative Vorannahmen[7] in Bezug auf Schülerinnen und Schüler sowie auf Eltern mit sozialer Benachteiligung bzw. mit Migrationshintergrund abgebaut werden. Sie stoßen Projekte und Prozesse an, die dazu beitragen, die Teilhabe aller Schülern/-innen am Schulgeschehen zu verbessern, die Schule zu einem Ort zu gestalten, an dem sich alle anerkannt und zu Hause fühlen sowie sie mit dem außerschulischen Umfeld, Eltern und Migrantenselbstorganisationen zu vernetzen.

Während der Qualifizierung erwerben die Interkulturellen Koordinationen Kompetenzen in drei inhaltlich miteinander verflochtenen Strängen:

---

[6] Die Durchführung der Qualifizierung erfolgt durch das bei der KWB e.V. angesiedelte Projekt BQM Beratung Qualifizierung Migration.
[7] Geringere Leistungserwartungen von Lehrkräften wirken sich auf das Selbstwertgefühlt und die Lernmotivation von Schüler/-innen aus. „Wer spürt, dass er in eine Schublade gesteckt oder einer ausgegrenzten Gruppe zugeordnet wird, ist verunsichert und bringt schlechtere Leistungen. Stereotype threat wird dieser Effekt genannt." (Panesar 2014, S. 57)

1) Lehrkräfte üben mit dem Anti-Bias-Ansatz[8] eine vorurteilsbewusste Haltung ein und setzen sich mit Macht und Privilegien (in Bezug auf Alter, Gesundheit, Geschlecht, Herkunft, Sprache, sexuelle Orientierung und andere Faktoren) auseinander.

2) Sie erhalten Wissen und Methoden hinsichtlich der Felder interkultureller Schulentwicklung: Unterrichtsentwicklung, Organisationsentwicklung und Personalentwicklung.

3) Schließlich führen sie an ihren Schulen konkrete Projekte durch und erhalten dazu Coaching und Supervision von den Veranstalterinnen. In den Qualifizierungsmodulen definieren und analysieren sie ihre Ziele, erstellen Akteurslandkarten und beraten sich hinsichtlich Strategien im Umgang mit "Widerstand" in Veränderungsprozessen.

Schulen sind oft schnell für die normativen Ziele einer Interkulturellen Öffnung zu gewinnen. Bei der konkreten Umsetzung zeigt sich jedoch, wie schwierig es ist, Routinen und Strukturen zu verändern. Nicht alle Schulleitungen sind gleich bereit, notwendige Ressourcen, etwa in Form von Entlastungsstunden für Lehrkräfte, die den Prozess vorantreiben und begleiten, bereit zu stellen. Häufig ist es für die Beteiligten schwer greifbar, was sich konkret hinter den sperrigen Begriffen „Interkulturelle Öffnung" oder „Inklusion" verbirgt. Im Folgenden werden daher Beispiele für mögliche Veränderungen auf schulpolitischer Ebene, auf schulischer Ebene sowie auf der individuellen Ebene des mit Heterogenität konfrontierten schulischen Personals beschrieben. Dabei greifen wir auf Sekundärliteratur zurück sowie auf Aktivitäten von Lehrkräften, die an der Qualifizierung zur Interkulturellen Koordination teilnehmen. Viele von ihnen unterrichten an Schulen, die Klassen für Seiteneinsteiger/-innen eingerichtet haben.[9]

---

[8] Der Anti-Bias-Ansatz stammt aus der US-amerikanischen und südafrikanischen Anti-Diskriminierungsarbeit. Zentral für Anti-Bias-Trainings ist eine intensive, erfahrungsorientierte Auseinandersetzung mit diskriminierenden Verhaltensweisen und Strukturen (vgl. Derman-Sparks/Brunson-Phillips 2002).

[9] In Hamburg werden Seiteneinsteiger/-innen unter 16 Jahren in internationalen Vorbereitungsklassen (IVK an allgemeinbildenden Schulen) ein Jahr lang auf den Unterricht in Regelklassen vorbereitet und anschließend in die Regelklasse integriert, wobei sie noch ein weiteres Jahr zusätzliche Sprachförderung erhalten. Seiteneinsteiger/-innen über 16 Jahren werden in der Regel in Klassen zur Ausbildungsvorbereitung für Migranten (AV-M) eingeschult. In diesen

## Makroebene: Notwendige schulpolitische Rahmenbedingungen

Der Bericht der Antidiskriminierungsstelle des Bundes (2013) und der KMK Beschluss zur Interkulturellen Bildung und Erziehung in der Schule haben in den letzten Jahren zu einem Paradigmenwechsel im Verständnis der Schule in der Einwanderungsgesellschaft geführt. Standen zuvor meist Interaktionen zwischen Schülerinnen und Schülern, sowie Eltern und Lehrkräften unterschiedlicher ethnischer Herkunft im Fokus von Forschung, Politik und Programmen, so rückt nun Schule als sozialer und politischer Ort ins Zentrum der Aufmerksamkeit.

Der KMK Beschluss richtet sich explizit an alle schulischen Akteure – nicht nur an Migrantinnen und Migranten. Ziel ist dabei, „allen Kindern und Jugendlichen unabhängig von ihrer Herkunft umfassende Teilhabe an Bildung und Chancen für den größtmöglichen Bildungserfolg zu eröffnen, zur erfolgreichen Gestaltung von Integrationsprozessen und damit zu einem friedlichen, demokratischen Zusammenleben beizutragen und Orientierung für verantwortungsbewusstes Handeln in der globalisierten Welt zu vermitteln"[10]. Interkulturelle Öffnung und der Abbau von Diskriminierung werden als notwendige Strategien empfohlen. Sie knüpfen an das von der EU empfohlene, umfassende Verständnis von Inklusion an, das Schule als Lernort sieht, an dem alle Schüler/-innen mit ihren Voraussetzungen, Stärken und Schwächen angenommen werden[11].

Bezogen auf die aktuelle Situation stellt sich die Frage, ob eine schnelle Integration der Schülern/-innen mit Fluchterfahrung in den Regelunterricht

---

Klassen erhalten sie eine zweijährige dualisierte Ausbildungsvorbereitung; integrierte und mit der schulischen Bildung verzahnte Betriebspraktika machen einen wesentlich Bestandteil des Bildungsganges aus. Die Schüler/-innen legen nach Abschluss der zwei Jahre eine Prüfung ab und haben die Möglichkeit, dort einen dem Ersten Schulabschluss (ESA) bzw. Mittleren Schulabschluss (MSA) gleichgestellten Abschluss zu erwerben. Schüler/-innen, die noch nicht in der lateinischen Schrift alphabetisiert sind, werden ein Jahr in Basisklassen (allgemeinbildende Schulen) oder Alpha-Klassen (Berufsbildende Schulen) unterrichtet, bevor sie in eine IVK oder AV-M wechseln.

[10] http://www.kmk.org/fileadmin/Dateien/veroeffentlichungen_beschluesse/1996/1996_10_25-Interkulturelle-Bildung.pdf (Zugriff 10.2.2016)

[11] http://www.eenet.org.uk/resources/docs/Index%20German.pdf (Zugriff 10.2.2016)

möglich ist und wie diese gelingen kann. Voraussetzung dafür wäre, dass alle Lehrkräfte interkulturell geschult sind, sie die Lernchancen einer heterogen zusammengesetzten Lerngruppe sehen und nutzen können sowie über DaZ-Kompetenzen verfügen. Idealerweise bekommen dann auch die Schüler/-innen ohne Fluchterfahrung die Möglichkeit, neue Perspektiven und Wissenshorizonte kennenzulernen, Einfühlungsvermögen einzuüben und soziale Kompetenzen zu trainieren.

Zurzeit gibt es in den Bundesländern eine Vielzahl unterschiedlicher Modelle zur Integration von Seiteneinsteiger/-innen. Massumi, von Dewitz et al. (2015, S. 43ff) unterscheiden fünf verschiedene schulorganisatorische Modelle (vgl. auch Beitrag von v. Dewitz in diesem Band [Anm. d. Hg.]):

- das submersive Modell: Unterricht in einer Regelklasse, Teilnahme an allgemeine Fördermaßnahmen
- das integrative Modell: Unterricht in einer Regelklasse, zusätzliche spezifische DaZ-Förderung
- das teilintegrative Modell: DaZ-Förderung im Klassenverband, sukzessive Teilnahme am Unterricht in einer Regelklasse
- das parallele Modell: Unterricht in einer speziell eingerichteten Klasse mit einer Dauer von 6-18 Monaten
- das parallele Modell Schulabschluss: Unterricht in allen Fächern in einer parallel eingerichteten Klasse bis zum Schulabschluss

Im Hinblick auf Integration und Bildungserfolg sehen Lehrkräfte die getrennte Beschulung von Seiteneinsteigern/-innen kritisch: Viele Schüler/-innen, die in einem parallelen Modell oder im parallelen Modell Schulabschluss eingeschult wurden, sind enttäuscht darüber, dass sie mit Bildungsinländer/-innen kaum Kontakt haben. Sie befürchten, dass Klassen, in denen viele Arabisch- oder Dari-sprachige Schüler zusammen treffen, ihren Deutsch-Spracherwerb behindern. Und sie bedauern, dass sie wenig Kontakt mit deutschsprachigen Kindern und Jugendlichen haben. Empirische Studien über die Vor- und Nachteile der verschiedenen Modelle und ein

Vergleich des Bildungserfolgs der Schüler/-innen innerhalb der verschiedenen Modelle fehlen bisher.

Welches Eingliederungsmodell gewählt wird, ist nicht die einzige Entscheidung auf der schulpolitischen Ebene, die Auswirkungen auf die Bildungs- und Integrationschancen von Neuzuwanderer/-innen hat. Weitere Faktoren sind die Ausstattung der Schulen mit Ressourcen, die Möglichkeiten zur Kooperation innerhalb der Schulen sowie Qualitätsentwicklung durch schulübergreifende Zusammenarbeit. Es gilt auch, öffentlich den politischen Willen zum Abbau von Bildungsbarrieren zu formulieren und den Schulen und Lehrkräften, die sich auf den herausfordernden Weg machen, entsprechende Rückendeckung zu geben.

Bildungspolitische Zielsetzungen in Bezug auf die Integration von Flüchtlingen müssen festgelegt und überprüft werden, Gag/Schröder fordern hierfür eine flüchtlingsbezogene Bildungsberichterstattung, die „Hindernisse für die Zielgruppe im Zugang, Verbleib und Übergang zu schulischer und beruflicher Bildung" identifiziert und darstellt (Gag/Schröder 2014, S. 42f). Zudem sollten geeignete quantitative und qualitative Daten als Orientierungsgrundlage bereitstehen, die die Verankerung von Lehrerfortbildungen in den Bereichen Differenz, Diskriminierung, Inklusion aber auch Sprachförderung und sprachliche Grundbildung und das Bemühen um kohärente Verknüpfungen von Reforminitiativen auf unterschiedlichen Ebenen beschreiben können (vgl. Gomolla et al. 2015, S. 30f).

Ein klarer Auftrag zur Interkulturellen Öffnung von ministerieller Seite, Vorgaben bzw. ausgearbeitete Module für die Umsetzung solcher Prozesse und schließlich individuelle Anreize für Fachkräfte (z.B. anspruchsvolle Weiterbildungen, Zertifikate, Entlastungsstunden, finanzielle Anreize, Beförderungsmöglichkeiten) unterstützen die Schulen bei der anspruchsvollen Aufgabe, das System zu öffnen und Barrieren abzubauen.

### Jede Schule ist anders: Schulentwicklung als kollektiver Lernprozess

Fristete in der Vergangenheit interkulturelle Arbeit oft ein Nischendasein und wurde parallel zum „normalen" Alltagsgeschäft als Sondermaßnahme verstanden, so wird nun deutlich, dass ein gesamtschulischer Lernprozess notwendig ist, um Seiteneinsteiger/-innen zu integrieren.

Um im Kollegium über eine rein paternalistische Haltung gegenüber einer als bedürftig eingeschätzten „Flüchtlingsklasse" hinauszuwachsen, bedarf es eines offenen kollegialen Austauschs über mögliche Potenziale der Seiteneinsteiger/-innen. Kollegien, die Chancengerechtigkeit an ihrer Schule im Hinblick auf alle Schülerinnen fördern möchten, schärfen ihre Sensibilität für Einseitigkeiten und Ausgrenzung, reflektieren kritisch ihr eigenes Denken und ihren Sprachgebrauch in Bezug auf Stereotypen oder Stigmatisierungen gegenüber Angehörigen bestimmter Gruppen oder einzelnen Schülern/-innen und geben einander diesbezüglich wertschätzend Rückmeldungen. Hierfür müssen zeitliche Ressourcen bereitgestellt werden. Im Idealfall existieren eigene Strukturen innerhalb der Schule, die, wie in der Schulentwicklung üblich, eine Standortbestimmung vornehmen, Ziele definieren, Handlungen planen, diese durchführen und die Ergebnisse beurteilen.

Ein Erfolgsfaktor für ein gelungenes Miteinander von Neuankömmlingen und Schüler/-innen, die bereits vor Ort sind, besteht darin, Kontakt zwischen Schülerinnen und Schülern mit und ohne Fluchterfahrung bewusst zu initiieren, vorzubereiten und zu begleiten. Steuerungsgruppen müssen daher beispielsweise sehr bewusst darüber entscheiden, wo „Willkommens-" oder „Flüchtlingsklassen" untergebracht werden. Sie in Containern auf dem Schulhof oder in Nebengebäuden zu unterrichten, sendet ein Signal an die gesamte Schüler- und Elternschaft, das Dominanzverhältnisse reproduziert und Integration entgegenwirkt. Zielführender ist eine Beschulung zwischen den Regelklassen.

Auch in Bezug auf die Partizipation von Schülern/-innen mit Fluchterfahrung sind schulische Steuergruppen vor eine Fülle von Fragen gestellt: Werden in den parallelen Klassen Klassensprecher/-innen gewählt und wenn ja, nehmen diese an den Schülerratssitzungen teil? Welche Form der Unterstützung muss organisiert werden, damit die Schüler/-innen teilnehmen können? Gibt es zwei- oder mehrsprachige Schüler/-innen in den Regelklassen, die ggf. dolmetschen können? Welche Unterstützung brauchen potenzielle Dolmetscher/-innen? Wie können Mehrsprachigkeitskonzepte an den Schulen etabliert werden?

Viele Seiteneinsteiger/-innen sind in der Schule zunächst sehr orientierungslos, vor allem, wenn sie in getrennten Bildungsgängen beschult werden. Sie verstehen das Schulsystem und ihre Einordnung darin nicht. Materialien zur Visualisierung mit Bildern und Piktogrammen, aber auch mehrsprachige Hinweisschilder sind ein Weg, sprachliche Barrieren abzubauen und helfen, neu ankommenden Schüler/-innen Orientierung[12] zu geben: lokal im Schulgebäude, aber auch in Bezug auf den Bildungsweg, der ihnen offen steht.

Eine Möglichkeit, die Ankunft der Schüler/-innen in der Schule zu erleichtern, sind Patenschaften oder Mentorenprogramme. Hier nehmen Schüler/-innen aus Regelklassen Schüler/-innen aus neu eingerichteten Klassen beim Kennenlernen der Schule an die Hand. Dies fördert gleichzeitig den Kontakt der Schüler/-innen untereinander und den Spracherwerb der Seiteneinsteiger/-innen. Wichtig ist hierbei aber, dass die Seiteneinsteiger/-innen nicht zu bloßen Hilfeempfänger/-innen degradiert werden, sondern deren individuelle Kompetenzen sichtbar gemacht werden. So kann ein/-e Seiteneinsteiger/-in ggf. auch im Englisch-, Naturkunde- oder Matheunterricht unterstützen.[13]

Als förderlich für die Unterrichtspraxis hat sich zudem eine enge Vernetzung mit dem außerschulischen Umfeld erwiesen. Schülerinnen und Schüler fühlen sich häufig stärker gesehen und motiviert, wenn ihre Eltern die Unterrichtsprozesse kennen und unterstützen oder Menschen aus ihrem

---

[12] Eine mögliche Checkliste für die Vorbereitung auf neue Schüler/-innen bietet Doğaç 2016.
[13] In Hamburg bietet zusätzlich der Verein Schlaufox e.V. das Mentorenprojekt Ankerlicht, bei dem ehrenamtliche Mentor/-innen Schüler/-innen mit einer Fluchtgeschichte unterstützen: http://www.schlaufox.de/projekte/ankerlicht (Zugriff 10.2.2016)

außerschulischen Umfeld durch Kooperationen, Feste oder andere Aktivitäten mit der Schule verbunden sind. Interkulturelle Koordinationen an Hamburger Schulen haben dementsprechend etwa Elterncafés eingerichtet, um Eltern einen niedrigschwelligen Zugang zur Schule zu ermöglichen. Ehrenamtliche Elternmentor/-innen vermitteln anderen Eltern Kenntnisse über das Schulsystem und Übergangsmöglichkeiten in den Beruf. Schülermentor/-innen unterstützen Schüler/-innen dabei, sich in der Schule zurechtzufinden.[14]

**Unterrichtsebene: Diversität im Klassenzimmer**

In Schulen existieren im Vergleich zu anderen Organisationen relativ wenig zeitliche Ressourcen zum institutionellen gemeinsamen Handeln. Für die meisten Lehrkräfte steht die erfolgreiche Gestaltung ihres Unterrichts im Zentrum; es gibt nur ein schwach ausgebildetes Verständnis als Gesamtorganisation (Gomolla 2015, S. 36). Um das schulübergreifende Ziel zu verwirklichen, gerechte Bildungschancen zu etablieren, ist daher die gemeinsame Arbeit am Unterricht, etwa die Ausarbeitung diversitätssensibler Curricula, ein guter Ansatzpunkt. Jahrgangsteams können ihre Vorgehensweisen, Lernfelder und ggf. auch Prüfungsthemen im Hinblick darauf überprüfen, ob Inhalte und Methoden Schüler/-innen mit Fluchterfahrung erreichen und stärken (vgl. Autorinnenkollektiv 2015; Hartung/Nöllenburg/Devici 2013). Wie wird z.B. das Thema Migration behandelt – als Problem oder als historisch-gesellschaftlicher Normalfall? Werden die Schüler/-innen gestärkt, ihre eigenen Kompetenzen wahrzunehmen und wertzuschätzen? Wenn die Perspektiven, Erfahrungen und Fähigkeiten der Jugendlichen Ausgangspunkt des Unterrichts sind, erleben sie sich als stark, kompetent

---

[14] Das SchulMentoren-Projekt wird von der Behörde für Schule und Berufsbildung und der Koordinierungsstelle Weiterbildung und Beschäftigung KWB e. V. gemeinsam durchgeführt. In diesem Projekt werden Schüler/-innen, Eltern und Ehrenamtliche zu Mentor/-innen ausgebildet. Außerdem werden Lehrkräfte geschult, die den Einsatz der Mentor/-innen an den Schulen koordinieren (für weitere Informationen vgl. www.schulmentoren.de, Zugriff 10.2.2016)

und selbstwirksam.[15] Zudem können bei Seiteneinsteiger/-innen, die den wesentlichen Teil ihrer Schulzeit nicht in Deutschland verbracht haben bzw. gar nicht zur Schule gegangen sind, hier gängige Methoden und Aufgabenformate nicht vorausgesetzt werden. Sie müssen explizit vermittelt werden.

Alle Lehrkräfte, die Schüler/-innen ohne deutsche Sprachkenntnisse bzw. ohne Kenntnisse der lateinischen Schrift unterrichten, brauchen qualifizierte Kenntnisse über Prinzipien des DaZ-Unterrichts sowie methodische Kompetenz. Dazu gehört auch das Wissen darüber, wie schwer es ist, in einer Sprache zu lernen, die nicht die Muttersprache ist oder gar mit einer Schrift, die erst erlernt werden muss. Lehrkräften muss der Unterschied zwischen allgemeiner mündlicher Sprachkompetenz (BICS – basic interpersonal communicative skills) und bildungssprachlicher Kompetenz (CALP – cognitive acacemic language proficiency) (vgl. Cummins 1991) bekannt sein. Da es sehr wenige Lehrkräfte mit einer Qualifikation in der nichtmuttersprachlichen Alphabetisierung gibt, bedarf es an jeder Schule mindestens einer Fachkraft in diesem Bereich, die andere Lehrkräfte beraten kann.

Eine positive Erfahrung aus dem Alltag einer Alphabetisierungsklasse an einer Berufsschule zeigt, was sich eigentlich hinter dem Begriff „Literalität" versteckt. Die Schüler dieser Klasse waren zum Großteil sogenannte primäre Analphabeten, die weder die lateinische Schrift, noch die Schriften ihrer Erstsprachen (Arabisch, Kurdisch, Dari, Paschto) beherrschten. Nach sieben Monaten in der Vorbereitungsklasse begannen sie, die Welt der Schriftkultur um sich herum wahrzunehmen und zu erobern. Beschriftungen, Hinweisschilder, Aushänge, Namensschilder, Werbung, die Preise in der Cafeteria: Alles Geschriebene, das bis dahin eine Barriere war, wurde ein Schlüssel zum Erschließen der Schulwelt. Diese Erfahrung zeigt, welche Rolle Geschriebenes im Alltag spielt und deutet das Potenzial – sowohl

---

[15] Einen sehr ausführlichen Leitfaden für eine rassismuskritische, diskriminierungssensible und empowernde Analyse von Unterrichtsinhalten und Methoden bietet der *Rassismuskritische Leitfaden* (Autor*innenkollektiv 2015), weitere Beispiele und Strategien sind in Hartung/Nöllenburg/ Deveci (2013) zu finden.

der Ausgrenzung als auch für die bewusste Nutzbarmachung – der schriftbasierten Kommunikation in der Schulwelt an.

Neben der Vermittlung der deutschen Sprache in Wort und Schrift gilt es, die Mehrsprachigkeit zu fördern und Herkunftssprachen wertzuschätzen und zu nutzen, etwa durch Kettenübersetzungen oder Dolmetscherkompetenzen. Daneben benötigen die Lehrkräfte Fähigkeiten in der nonverbalen Kommunikation.

Seiteneinsteiger/-innen brauchen neben einer sprachlichen Unterstützung aber auch Orientierung hinsichtlich schulischer Rahmenbedingungen und Regeln. So gilt es, Schülern/-innen Erwartungen transparent zu machen und Kommunikationsformen gemeinsam festzulegen. Diskriminierungen und abwertende Äußerungen von Schülern/-innen und Lehrpersonen werden thematisiert und aufgearbeitet. Ebenso sollten stereotype und abwertende Darstellungen von Minderheitengruppen thematisiert und – wenn dies sprachlich möglich ist – kritisch in der Klasse diskutiert werden. Wird beispielsweise in Lehrbüchern die Migrationsgesellschaft als Normalität und Diversität als „Ausgangslage, die es zu gestalten gilt" (Terkessidis 2010, S. 12) beschrieben oder als Problem dargestellt? Findet sich die Lebenswelt der Schüler/-innen in den Lehrmaterialien? Werden Migration und Flucht im Kontext der politischen Bildung zum Thema gemacht?

Als motivierend hat sich erwiesen, eine wertschätzende Grundhaltung im Unterricht zu etablieren und im Sinne des Pygmalion-Effekts[16] (vgl. Rosenthal/Jacobson 1968) hohe Leistungserwartungen an alle Schüler/-innen zu stellen. Lehrkräfte, die die Stärkung aller Schüler/-innen im Blick haben, ermuntern sie, eigene Kenntnisse und Sichtweisen einzubringen, bestärken sie, stolz auf ihre Leistungen zu sein, und bewerten individuelle Lernfort-

---

[16] In verschiedenen Experimenten wurde der Zusammenhang zwischen der Erwartungshaltung der Lehrkräfte und der tatsächlichen Schulleistungen in der Form beschrieben, dass positive Erwartungen – vermutlich in erster Linie transportiert durch Gesten und Äußerungen in der Unterrichtskommunikation – den Schüler/-innen vermitteln, dass die Lehrkräfte an ihre Leistungen glauben, was den Schüler/-innen Selbstbewusstsein vermitteln und zu höherer Leistungsbereitschaft führen kann (vgl. Hieronymous/Hutter 2006).

schritte. Sie nutzen kooperative Lernsettings, um Schüler/-innen unterschiedlicher Voraussetzungen gleichermaßen Beteiligung und Erfolgserlebnisse zu ermöglichen.

**Interpersonale Ebene: Der gute Wille allein reicht nicht**

Viele Schulen zeigen derzeit ein beeindruckendes Maß an Engagement, wenn es um die Unterstützung von Schüler/-innen mit Fluchterfahrung geht. Vielerorts wurden umfangreiche Kleidersammlungen und Geschenkaktionen durchgeführt. Schulklassen stellen Schultüten für die neuankommenden Schüler/-innen zusammen oder sammeln Geld. Diese Maßnahmen sind angesichts der materiellen Not vieler geflüchteter Schüler/-innen sinnvoll und notwendig.

Doch nicht jede Form von Hilfe ist gleichermaßen zielführend. Der Anti-Bias-Ansatz zur vorurteilsbewussten Bildung und Erziehung, der in den 1980er Jahre aus den USA über Südafrika nach Deutschland gekommen ist, sensibilisiert für unterschiedliche Arten von Unterstützung. Dort wird unterschieden zwischen schadender und stärkender Hilfe (vgl. ELRU 1997). Unter schadender Hilfe wird die Hilfe verstanden, die das Gegenüber klein macht und in seiner Bedürftigkeit bestätigt, etwa durch eine paternalistische Haltung. Stärkende Hilfe ist Hilfe zur Selbsthilfe, etwa Flüchtlinge darin zu unterstützen, selbständig die aktuellen Bleiberechtsregelungen im Internet zu recherchieren – und dabei Medienkompetenz, Deutschkenntnisse und eine Einschätzung der deutschen Verwaltung zu gewinnen.[17] In diesem Zusammenhang ist das Erstaunen zu verstehen, das eine Gymnasialklasse erlebte, als sie mit ihren Weihnachtsgeschenken zu den geflüchteten Schülern/-innen kam und statt Geschenke abzugeben, zunächst beschenkt wurde: mit frisch gebackenen Waffeln. Dass geflüchtete Schüler/-innen eine Menge zu geben haben, nicht nur an Erfahrungsschätzen, sprachlichen Kenntnissen, Weltgewandtheit und Resilienz, sondern auch an fachlichem Know-how, wird oft nicht gleich gesehen.

---

[17] http://www.b-umf.de/de/themen/partizipation (Zugriff 10.2.2016)

Für den zwischenmenschlichen Umgang ergibt sich daraus die Herausforderung, sehr genau über eigene Privilegien und die sich daraus ergebende Verantwortung zu reflektieren, sich angesichts von Unterschieden wohl zu fühlen und zu erkennen, dass andere Personen die gleichen Gefühle haben wie wir – auch wenn sie eine andere Sprache sprechen, anders aussehen oder andere Gewohnheiten haben. Darüber hinaus gilt es, kritisches Denken über Vorurteile zu kultivieren, unfaires Verhalten zu erkennen und Stereotypen etwas entgegenzusetzen um sich schließlich aktiv gegen Ungerechtigkeit und unfaires Verhalten einzusetzen (vgl. Ziele der Anti-Bias-Arbeit, Derman-Sparks/Brunson-Phillips 2002).

Die Integration von Seiteneinsteigern/-innen bietet eine hervorragende Chance über assimilatorische und kompensatorische Ansätze hinauszuwachsen und Inklusion bzw. Interkulturelle Öffnung mit dem Ziel einer Chancengerechtigkeit für alle (neu eingewanderten und hier geborenen) Schüler/-innen schulisch zu verwirklichen.

## 3. Ausblick

Gemessen an dem Anspruch auf Bildungsgerechtigkeit verschiebt sich der Fokus. Die Vorstellung, dass es vor allem die Flüchtlinge sind, die Sprach- und Schulkenntnisse aufzuholen haben, um im Sinne einer nachholenden Entwicklung möglichst schnell mit den Schülern/-innen ohne Fluchterfahrung mithalten zu können, wird durch eine neue Sichtweise ergänzt: So ist es auch die Mehrheitsgesellschaft, die durch die Integration von Seiteneinsteigern/-innen lernen und profitieren kann. Schulen überprüfen ihre Routinen und steigern die Qualität ihrer Lehre, Lehrkräfte etablieren kollegiale Strukturen, in denen sie Stress reduzieren und Synergien nutzen, alle Minderheiten bekommen bessere Lernchancen, da Bildungsbarrieren in den Blick gerückt werden. Und Schüler/-innen ohne Fluchterfahrung erweitern ihre Sichtweisen und Kompetenzen, um sich in einer globalisierten Welt zurechtfinden und sie demokratisch und verantwortungsvoll gestalten zu können.

## Literatur

Antidiskriminierungsstelle des Bundes Berlin (2013): Diskriminierung im Bildungsbereich und im Arbeitsleben; http://www.antidiskriminierungsstelle.de/SharedDocs/Downloads/DE/publikationen/BT_Bericht/Gemeinsamer_Bericht_zweiter_2013.pdf (Zugriff 10.2.2016).

Autor*innenkollektiv (2015): Rassismuskritischer Leitfaden. Hamburg, Berlin; http://www.elina-marmer.com/de/rassismukritischer-leitfaden/ (Zugriff 19.2.2016).

Cummins, Jim (1991): Conversational and academic language proficiency in bilingual context. In: AILA Review 8. S. 75-89.

Derman-Sparks, Louise/Brunson-Phillips, Carol (2002): Auch kleine Kinder kennen Stereotype. Wie Anti-Bias-Arbeit pädagogische Praxis neu gestaltet, in: INKOTA-Netzwerk e. V.: Vom Süden lernen. Erfahrungen mit einem Antidiskriminierungsprojekt und Anti-Bias-Arbeit. Berlin, S. 61-65.

Doğaç, Zahide (2016) Willkommenskultur: eine Checkliste. In: Pädagogik, Heft 2, 2016.

ELRU - Early Learning Resource Unit (1997): Shifting Paradigms. Using an anti-bias strategy to challenge oppression and assist transformation in the South African context. Lansdowne.

Gag, Maren/Schroeder, Joachim (2014): Monitoring und Bildungsberichterstattung mit Fokus auf Flüchtlinge und Asylsuchende – ein Beispiel. In: Gag, Maren/Voges, Franziska (Hrsg.): Inklusion auf Raten. Zur Teilhabe von Flüchtlingen an Ausbildung und Arbeit. Münster, New York: Waxmann, S. 29-48.

Gomolla, Mechtild/Radtke, Frank-Olaf (2002): Institutionelle Diskriminierung. Die Herstellung ethnischer Differenz in der Schule. Opladen.

Gomolla, Mechtild et al. (2015): Lehrerfortbildung, Qualitätsentwicklung von Schulen in der Einwanderungsgesellschaft: Qualifizierung zur interkulturellen Koordination. Bericht der wissenschaftlichen Begleitung. Hamburg.

Gottschalk, Franziska (2014): Übergänge gestalten. Junge Flüchtlinge an der Schwelle von der Schule in den Beruf. In: Gag, Maren/Voges, Franziska (Hg.): Inklusion auf Raten. Zur Teilhabe von Flüchtlingen an Ausbildung und Arbeit. Münster, New York: Waxmann. S. 219-235.

Hartung, Regine/Nöllenburg, Katty/Deveci, Özlem (Hrsg.) (2013): Interkulturelles Lernen. Ein Praxisbuch. Schwalbach/Taunus: Debus Pädagogik Verlag.

Hieronymus, Andreas/Hutter, Jörg (2006) Interkulturelle Kompetenz als Chance. Eine Anleitung zur Entdeckung der beruflichen Potenziale von Jugendlichen mit Migrationshintergrund. Dokumente der BQM – Handreichung 1/2. Auflage, herausgegeben von der KWB – Koordinierungsstelle Weiterbildung und Beschäftigung e.V.; http://www.esf.bremen.de/sixcms/media.php/13/InterkulturelleKompetenz_2006.pdf (Zugriff 10.2.2016).

Karakaşoğlu, Yasemin (2013): Vorwort. Interkulturelle Schulentwicklung. In: Interkulturelle Schulentwicklung. Ein Leitfaden für Schulleitungen. Berlin: Cornelsen.

Massumi, Mona/von Dewitz, Nora et al. (2015): Neu zugewanderte Kinder und Jugendliche im deutschen Schulsystem. Bestandsaufnahme und Empfehlungen. Köln: Mercator-Institut für Sprachförderung und Deutsch als Zweitsprache, Zentrum für LehrerInnenbildung der Universität zu Köln.

Panesar, Rita (2014): Vorurteilsbewusste Pädagogik – Anti Bias Arbeit mit Lehrkräften. In: Vielfalt erkennen – Strategien für einen sensiblen Umgang mit unbewussten Vorurteilen. Charta der Vielfalt. Berlin, S. 57-64.

Rosenthal, Robert/Jacobson, Leonore (1968): Pygmalion in the Classroom. New York: Holt, Rinehart & Winston.

Terkessidis, Mark (2010) Interkultur. Berlin: Suhrkamp.

ANDREA PAHL

# Grundschulen auf der Suche nach (globalen) Perspektiven

Die zentrale Aussage des Grundschulverbandes e.V. lautet seit Jahrzehnten: „Allen Kindern gerecht werden". Viele Kolleginnen und Kollegen nehmen diese Forderung für ihren Beruf sehr ernst – sehen sich aber in der Umsetzung immer noch vor große Herausforderungen gestellt.

Der Umgang von Menschen in Politik, Verwaltungen und Bildungseinrichtungen mit diesen Hilfesuchenden ist ein Gradmesser für eine inklusive Gesellschaft. Diesem Anspruch müssen sich auch alle Bildungseinrichtungen stellen, denn es kommen mehr Vielfalt und mehr Unwägbarkeiten auf sie zu. Willkommenskultur ist eine Haltung, die alle Mitarbeiterinnen/Mitarbeiter und Eltern der Schule einschließt und einbezieht. Auch die Grundschulen in Deutschland müssen und wollen handeln, um das Recht der Kinder auf Bildung zu realisieren. Pädagoginnen und Pädagogen brauchen dafür Zeit und konkrete Unterstützung…[1]

In Grundschulen wird bundesweit seit Jahrzehnten sparsam investiert, sowohl materiell als auch personell. Durch den enormen Zustrom von meist jungen Menschen oder Familien mit Kindern, die vor unhaltbaren Zuständen in ihren Ländern auf der Flucht sind, verschärft sich die Situation. Auch wenn nicht klar ist, ob und wenn ja wie lange wie viele Menschen bei uns in Deutschland bleiben, kann in den Schulen mit einer großen Zahl zusätzlicher Schülerinnen und Schüler gerechnet werden.

**Der Lernbereich Globale Entwicklung**

Um allen Kindern in unseren Schulen gerecht werden zu können, brauchen die Pädagoginnen und Pädagogen dringend Informationen, Materialien und Fortbildungen über die Kulturen und Lebenslagen der Kinder und ihrer Familien. Seit 2007 gibt es den Orientierungsrahmen für den Lernbereich „Globale Entwicklung"[2], der für die Grundschulen aller Bundesländer konkrete Empfehlungen und Unterrichtsinhalte beschreibt.

---

[1] Resolution des Grundschulverbandes e.V. zum Umgang mit den aktuellen Herausforderungen für die Grundschule durch Flucht und Migrationsbewegungen, Nov. 2015; http://www.grundschulverband.de/fileadmin/bilder/aktuell/Startseite/Resolution_Fluechtlingskinder__GSV__30.11.2015.pdf (Zugriff 20.2.2016).
[2] Orientierungsrahmen für den Lernbereich Globale Entwicklung, 2.überarb. Aufl. 2015; http://www.globaleslernen.de/de/orientierungsrahmen-globale-entwicklung-or (Zugriff 20.2.2016).

Dieser Lernbereich kann für jede Schule und in jedem Fach das zentrale Prinzip der Veranschaulichung von vielen verschiedenen Lebensweisen vertreten. Über den Vergleich von Fremdem und Eigenem wird sowohl die eigene Identität gestärkt als auch die eigene Wahrnehmung relativiert. Vielfalt wird positiv wahrgenommen und genutzt.

Außerschulische Partner (Eltern, Nichtregierungsorganisationen, Vereine, Vertreter aus Wirtschaft oder Presse) können dabei eine große Unterstützung sein, die das Schulleben durch Einblicke in praktische Handlungsfelder, authentische Zeitzeugenberichte und politische Aktivitäten bereichern. Die Öffnungsprozesse von Schule bedeuten zunächst sicher einen gewissen Mehraufwand, ermöglichen aber den Kontakt zu einem vielseitigen Wissens- und Erfahrungspool. Die Kolleginnen und Kollegen werden dabei konkret entlastet, da sie nicht für alles die Experten sein müssen/können (vgl. auch Fiedler/Görtz in diesem Band [Anm. d. Hg.]). Den Schülerinnen und Schülern eröffnen sich realitätsnahe Praxisansätze, die die Lernmotivation steigern können, da die Kinder die Schule so weniger als „Parallelwelt" zur Realität erleben, sondern die Welt in der Schule aktiv mitgestalten können.

### Fluchtursachen erkennen

Menschen in Deutschland sind in die Ursachen für die starken Flucht- und Migrationsbewegungen involviert. Menschen fliehen nicht nur vor Krieg, sondern auch vor Hunger und Armut. Die Lebensbedingungen in vielen Ländern haben ihre Ursachen u.a. in unseren Lebensgewohnheiten. Die Auseinandersetzung mit dem so genannten Fairen Handel und entsprechenden Unterstützungsmöglichkeiten an der Schule kann für diese Zusammenhänge sensibilisieren. Schulpartnerschaften und/oder internationale Begegnungen können Vorurteile hinterfragen und auflösen. Vor- und Nachbereitung sowie die aktive Gestaltung solcher Partnerschaften sind aufwändig, aber immer wieder lohnend (vgl. auch Dikongue in diesem Band [Anm. d. Hg.]).

## Die Sicht der Anderen

Eine zentrale und aktuell sehr wichtige Kompetenz, die im Orientierungsrahmen beschrieben wird, ist die Fähigkeit zum Perspektivwechsel. Grundsätzlich sollte die Bereitschaft vorhanden sein, sich mit anderen Perspektiven auf Sachverhalte auseinanderzusetzen; darauf aufbauend sollte der Perspektivwechsel geschult werden. Das heißt nicht, dass man die andere Perspektive übernehmen muss. Es geht vielmehr darum, die Perspektive, zumindest in Ansätzen, zu *verstehen*, um Handlungen und Verhaltensweisen nachvollziehen zu können. Warum zieht Hilal seine Jacke nicht aus? Warum spielt Issam auf dem Schulhof nicht mit? Welche Erfahrungen haben diese Schüler möglicherweise gemacht? (Vgl. auch Gerull et al. in diesem Band [Anm. d. Hg.]). Auch Eltern, die bisher gar kein oder ein sehr autoritäres Schulwesen kennen, brauchen Informationen, um den Schulalltag und seine Regeln wirklich zu begreifen.

## Fortbildungsbedarf

Aktuell wünschen sich viele Schulen mehr Fortbildungen und Unterstützung. Das ist gut nachvollziehbar. Herausforderungen durch verschiedene Kulturen und vor allem Sprachbarrieren sind zu meistern. Was an jeder Schule umgehend diskutiert werden sollte, ist Folgendes:

- Welches Schulprofil schafft eine gemeinsame Identität?
- Welche Regeln möchten wir an unserer Schule für alle verbindlich einhalten?
- Wie wollen wir Neuzugänge begrüßen, wie verabschieden wir Kinder?

Mit diesen Fragen beschäftigen sich viele Schulen schon regelmäßig, aber meist ist das Profil zu anspruchsvoll, die Regelkataloge sind eher zu lang und schwierig einzuhalten, und die Begrüßungsrituale abhängig von den einzelnen Klassen. Das ist für Neuzugänge verwirrend.
Schulprofile und Schul-/Klassenregeln sollten lieber kurz und verbindlich sein und dafür häufiger basisdemokratisch in der Schule diskutiert und angepasst werden. Schon das ist eine Möglichkeit, sich auf die aktuellen Herausforderungen vorzubereiten. Der regelmäßige Blick mit den Kindern über den sog. „Tellerrand" ist eine weitere. Gemeinsam mit den Kindern die Vernetzung von Ländern und Kulturen immer wieder zu erarbeiten, ist eine zentrale Vorbereitung auf viele Unwägbarkeiten.

ANGELIKA FIEDLER & MARTIN GÖRTZ
# Kinder mit Fluchterfahrungen an Grundschulen

In dieser Zeit, in der Kinder mit Fluchterfahrungen vermehrt in den Schulen aufgenommen werden (müssen), ist es wichtig, für die Gelingensbedingungen schulischer Integration und Bildung jener Kinder Standards zu formulieren und einzufordern. Als Basis dieser Standards dienen die UN-Kinderrechtskonvention und Grundsätze eines inklusiven Bildungs- und Erziehungsangebotes. Einen Entwurf möchten wir, die ehemalige Schulleitung und der derzeitige Förderkoordinator der Clara-Grunwald-Schule in Hamburg, mit diesem Text vorstellen. Wir formulieren in den folgenden Standards Zielperspektiven für Schulträger und Schulen.

**Standards für die Schulträger**

Schulträger (also z.B. Kommunen, Bildungsbehörden und Bildungsministerien) sind in der Pflicht, den geflüchteten Kindern, wie allen anderen Kindern, Bildungsangebote zur Verfügung zu stellen, deren Grundlage das Recht auf Gleichstellung/Gleichheit (equality) ist.

1. Schulträger sorgen dafür, dass Kinder im Grundschulalter eine Schule in der Nähe ihrer Unterkunft besuchen können. Auch für geflohene Kinder im Grundschulalter gilt das Prinzip der Wohnortsnähe.
2. Schulträger stellen den Schulen ausreichend personelle und materielle Ressourcen zur Verfügung, um ein langfristig angelegtes Deutschlernangebot zu organisieren und durchzuführen und um (sozial-)pädagogisch angemessen arbeiten zu können, damit Integration gelingt.
3. Schulträger räumen Schulen und Bildungseinrichtungen konzeptionelle Freiheiten ein und fordern im Gegenzug von den Schulen ein eigenes Konzept für die Beschulung geflüchteter Kinder. Das wäre eine wünschenswerte Grundlage einer Bewerbung um die Schulangebote für Flüchtlingskinder. So wäre sichergestellt, dass die Schulen und Bildungseinrichtungen besonders motiviert und geeignet sind für die Umsetzung des Rechtes auf Bildung der ihnen anvertrauten Flüchtlingskinder. Die den Schulen einzuräumenden kon-

zeptionellen Freiheiten sollten unbedingt veränderte Leistungsrückmeldesysteme und organisatorische Veränderungsmöglichkeiten beinhalten (s.u.).

**Standards für die Schulen**

Eine Schule, die sich als inklusiv versteht und die zur Integration aller Kinder gute Voraussetzungen geschaffen hat, ist unter anderem erkennbar an folgenden Merkmalen:

1. Es gibt an der Schule ein (schulweites) Ritual der Begrüßung neuer-Kinder und deren Begleitung in den ersten Wochen. Dazu gehören z.B.
   - Das neue Kind erhält möglichst schnell einen festen Platz an der Schule und in einer (Klassen)Gemeinschaft.
   - Das Kind erhält einen Paten oder eine Patin aus seiner Klasse, der/die möglichst aus demselben Sprach- und Kulturraum wie das geflohene Kind stammt. Dieser Pate zeigt dem Kind die Schule, erklärt ihm die Schulregeln und unterstützt das Kind beim Einleben.
   - Die für das Kind zuständigen LehrerInnen und PädagogInnen haben bereits vor der Einschulung die Eltern kennengelernt und ihnen die Schule und die Arbeit in der Klasse vorgestellt.
   - Eltern und Kind wissen, wie und wann sie die LehrerInnen und PädagogInnen erreichen können, wenn es Fragen oder Probleme gibt.
   - Die PädagogInnen nutzen die ersten Tage, um besondere Stärken oder Interessen der Neuankömmlinge festzustellen.
2. Die neu ankommenden Kinder werden in Regelklassen oder -gruppen aufgenommen, es gibt keine Extraklassen und -gruppen für geflüchtete Kinder, „behinderte" Kinder, besonders Begabte, Jungen etc.. Alle Kinder lernen den Hauptteil des Tages gemeinsam in einem Klassen- oder anderem Verbund.
3. Die Schule verfügt über einen „Pool" von Personen (Kinder und Erwachsene, Eltern, KollegInnen), die bei auftretenden Fragen und Problemen ansprechbar sind, z.B. Eltern, die sich in zwei Kulturen und Sprachen auskennen. Ebenso sollten Personen einbezogen werden, die mit Traumata Erfahrungen haben oder sogar als Traumatherapeuten ausgebildet sind.

4. Jede Person aus dem pädagogischen Personal kennt diesen Pool und weiß, wen sie wann und weshalb ansprechen kann.
5. Pädagogen und Eltern sind in regelmäßigem Kontakt, auch in Zeiten, in denen es keine Probleme gibt.
6. Die Schule bietet innerhalb und außerhalb des „eigentlichen" Unterrichts möglichst viele Anlässe zum Deutschlernen und legt konzeptionell ein großes Augenmerk auf Sprech- und Sprachanlässe (z.B. Theater, Sport, Kochkurse, Zeitungsschreiben, Kreatives Schreiben etc.) auf unterschiedlichen Schwierigkeitslevels.
7. Die Schule bezieht die Herkunftssprachen und die kulturellen Erfahrungen der Kinder in ihre Unterrichtsarbeit ein.
8. Die Schule stellt gleichzeitig möglichst viele Lernangebote zur Verfügung, für die die gesprochene Sprache nur wenig oder gar nicht notwendig ist und andere Verständigungsmöglichkeiten erfordert und zur Verfügung stellt (Pantomime, Musik, Sport, Theater, Kunst, Gebärdensprache, Mathematik etc.). Ideal sind solche Angebote, in denen sprachliche und nichtsprachliche Verständigungsmöglichkeiten gleichwertig nebeneinander existieren.
9. Die Schule hat ihre Unterrichtsarbeit und ihre Lerngruppen so organisiert, dass jedes Kind ein zu seinen individuellen Lernzugängen, -möglichkeiten und -erfahrungen passendes Unterrichtsangebot findet. So kann die Schule auch die Bedenken der „deutschen" Eltern zerstreuen, die Angst haben, dass ihr Kind weniger gut lernen kann, weil zu viele Kinder mit Migrationshintergrund in der Klasse oder Lerngruppe sind. Die Heterogenität der Kinder sollte gerade als ein zusätzliches Lernangebot genutzt werden, sowohl durch die gegenseitige Hilfe als auch durch das Vorbild des anderen Kindes, das ähnliche Erfahrungen bereits gemacht hat, die ein anderes erst noch machen muss.
10. Die Schule hat Zugang zu Spiel- und Lerngruppen außerhalb des Unterrichts und vermittelt die Kinder dorthin oder schafft (z.B. über die Eltern der Schule) selbst entsprechende Gruppen, in denen die Kinder z.B. die Stadt kennenlernen, Theater spielen, musizieren oder andere gemeinsame Aktivitäten unternehmen – oder aber die Schule ist von vornherein als Ganztagsschule organisiert (am besten als gebundene Ganztagsschule).

11. Die Schule bietet jedem Kind einen sicheren und unbeschwerten Erlebens- und Lernort, an dem nicht die Probleme, sondern die gemeinsamen positiven Erfahrungen im Vordergrund stehen.
12. Die Schule verfügt über ein dem individuellen Lernweg der Kinder entsprechendes Leistungsrückmeldesystem, das für Kinder und Eltern transparent ist und die Stärken des jeweiligen Kindes in den Vordergrund stellt.
13. In der Regel verfügt eine solche Schule auch über ein schriftlich festgehaltenes Leitbild, das der Schulgemeinde (an Grundschulen den Eltern und PädagogInnen) bekannt ist.

An der Clara-Grunwald-Schule gibt es derzeit offiziell eine internationale Vorbereitungsklasse (IVK) 3/4, die wir aufgelöst haben. Die Kinder werden vom ersten Tag an integrativ beschult. Im Folgenden wird aufgezeigt, wie sich die Arbeit mit den Kindern gestaltet.

**Grundlegende Arbeitsweise der Schule**

Die Clara-Grunwald-Schule ist eine gebundene Ganztagsschule, die jahrgangsübergreifend arbeitet. Jeweils eine Lerngruppe V/1/2 und 3/4 bildet zusammen ein Großteam. Zwei Großteams schließen sich zusammen zu größtenteils selbstorganisierten Abteilungen. Derzeit gibt es sechs Abteilungen, die jeweils die Namen unterschiedlicher Kontinente tragen.

Die Schule hat seit ihrer Gründung Erfahrungen mit individualisierenden und an den Stärken der Kinder ansetzenden Unterrichtsangeboten und Unterrichtsorganisationen. Als integrative Grundschule hat sie seit ihrer Gründung 1996 *jedes* Kind aufgenommen, dessen Eltern es bei ihr einschulen, auch so genannte „behinderte" Kinder.

Die Schule liegt im immer noch wachsenden Neubaugebiet Neuallermöhe-West am Stadtrand von Hamburg. In überwiegend dreigeschossigen Gebäuden mit etwa 70% Sozialwohnungen leben viele Familien, die zu Hause eine andere Sprache als Deutsch sprechen (ca. 70% der Kinder). Die Eltern unserer Kinder kommen von allen Kontinenten unserer Erde. Insgesamt sind an unserer Schule etwa 40 verschiedene Muttersprachen vertreten. Viele Familien haben ein Anrecht auf Sozialleistungen, leben mit drei oder mehr Kindern, auch Einelternfamilien sind insbesondere unter den deutschen Familien keine Einzelfälle. Jedem Kind in dieser heterogenen Lerngruppe gilt es, die bestmöglichen Lern- und Entwicklungsbedingungen zu bieten. Der Leitgedanke unserer Schule ist: „Vielfalt als Chance". Wir sind überzeigt, dass

- Kinder mit sehr unterschiedlichen Fähigkeiten, Kenntnissen, Lern- und Lebenserfahrungen und Möglichkeiten in die Schule kommen und sie sich dieses eher zu zeigen trauen, wenn Heterogenität Prinzip ist.
- Kinder und Erwachsene voneinander lernen können in Hinblick auf Wissen, auf Kultur, auf soziale Verhaltensweisen.
- Lernen ein aktiver und individuell unterschiedlicher Vorgang ist, den Lehrende anregen, unterstützen, begleiten und verstärken können, der aber immer eine Leistung des Lerners selbst bleibt.

Daher gehört es zu unserem Konzept, dass täglich Zeiten des engen lehrgangsbezogenen, des individualisierenden Lernens in Freiarbeit- und Wochenplanarbeit sowie in Profilen und Projekten, Zeiten des freien Gestaltens von Lern-, Sozial- und Ruhesituationen in den „Mittagsfreizeiten" und in den Kursangeboten stattfinden.

**Eindrücke aus der täglichen Praxis**

Bevor ein Kind, das uns für die IVK-Klasse zugewiesen wird, in die Schule kommt, spricht unser Lernberater mit den Eltern und mit jenen Personen, die für das Kind sorgen (beispielsweise den Sozialpädagogen in der Unterkunft, in der das Kind lebt). Wir schulen alle Kinder von Beginn an in unsere Regelklassen ein, um eine bestmögliche Integration zu gewährleisten. Bei der Auswahl der aufnehmenden Klassen wird darauf geachtet, dass sich dort nach Möglichkeit ein Kind befindet, das für die Rolle eines Paten/einer Patin geeignet ist. Andernfalls versuchen wir eine Klasse zu finden, deren PädagogInnen die Sprache des neu ankommenden Kindes sprechen. Förderkoordinator und Sprachlernberater legen den besten Platz für das Kind gemeinsam fest.

Für die Kinder in unseren Klassen ist es selbstverständlich, dass regelmäßig neue Kinder in ihre Klasse kommen. Das Einrichten eines neuen Arbeitsplatzes wird gemeinsam mit ihnen durchgeführt. Die Aufnahme von

Kindern in den bestehenden jahrgangsgemischten 3/4er Klassen wird grundsätzlich als positiv betrachtet. In den Klassen ist eine gute „Willkommenskultur" entstanden, die sich durch Anteilnahme und Interesse der Kinder für die besondere Situation der Kinder mit Fluchterfahrungen auszeichnet. Beeindruckend ist immer wieder die rasche Auffassungsgabe der zu uns kommenden Kinder und die Bereitschaft, Neues hinzulernen.

Durch das sprachliche Vorbild der heterogenen Gruppe haben die Sprachanfänger im Laufe der Zeit die Möglichkeit, ihre sprachlichen Erfahrungen schnell zu erweitern. Durch die bei uns praktizierten Kooperationsformen in den Arbeitszeiten erfahren Kinder sowohl Hilfestellung durch andere Kinder als auch einen Anreiz, im Lernen voranzukommen. Besonders die im Laufe der Zeit entstehenden Freundschaften der „neuen" Kinder in ihren Klassen oder ihre Teilnahme beispielsweise an Theateraufführungen im Rahmen des Klassenverbandes wirken sich positiv auf ihre Entwicklung aus. Da alle Kinder am Ganztag der Schule teilnehmen, bilden sich Freundschaften zu anderen im Stadtteil lebenden Kindern trotz der Tatsache, dass manche Kinder oft weit entfernt von der Schule wohnen. Ein Schuljahr in einer reinen IVK-Klasse kann diese Entwicklung unserer Ansicht nach nicht in dem Maße leisten.

Ungeachtet der beschriebenen Vorteile und Chancen stellt uns die Aufnahme von sogenannten „IVK-Kindern" in unseren bestehenden jahrgangsgemischten Klassen zurzeit jedoch nicht vollends zufrieden. Als schwirig erachten wir die erste Zeit des Ankommens in der neuen Schule. Hier strömen viele neue Eindrücke, wie z.B. eine fremde Sprache, auf die Kinder ein. Auch bringen sie oft Erfahrungen mit, die von uns besondere Aufmerksamkeit und Einfühlsamkeit fordern (z.B. der gewaltsame Tod der Eltern, der Wechsel aus einem behüteten reichen Leben in ein durch Armut und Enge geprägtes Leben in der Unterkunft. Je mehr wir über die Lebensumstände wissen und je besser es uns gelingt, die Kinder zum Lernen zu locken, desto schneller können sie sich integrieren.

Derzeit gibt es im Rahmen des Ganztages bei Bedarf ein zusätzliches Angebot: Eine Gruppe mit max. 10 Kindern, an der stets alle „neuen" Kinder teilnehmen können, trifft sich täglich vor dem eigentlichen Unterricht von 8:00-8:45 Uhr. Im Vordergrund stehen handlungsorientierte Sequenzen gepaart mit gezielter Wortschatzarbeit und vorgegebenen Sprachmustern. Auf diese Weise werden den Kindern Sprachhandlungen in einem kleinen, überschaubaren und geschützten Rahmen als „Werkzeuge" für die Bewältigung des Alltags und als Einstieg in das Schulleben ermöglicht. Hierbei wird das Kontaktaufnehmen zu anderen Kindern ebenso in den Fokus genommen wie beispielsweise das Verstehen der Rituale an unserer Schule. Sprachliche Sicherheit zu erlangen ist hier ebenso wichtig wie das Gefühl zu bekommen, nicht allein mit einer fremden Sprache und Lebensweise konfrontiert zu sein.

Das Verweilen eines Kindes in der Gruppe wird variabel gestaltet und mit dem Kind und dem zuständigen Pädagogen abgesprochen. Maximal könnte das Kind ein Jahr an der Gruppe teilnehmen, bevor es dann in den allgemein stattfindenden DaZ-Gruppen weiter gefördert wird. Alternativ dazu gibt es noch eine zweite Gruppe, die sich zweimal wöchentlich trifft. Diese Gruppe ist vor allem für jüngere und zurückhaltende Kinder geeignet, da hier handlungsorientierte Sequenzen – wie Kuchen backen, einen Obstsalat zubereiten – im Vordergrund stehen. Die Kinder werden an Spiele, Reime und Lieder herangeführt. Die Gruppe ist als eine Art „Insel" zu verstehen, in der die Kinder von den vielfältigen Eindrücken und sprachlichen Überforderung in der großen Gruppe zeitweilig entlastet werden können. Ob diese beiden Unterstützungsangebote auch in Zukunft zielführend sein werden, gilt es zu reflektieren und an die Bedingungen der sich stetig veränderten Praxis anzupassen.

Als sehr hilfreich betrachten wir es, dass wir keine Zensuren geben müssen, sondern ein Rückmeldesystem entwickelt haben, das unter anderem Lernentwicklungsgespräche umfasst. So können wir die individuellen Stärken und Entwicklungspotenziale bzw. -notwendigkeiten für jedes Kind beschreiben und insbesondere den Neuankömmlingen in Deutschland die notwendige Zeit zum Erlernen der erwarteten Kompetenz einräumen.

Die Situationen an Schulen ändern sich ständig. Unsere Handlungskompetenzen steigen durch unsere Reflexionen. Die Arbeit ist ein ständiger Prozess, in dem der Blick immer auf das individuelle Kind gerichtet wird. Und das gelingt.

MIRJAM GERULL, ANNE KRULL & KATHARINA WALDMANN

# Schulalltag in Babel – Schulische Integration von Schülerinnen und Schülern mit Fluchterfahrung im Rahmen einer Sprachlernklasse

## 1. Struktur einer Sprachlernklasse

Für die schulische Integration von Flüchtlingen gibt es bisher noch kein bundesweit konsentiertes Konzept. Ob Sprachlernklassen, Übergangsklassen oder Willkommensklassen – gemeinsam ist allen Integrationsversuchen, dass für die Mehrzahl der Pädagoginnen und Pädagogen die Arbeit in diesem Bereich eine neue, oder von Neuem zu erschließende, Aufgabe ist.

Und auch wir sind weit davon entfernt, Spezialisten auf diesem Gebiet zu sein. Im Laufe der letzten Monate haben wir aber einige Erfahrungen und Anregungen gesammelt, die die Arbeit in diesen Klassen erleichtern kann. Wir wollen mit unserem Artikel deshalb weniger auf die genaue Organisationsstruktur einer Klasse eingehen, sondern vielmehr auf Lernarrangements und Strukturen, die sich in unserem Schulalltag bewährt haben.

Wir arbeiten an einer Kooperativen Gesamtschule im Großraum Hannover. Unsere zwei Klassen umfassen derzeit 46 Schüler/innen im Alter von 10 bis 18 Jahren aus acht verschiedenen Ländern, die zehn unterschiedliche Sprachen sprechen. Fünf der Schüler/innen waren zur Zeit ihrer Aufnahme in die Sprachlernklasse auch in ihrer Herkunftssprache nicht alphabetisiert. Als wir vor einem Jahr mit der Einrichtung der Sprachlernklasse an unserer Schule begannen, war noch nicht auszumachen, dass die aus anfänglich zwölf Schüler/innen bestehende Gruppe innerhalb eines Jahres auf das Vierfache ihrer Größe anwachsen würde. Mit diesem Umstand umzugehen erforderte, rasch eine lernwirksame Umgebung für die Lernenden zu prägen und einen strukturierten Arbeitsalltag für die Kolleginnen und Kollegen zu schaffen.

## 2. Die Aufnahmegespräche

Ein wesentlicher Schritt, der zu einer Verbesserung der Organisation und Unterrichtsqualität geführt hat, war die Einführung von Aufnahmegesprächen. Bei diesem Gespräch sind die Klassenlehrerinnen der Sprachlernklasse, die Erziehungsberechtigten des Kindes und ein/e Übersetzer/in anwesend. Im Gespräch werden die bisherige Bildungsbiografie sowie die Sprachkenntnisse erfragt und es wird diagnostiziert, ob und wie sicher der/die Schüler/in die lateinische Schrift lesen und schreiben kann. Sollte sich während des Gespräches herausstellen, dass der/die Schüler/in an unserer Schule aufgrund des Alters und der Bildungsbiografie keine ausreichenden Perspektiven hat, wird er/sie entsprechend beraten. Schüler/innen ab 15 Jahren, für die das Abitur nach unserer Einschätzung keine realistische Zielperspektive ist, raten wir, sich an einer Berufsschule anzumelden, um die Möglichkeit auf einen schnellstmöglichen Abschluss in einem altersgerechten Umfeld zu bieten. Die Sprachförderklassen an berufsbildenden Schulen sind praktisch orientiert und bieten so bereits einen Einblick in mögliche Ausbildungswege. Schüler/innen zwischen 10 und 15 Jahren nehmen wir in jedem Fall in unsere Schule auf und versuchen sie dann bestmöglich zu fördern und zu fordern. Dies heißt in einigen Fällen auch, dass wir sehr eng mit der Sonderpädagogin an unserer Schule zusammenarbeiten. Aufgenommene Schüler/innen werden aufgrund der im Gespräch gesammelten Informationen einer Regelklasse zugeteilt, die sie nach einer zweimonatigen Eingewöhnungsphase in der Sprachlernklasse besuchen, mit steigenden Anteilen ausgewählter Fächer.

## 3. Umgang mit Traumatisierungen

Da ein Großteil unserer Schülerschaft aus Kriegs- und Krisengebieten geflohen ist, sind die Aufnahmegespräche eine wichtige Quelle, um einen Einblick in die individuelle Biografie und eventuelle Traumatisierungen zu gewinnen. Der Umgang mit Traumatisierungen ist eine der größten Herausforderungen des Alltages in einer Sprachlernklasse. Oftmals sind die Kapazitäten außerschulischer Hilfsangebote erschöpft. Das bedeutet für die Lehrkräfte von Sprachlernklassen, dass sie noch mehr als sonst gefragt sind, mit den Lebensgeschichten der Schüler/innen problembewusst umzugehen. Es hat dabei sehr geholfen, uns zu verdeutlichen, dass es außerhalb unserer Möglichkeiten liegt, diese Traumatisierungen aufzuarbeiten, dass wir aber im Schulalltag eine sensible Haltung für diese Problematik entwickeln können. Um dies zu erlernen, haben wir einen Traumapädagogen als externen Referenten eingeladen, der uns den Prozess der Traumatisierung erklärt und wertvolle Hinweise für den Schulalltag gegeben hat.

Es ist uns sehr wichtig, dass die Schüler/innen von Anfang an feste Ansprechpartner haben und die Klasse sowohl räumlich als auch pädagogisch als ein Ort gestaltet ist, an dem sich die Schüler/innen willkommen, sicher und angenommen fühlen. Dazu gehört auch, dass Regeln und Abläufe oft flexibler gehandhabt werden müssen als im Regelschulbetrieb. So muss in unserem Unterricht z.B. nicht zwangsläufig die Jacke ausgezogen werden, wenn es für den betroffenen Lernenden gerade wichtig ist, immer und sofort aufbruchbereit zu sein.

Eine Regel, deren Einhaltung allerdings auch in der Sprachlernklasse nicht verhandelbar ist, besteht darin, dass Beleidigungen und Herabwürdigungen anderer Nationalitäten, Volksgruppen, Religionen oder Hautfarben zu keiner Zeit toleriert werden. Ein hohes Konfliktpotenzial in Sprachlernklassen rührt daher, dass dort Kinder gemeinsam lernen, denen vielfach vermittelt wurde, Andere oder Fremde seien Feinde. Um zu verhindern, dass die Kinder die Konflikte und Vorurteile der Erwachsenen ins Klassenzimmer bringen, achten wir stets darauf, ein tolerantes und gleichberechtigtes Miteinander ausreichend zu thematisieren, reagieren aber auch schnell und konsequent mit Gesprächen und Erziehungsmaßnahmen, sollte diese Verhaltensregel verletzt werden. Der Umgang mit Regelverstößen bewegt sich dabei stets auf einem schmalen Grat zwischen Sensibilität und Konsequenz.

## Die Rolle der Lehrkraft

Als Lehrkraft einer Sprachlernklasse hört man Schilderungen von Leid und Gewalt, die häufig die eigene Vorstellungskraft übersteigen und den Zuhörer/die Zuhörerin hilflos und manchmal auch wütend zurücklassen. Eine regelmäßige Teamsitzung, die für das Kernteam der Klasse fest in den Stundenplan integriert ist, bietet einen ersten Raum, über diese Erfahrungen mit Kolleg/innen zu sprechen. Perspektivisch versuchen wir außerdem, eine Begleitung durch außenstehende Mediatoren zu etablieren.

Grundlegend für die Unterrichtsgestaltung ist, dass man als Lehrkraft eine neue Einstellung zum Unterrichten einnimmt. Man hat weniger als im „Regelunterricht" das Gefühl, Kontrolle über die Situation zu haben, ein Eindruck, der vor allem durch sprachliche Barrieren hervorgerufen wird. Hier gilt es, eine gewisse Gelassenheit zu entwickeln und darauf zu vertrauen, dass sich die Schüler/innen tatsächlich über den jeweiligen Arbeitsauftrag und nicht über ihre Nachmittagsgestaltung unterhalten. Den Schüler/innen zu verbieten, in der jeweiligen Erstsprache zu kommunizieren, hat sich beispielsweise als wenig zielführend erwiesen: Oft wird auf die Erstsprache zurückgegriffen, gerade um Arbeitsaufträge zu klären und sich gegenseitig zu unterstützen. Da der Unterricht bei uns meist in Kleingruppen abläuft, profitieren wir sehr von der Anschaffung von Material, das zahlreiche Differenzierungen bietet, um auf diese Weise Schüler/innen unterschiedlicher Lernstände gleichzeitig beschulen zu können. Wir greifen bevorzugt auf Material zurück, das klar strukturiert ist und – ergänzt um individuelle, weiterführende Aufträge – auch für fortgeschrittene Schüler/innen eingesetzt werden kann. Ein wichtiges Kriterium bei der Anschaffung von Material ist zudem, inwiefern es selbsterklärend ist. Es sollte den Schüler/innen die Möglichkeit zum Selbstlernen geben und die Betreuungsintensität der Kleingruppen verringern.

Der Spracherwerb Deutsch – so zeigt sich immer wieder – erfolgt nicht allein durch das Erlernen von Vokabeln und grammatischen Strukturen, sondern durch die Einladung zur Kommunikation.

## 4. Integration der Sprachlernklasse in die Schulgemeinschaft

Es hat sich als ein Gewinn erwiesen, die ganze Schulgemeinschaft in das *Projekt Sprachlernklasse* einzubinden und genau zu evaluieren, welche Potenziale in der Schüler- und Elternschaft sowie im Kollegium schlummern. So haben wir inzwischen einen breiten Unterstützerkreis. Dazu gehören freiwillige Helfer/innen, die die Lehrkräfte der Sprachlernklasse im Unterricht unterstützen oder einzelnen Lernenden gezielt Nachhilfe geben. Schüler/innen der Regelklassen haben Patenschaften für einzelne Sprachlernschüler/innen übernommen, Oberstufenschüler/innen unterstützen das Sprachlernklassenteam in ihren Freistunden. Mehrsprachige Eltern, Schüler/innen und Kolleg/innen stehen uns als Übersetzer/innen zur Seite, zahlreiche Menschen helfen durch Sachspenden. Besonders positiv fällt uns dabei auf, dass Regelschüler/innen, deren Mehrsprachigkeit bisher kaum beachtet worden ist, durch ihren Einsatz als Übersetzer eine enorme Wertschätzung erfahren und ihre Aufgabe stets zuverlässig und stolz erledigen. Zu beachten ist natürlich, dass die Übersetzung durch Mitschüler/innen und Eltern zwar eine enorme Entlastung im Schulalltag ist, für sensible Gespräche aber dennoch auswärtige Dolmetscher/innen herangezogen werden sollten, um die Privatsphäre der Sprachlernschüler/innen und ihrer Eltern zu schützen.

## 5. Fazit

Die Arbeit in einer Sprachlernklassen ist aufreibend, chaotisch und manchmal frustrierend. Dennoch lohnt es, gegen die bürokratischen Windmühlen zu kämpfen, die Verständigungsprobleme auszuhalten und immer wieder zu versuchen, Ordnung in das zieldifferente Chaos zu bringen. Denn das stolze und freudige Gefühl, wenn ein Kind, das anfangs nur schüchtern lächelte und kaum ein Wort herausbrachte, nach einiger Zeit auf Deutsch berichtet, was es am Wochenende gemacht hat, entschädigt für Vieles.

CHRISTOPH JANTZEN

*„Im besten Fall verwebt sich das irgendwie ineinander."*
**Eine Collage zum gesellschaftlichen Engagement von Lehramtsstudierenden in der Spracharbeit mit Geflüchteten**

Wer an Universitäten arbeitet, wird auch das breite gesellschaftliche Engagement von Studierenden in der Flüchtlingsarbeit wahrnehmen. Der Gedanke, dass dadurch nicht nur den Geflüchteten geholfen wird, sondern die Arbeit gerade bei Lehramtsstudierenden einen Beitrag zur Professionalisierung für den späteren Beruf leisten kann, liegt nahe.

Dies wird zurzeit in vielen Projekten an Universitäten unterstützt, indem Spracharbeit mit oder Sprachförderung für Geflüchtete durch Lehramtsstudierende initiiert, begleitet und in das Studium integriert wird (vgl. z.B. Massumi 2016 oder „Refugees welcome – aber wie?" an der Universität Hamburg).

In diesem Beitrag werden Ausschnitte aus zwei Interviews mit Hella Freitag (HF) und Ellen Steinkamp (ES)[1] collageartig mit Zitaten aus Fachliteratur zur Lehrer*innenbildung verbunden. Beide studieren an der Universität Hamburg Lehramt für Sonderpädagogik im ersten Mastersemester. Hella Freitag hat als Unterrichtsfach Geschichte und im Master den Förderschwerpunkt „Lernen". Sie arbeitet als Lernförderkraft in einer teilbetreuten Jugendwohnung zweimal in der Woche für je drei Stunden mit unbegleiteten geflüchteten Minderjährigen. Ellen Steinkamp studiert das Unterrichtsfach Bildende Kunst und im Master den Förderschwerpunkt „Emotionalsoziale Entwicklung". Sie arbeitet einmal in der Woche für zwei Stunden mit afghanischen unbegleiteten Jugendlichen in einer sozialdiakonischen Einrichtung.

---

[1] Ich danke ausdrücklich den beiden Studentinnen für die Bereitschaft zum Interview. Und ich danke Imke Schacht für die Transkription.

## Praktische Erfahrungen als Vorbereitung auf die Tätigkeit als Lehrerin

In einer Studie zur Lehrer*innenbildung stellen Hericks und Kunze die Möglichkeiten heraus, im Studium schon Teillösungen für berufliche Entwicklungsaufgaben zu erlangen, die erst in der Berufseingangsphase Bedeutung gewinnen. In ihren Fallstudien können sie zeigen, „dass Studierende neben dem Studium Fähigkeiten erwerben, die sich erst nachträglich als hilfreich beim Aufbau beruflicher Kompetenzen und Identität erweisen." (Hericks/Kunze 2002, S. 410) So könne beispielsweise die Entwicklungsaufgabe *Anerkennung* „parallel zum Studium [...], z. B. in Form ehrenamtlicher Jugendarbeit oder Nachhilfe, vorbereitet werden" (ebd. S. 411).

*CJ: Wenn Sie die Arbeit mit den geflüchteten Jugendlichen betrachten, sehen Sie das als etwas an, was für Ihre Sozialisation als angehende Lehrerin eine Rolle spielt?*

*HF: Das ist auf jeden Fall entscheidend für mich, weil das auch das erste Mal ist, dass ich so einen richtigen persönlichen Kontakt habe. Das hatte ich vorher noch nicht, zu Geflüchteten, und, [-] und eben auch ein bisschen das Privatleben kennenlernen kann. Das finde ich sehr wichtig, auch gerade für später, wenn man sich dann vorstellt: Wo wohnen die Kinder, wie ist das zu Hause? Das ist eben auch ein Großteil des Tages, den sie da verbringen und der die prägt. Ich glaube auch: Wie gehe ich da heran oder wie trete ich an ein Kind heran, was tatsächlich gar kein Deutsch kann. Oder was ich gar nicht einschätzen kann: Was hat das so erlebt? Da habe ich, glaube ich, eine gewisse Sicherheit.*

„Dieses praktische Können ist nicht durch Wissenschaft oder theoretische Reflexion erlernbar, sondern nur durch Einführung in das Lehrerhandeln selbst, durch die Erfahrungen in der Praxis und damit den Erwerb eines praktisch-pädagogischen Handelns" (Helsper 2001, S. 10)

*ES: Es ist ja ohnehin nicht schlecht, als Student mit der Lehramtsausbildung, das ist ja quasi ein kleiner Lehrauftrag auch in dem Sinne. Und schön ist halt, dass ich [-], wenn ich denen das erkläre, dass ich meine eigene Sprache besser verstehen lerne und dass ich auch das Erklären lerne. Al-*

*so, auf einem einfachen Niveau und ich glaube, je mehr man es runterbrechen muss, desto mehr versteht man es auch selber.*

**Gründe für das Engagement von Studierenden**

Nach Cramer (2016) gaben 87% aller befragten Lehramts-Erstsemester in einer Studie zur Lehrerprofessionalisierung an, dass sie ehrenamtlich aktiv gewesen seien. Dies gehe einher mit umfangreichen pädagogischen Vorerfahrungen und einer ausgeprägten sozialen Orientierung (vgl. Cramer 2016, S. 43).

*CJ: Und was hat Sie bewogen, das zu machen?*

*ES: Zum einen halt, dass man das ganze politische Geschehen mitbekommt, zum anderen habe ich auch selbst Freunde, die schon seit mehreren Jahren in Deutschland wohnen, aber auch geflüchtet sind, da ist man irgendwie näher dran. Und ich wollte mich irgendwie engagieren. Ich finde halt, Sprache ist der Schlüssel dessen, dass Leute hier überhaupt andocken können und ankommen können und überhaupt Zugang zu uns in Deutschland haben werden und Zugang zu unserer Kultur bekommen können.*

In einer HIS-Studie untersuchte Lars Fischer im Jahr 2006 das gesellschaftliche Engagement von Studierenden. „56% glauben, dass gesellschaftliches Engagement bessere Chancen im späteren Berufsleben eröffnet und 57% stimmten der Aussage zu, dass gesellschaftliches Engagement eine gute Chance bietet, sich weiterzuqualifizieren. Eine idealistische Motivation für gesellschaftliches Engagement steht scheinbar hinter diesen Gründen zurück. 43% der Befragten stimmen der Aussage zu, dass bestimmte Themen so wichtig seien, dass sie sich einfach engagieren müssen. Große Zustimmung findet die Aussage, dass aufgrund eines sehr zeitintensiven Studiums kein gesellschaftliches Engagement möglich sei." (Fischer 2006, S. 21)

*HF: Es lag tatsächlich nicht am Geld. Ich hab noch einen 450-Euro-Job. Es war einfach, dass ich Lust hatte, mich mal mit der Praxis auseinanderzusetzen. [...] Mit Leuten, mit denen ich später auch arbeiten werde, weil ich dachte, dass das gerade auch im Studium schon mal aufgegriffen wird. Und dass ich das auch mal in der Praxis erleben kann. [--] Und nicht erst nach dem Studium so darein geschmissen werde. Dass ich mich einfach ein bisschen vorbereiten kann, gerade, weil man da jetzt keine Tests bestehen muss. Man kann sich auch ein bisschen austesten.*

**Wie kann, wie soll die Universität Verbindungen zwischen Engagement und Studium herstellen?**

*ES: Im besten Fall verwebt sich das irgendwie ineinander. Das geht ja alles so ineinander über. Also das, was ich lerne an der Uni. Das, was ich im Alltag erlebe. Was ich in den Nachrichten höre und was ich von denen in der Spracharbeit erfahre.*

*HF: Auf jeden Fall nehme ich aus dem „Lebenslagenseminar" mit, mit was für Aspekten man sich auseinandersetzen muss und was man auch alles berücksichtigen muss, wenn man mit Geflüchteten zusammenarbeitet. Wie man auch die Materialien, mit denen man arbeitet, so ein bisschen hinterfragen muss: An wen sind die eigentlich gerichtet? Also, dass man da tatsächlich auch noch mal guckt: Macht das überhaupt Sinn, in diesem Zusammenhang ein Material zu nehmen, wo es um die Familie geht, [...] Wie kann ich das vielleicht auch abändern, dass das vielleicht auch für andere Leute oder Kinder, Jugendliche aus anderen Lebenslagen ein sinnvolles Material ist?*

„Die Studierenden sollen wiederholt die bewusste Erfahrung machen, dass ihr fachwissenschaftliches und fachdidaktisches Wissen, einschließlich des fachspezifischen Könnens, praktisch relevant ist für Prozesse eigenen und fremden fachlichen Lernens." (Zabka 2012, S. 180)

*CJ: Was würden Sie sich von der Uni wünschen, um Ihre Arbeit wertzuschätzen?*

*HF: Ich wüsste gar nicht - also die Uni soll meine Arbeit also gar nicht wertschätzen (Lachen). Ich habe gar keinen Anspruch an die Uni, dass sie meine Arbeit wertschätzt oder so.*

## Literatur

Cramer, Colin (2016): Personale Merkmale Lehramtsstudierender als Ausgangslage der professionellen Entwicklung. In: Boeger, Annette (Hg.): Eignung für den Lehrerberuf. Auswahl und Förderung. Wiesbaden: Springer Fachmedien, S. 31-56.

Fischer, Lars (2006): Studium - und darüber hinaus? Gesellschaftliches Engagement deutscher Studierender. HISBUS Kurzinformation Nr. 15, Hannover http://www.hisbus.de/datenschutz/pdf/2006_hisbus15.pdf [letzter Aufruf: 5.2.2016].

Helsper, Werner (2001): Praxis und Reflexion. Die Notwendigkeit einer „doppelten Professionalisierung" des Lehrers. In: journal für lehrerinnen- und lehrerbildung 3/2001, S. 7-15.

Hericks, Uwe/Kunze, Ingrid (2002): Entwicklungsaufgaben von Lehramtsstudierenden, Referendaren und Berufseinsteigern. Ein Beitrag zur Professionalisierungsforschung. In: ZfE Heft 3, S. 401-416.

Massumi, Mona (2016): Sprachförderung für geflüchtete Kinder und Jugendliche ohne Schulzugang. Zur Bedeutung eines Angebots von Lehramtsstudierenden des Berufsfeldpraktikums an der Universität zu Köln. In: Benholz, Claudia/Frank, Magnus/Niederhaus, Constanze (Hg.): Neu zugewanderte Schülerinnen und Schüler - eine Gruppe mit besonderen Potentialen, Münster, New York: Waxmann, S. 197-216.

Refugees welcome - aber wie? https://www.gwiss.uni-hamburg.de/ueber-die-fakultaet/aktuelles/refugees-welcome---aber-wie.html [letzter Aufruf: 1.2.2016].

Zabka, Thomas (2012): Der Trägheit des Lehrerwissens vorbeugen! In: Mitteilungen des Deutschen Germanistenverbandes 2/2012, S. 179-181.

ANDREAS KÖRBER & PATRIZIA SEIDL

# Interkulturelles Geschichtslernen 2.0?
## Aktualisierte und neue Herausforderungen angesichts der Integration Geflüchteter

## 1. Einleitung

Mit Verweis auf die große Zahl geflüchteter Menschen in unserem Land und seinen Nachbarn über historisches Lernen nachzudenken, mag zunächst fernliegen, sind doch die Herausforderungen der Gesellschaft (Erst- und Folgeversorgung, Unterbringung und Betreuung) drängender. Mit Blick darauf, dass viele Geflüchtete nicht zügig wieder in ihre Heimatländer werden zurückkehren können und daher oft wünschen, hier Heimat zu finden und eine Zukunft aufzubauen, ist aber doch zu fragen, welche Rolle Geschichte bei der Integration der neu Angekommenen im „Aufnahmeland" haben kann und wie schulisches Geschichtslernen, aber auch die öffentliche Präsentation von Geschichte, dazu beitragen kann.

Deutschland hat bereits einige Erfahrung mit der Integration von Menschen „diverser kultureller Hintergründe" und mit der Berücksichtigung familiärer „Migrationshintergründe" hier Geborener und Aufgewachsener. Ansätze erst der sogenannten Ausländerpädagogik, später inter- und transkultureller Orientierungen sowie antirassistischer Erziehung (Nohl 2010) sind seit den 1980er Jahren zunächst sporadisch, seit Ende der 1990er Jahre verstärkt und dann immer wieder Thema auch der Geschichtsdidaktik gewesen (Schörken 1980; Alavi 1998; Körber 2001; Körber 2010; Körber/Meyer-Hamme 2008). Inwiefern dabei erarbeitete Konzepte und Orientierungen „interkulturellen" Geschichtslernens für historisches Lernen in der Schule wie für außerschulische Bildungs- und „Vermittlungsarbeit" sowie die „Geschichtskultur" hinreichend sind, bzw. inwiefern aktuelle Erfahrungen von und mit Migrant*innen der gegenwärtigen Fluchtbewegungen Weiterführungen und neue Orientierungen erfordern, wird dringend zu diskutieren sein. Dieser Beitrag kann keine Lösungen liefern, aber Fragen und Perspektiven skizzieren.

## 2. Zwanzig Jahre Interkulturelles Geschichtslernen

Geschichtsdidaktik und Geschichtsunterricht sind seit längerem deutlichen Veränderungen unterworfen, die als mehrere Phasen einer Reaktion auf und Beteiligung an „Posttraditionalisierung" der Gesellschaft interpretiert werden können. Bereits unter dem Paradigma der historischen Sozialwissenschaft als kritischer Reflexion des bildungsbürgerlichen Geschichtsbildes und -begriffes hat auch die Geschichtsdidaktik angefangen, die Geltung des einen, für alle verbindlichen nationalen „Master Narrative" infrage zu stellen, die thematische Öffnung des Geschichtsunterrichts (Frauen / Geschlechter / Gender- sowie Umweltgeschichte) und die Anerkennung unterschiedlicher sozialer Perspektiven auf die Vergangenheit („Geschichte von unten") zu fördern. Mit „Geschichtsbewusstsein" als „Zentralkategorie" und Konzepten wie „Multiperspektivität" und „Sinnbildung" wurde dafür ein geeignetes Instrumentarium erarbeitet.

Die Befürchtung, die PISA-Schock-Reaktion mit Kompetenzorientierung und Standardisierung würde solches Geschichtslernen mit Anerkennung unterschiedlicher Perspektiven und Deutungen zurückdrängen und in Frage stellen (Körber 2010), hat sich nicht bewahrheitet. Gleichwohl ist eine zweite Welle der Öffnung historischen Lernens gegenüber nunmehr vornehmlich kultureller Vielfalt und migrationsbedingten Erfahrungen angesichts von Globalisierung und Zuwanderung („interkulturelles Geschichtslernen") davon überprägt worden. Derzeit wird (noch sehr anfänglich) unter dem Stichwort „Inklusion" (hier: vormals als 'behindert' segregierter Schüler*innen) der fachspezifische Umgang mit einer weiteren Herausforderung diskutiert (u.a. Barsch/Hasberg 2014; Musenberg/Riegert 2014). Derzeit lautet die Frage an die Disziplin, inwiefern Geschichtsunterricht und öffentlicher Umgang mit Geschichte in der (nochmals) heterogener gewordenen Gesellschaft mit den entwickelten und oben skizzierten Konzepten konzipiert, geplant und reflektiert werden kann oder ob für die aktuellen Herausforderungen neue Konzepte erforderlich sind.

## 3. Neue Herausforderungen

Im Folgenden seien nur einige solcher neuen Herausforderungen für historisches Lernen erwähnt; andere dagegen aus Platzgründen ausgespart (etwa gesteigerte Pluralität der Herkunftssprachen, stark unterschiedliche Sprachstände im Deutschen und häufige unterjährige Wechsel in den Lerngruppen).

Der durch die Fluchtmigration bedingte Zuwachs an gesellschaftlicher Pluralität ist nur auf den ersten Blick „neu" und „überwältigend". Gerade die Geschichtswissenschaft hat herausgearbeitet, dass Migrationsbewegungen aus historischer Perspektive eher der Normalfall sind als die Ausnahme (Bade/Oltmer 2004; Bade 1994). Daher stellt sich nicht die Frage, ob, sondern eher wie Gesellschaften mit derartigen Veränderungen umgehen können und welche Rolle Geschichte dabei spielt. Auf einer kritischen Haltung gegenüber der Stiftung nationaler Gemeinschaft durch Geschichtsunterricht basierende Bestrebungen, den Perspektiven migrierter Schüler*innen mittels der Integration ihrer Herkunftsgeschichten und der Thematisierung von Beziehungsgeschichten „ihrer" Kulturen untereinander sowie mit der deutschen „Nationalgeschichte" in den Lehrplan gerecht zu werden, verkennen jedoch, dass weder die Identitäten der Schüler*innen (migrierter wie nichtmigrierter) noch ihre Perspektiven auf Geschichte sich auf Nationales reduzieren lassen. Abgesehen davon, dass in solchen Ansätzen oft Aus- und Abgrenzungen zu finden sind („othering"; vgl. Bundesregierung 2015), die migrierten Schüler*innen die Anerkennung als gleichberechtigte und anerkannte Lernende verweigern, wird eine Nebeneinanderordnung von deutscher Nationalgeschichte und herkunftsnationalen Geschichten auch den oft ganz anderen familienbiographischen und persönlichen Erfahrungen nicht gerecht, aus welchen historische Orientierungsbedürfnisse entspringen – nicht nur in Bezug auf migrierte Schüler*innen. Gerade ein schülerorientierter Geschichtsunterricht muss daher zum eigenständigen Umgang mit oft (nicht nur kulturell) multi-perspektivisch-kontroverser Geschichte befähigen. Die Förderung von Orientierungskompetenz in einem Unterricht, der selbstständiges historisches Denken der Schüler*innen zum Ziel hat

(Körber et al. 2007), ist mit Blick auf die plurale Gesellschaft und die Vielfalt der einzelnen Schüler geboten.

Neben den zunehmend (nicht mehr nur herkunftskulturell, sondern auch migrationsbedingt) pluralen Perspektiven auf die Geschichte(n) der „Aufnahmegesellschaft" werden solche nunmehr auch an die wirklichen oder vermeintlichen Herkunftskulturen gerichtet werden, wie auch allgemeine und vergleichende Fragen an historische Erfahrungen, die sich aus konkreten Migrations-, Verfolgungs-, Flucht- und Integrationserfahrungen speisen. Sie sind alle nicht nur für jeweils die Lernenden bedeutsam, die solche Erfahrungen selbst gemacht haben, sondern auch für jeweils alle anderen, welche ihre Erfahrungen, Fragen und Deutungen in ihre eigene historische Weltsicht integrieren müssen. Hinzu kommen deutlich unterschiedliche (auch migrations-)generationelle Perspektiven (die gesellschaftlichen Orientierungsbedürfnisse von Lernenden in dritter Generation mit Eltern türkischen Migrationshintergrunds sind etwa vermutlich anders als die von Lernenden, die ihr Land unfreiwillig verlassen haben und sich in der Regel in prekären Lebenslagen befinden). Interkulturelles Geschichtslernen, das zum Ziel hat, alle Lernenden zu einer sich gegenseitig wertschätzenden Orientierung in der sich verändernden Gegenwart zu befähigen, benötigt über bipolare Darstellungen der Perspektiven hinausgehende Verschränkungen von Fragestellungen und Haltungen bezogen auf diese Perspektiven (Musenberg/Riegert 2014).

Diese schon geltenden Anforderungen werden in der aktuellen, von akuter Flucht, Integration und islamistischen Strömungen charakterisierten Lage überprägt von einigen Besonderheiten: Inwiefern etwa prekäre Integrations-Erfahrungen neue Fragen an Geschichte fördern und/oder gleichzeitig durch drängendere Probleme die Zugänglichkeit erschweren, muss erkundet und diskutiert werden. Ebenso muss geklärt werden, inwiefern islamistische oder auch nur patriarchalische Überzeugungen, Identitäten und entsprechende Deutungen den Geschichtsunterricht und das nicht aufzugebende Prinzip (auch interkultureller) Kontroversität und Pluralität herausfordern, und wo Grenzen von Toleranz und Akzeptanz zu ziehen sind. Dies ist nicht grundsätzlich neu (Rechtsradikalismus), wohl aber im Konkreten (etwa: salafistische Geschichtsbilder). Der konkrete Umgang mit solchen Herausforderungen, wie auch die Gestaltung einer gelingenden Umsetzung perspektivverschränkenden, orientierenden inter- und transkulturellen Geschichtslernens erfordert Diskussion und Forschung. Weniger noch als bisher wird Geschichtsunterricht davon ausgehen können, dass auch nur die Mehrheit der Schüler*innen ein gemeinsames Geschichtsbild und historische Konzepte (etwa der Periodisierung) bereits vor- und außerschulisch erworben hat. Umso mehr muss der Erwerb jeweils mehrfach anschlussfähiger Konzepte und die Befähigung zu verantwortlicher, friedlicher Reflexion historischer Identität(en) im Zentrum stehen.

## 4. Kompetenzorientierung als Handlungsansatz

Dem neuen Schub kultureller und sprachlicher Heterogenität kann somit wohl nur dadurch sinnvoll und produktiv begegnet werden, dass die Traditionen eines manifest-narrativen Geschichtsunterrichts noch weiter zugunsten eines reflexiven Lernens und der Befähigung zum Umgang mit der Deutungsvielfalt überwunden werden. Kompetenzorientiertes Geschichtslernen (Körber et al. 2007; Barricelli et al. 2012), das nicht die kulturelle Ein- oder Umgemeindung der Lernenden, sondern ihre Befähigung zu eigenständiger Reflexion in den Mittelpunkt stellt, wird somit noch bedeutsamer. Allerdings ist dies nicht zu haben ohne die Erweiterung der von den Lernenden zu beherrschenden und anwendbaren Begriffs- und Deutungssysteme nicht nur der eigenen Geschichtskultur, sondern auch wenigstens einiger relevant anderer. Und es erfordert ein bestimmtes Maß sprachlicher Kompetenz in einer gemeinsamen gesellschaftlichen Verhandlungssprache, die nicht die ursprüngliche der Zielgesellschaft gegenwärtiger Migration sein muss, aber wesentlich von ihr mit bestimmt wird. In diesem Sinne bedeutet die aktuelle Situation durchaus eine Herausforderung auch für Geschichtsunterricht, der selbst schon interkulturell profiliert ist.

## Literatur

Alavi, Bettina (1998): Geschichtsunterricht in der multiethnischen Gesellschaft. Frankfurt/M/Berlin: IKO - Verlag für Interkulturelle Kommunikation.

Bade, Klaus J. (1994): Homo migrans. Wanderungen aus und nach Deutschland ; Erfahrungen und Fragen. 1. Auflage. Essen: Klartext-Verl.

Bade, Klaus J./Oltmer, Jochen (2004): Normalfall Migration. Bonn: Bundeszentrale für Politische Bildung.

Barricelli, Michele/Gautschi, Peter/Körber, Andreas (2012): Historische Kompetenzen und Kompetenzmodelle. In: Barricelli, Michele/Lücke, Martin (Hg.): Handbuch Praxis des Geschichtsunterrichts. Historisches Lernen in der Schule. Wochenschau Geschichte. Schwalbach/Ts, S. 207-236.

Barsch, Sebastian/Hasberg, Wolfgang (Hg.) (2014): Inklusiv-Exklusiv. Historisches Lernen für alle. Schwalbach a. Taunus: Wochenschau Verlag.

Bundesregierung/Beauftragte für Migration, Flüchtlinge und Integration (2015): Schulbuchstudie Migration und Integration. Berlin.

Körber, Andreas (Hg.) (2001): Interkulturelles Geschichtslernen. Geschichtsunterricht unter den Bedingungen von Einwanderung und Globalisierung ; konzeptionelle Überlegungen und praktische Ansätze. Münster/New York/München/Berlin: Waxmann.

Körber, Andreas (2010): Theoretische Dimensionen des interkulturellen Geschichtslernens. In: Ventzke, Marcus/Mebus, Sylvia/Schreiber, Waltraud (Hg.): Geschichte denken statt pauken in der Sekundarstufe II. 20 Jahre nach der friedlichen Revolution. Radebeul, S. 25-48.

Körber, Andreas/Meyer-Hamme, Johannes (2008): Interkulturelle historische Kompetenz? Zum Verhältnis von Interkulturalität und Kompetenzorientierung beim Geschichtslernen. In: Bauer, Jan-Patrick/Meyer-Hamme, Johannes/Körber, Andreas (Hg.): Geschichtslernen, Innovationen und Reflexionen. Geschichtsdidaktik im Spannungsfeld von theoretischen Zuspitzungen, empirischen Erkundungen, normativen Überlegungen und pragmatischen Wendungen: Festschrift für Bodo von Borries zum 65. Geburtstag. Reihe Geschichtswissenschaft, Band Bd. 54. Kenzingen, S. 307-334.

Körber, Andreas/Schreiber, Waltraud/Schöner, Alexander (Hg.) (2007): ars una: Kompetenzen historischen Denkens. Ein Strukturmodell als Beitrag zur Kompetenzorientierung in der Geschichtsdidaktik. Neuried.

Musenberg, Oliver/Riegert, Judith (2014): »Pharao geht immer!« – Die Vermittlung zwischen Sache und Subjekt als didaktische Herausforderung im inklusiven Geschichtsunterricht der Sekundarstufe. Eine explorative Interview-Studie. In: Zeitschrift für Inklusion, Hefte 4, Jgg. 0.

Nohl, Arnd-Michael (2010): Konzepte interkultureller Pädagogik. Eine systematische Einführung. 2. Auflage. Bad Heilbrunn: Klinkhardt.

Schörken, Rolf (1980): Geschichtsunterricht in der kleiner werdenden Welt. Prolegomena zu einer Didaktik des Fremdverstehens. In: Süssmuth, Hans (Hg.): Geschichtsdidaktische Positionen. Bestandsaufnahme und Neuorientierung. UTB-Taschenbücher, Band 954. Paderborn, S. 315-336.

## Autorinnen und Autoren des Werkes

**Yvonne Decker-Ernst** ist akademische Rätin an der Pädagogischen Hochschule Freiburg, dort Geschäftsführerin des BA-Studiengangs Kindheitspädagogik.

**Nora von Dewitz** arbeitet als wissenschaftliche Mitarbeiterin im Mercator-Institut für Sprachförderung und im Bereich Deutsch als Zweitsprache an der Universität zu Köln.

**Erbin Dikongue** arbeitet bei den RAA Brandenburg in Potsdam als Projektleiter von CHAT der WELTEN Brandenburg.

**Dr. İnci Dirim** arbeitet als Professorin für Deutsch als Zweitsprache an der Universität Wien.

**Angelika Fiedler**, Schulleiterin im Ruhestand, ist Mitglied des Sprecherteams „Blick über den Zaun".

**Mirjam Gerull**, Gymnasiallehrerin, arbeitet an der Kooperativen Gesamtschule in Pattensen.

**Martin Görtz**, Sonderpädagoge, arbeitet als Förderkoordinator an der Clara-Grunwald-Schule in Hamburg.

**Dr. Christina Hein** arbeitet als Lehrerin und Fachleitung Deutsch an einer Hamburger Grundschule.

**Lina Heuer**, Psychologin M. Sc., arbeitet bei Refugio Bremen e.V. – Psychosoziales Behandlungszentrum für Flüchtlinge und Folterüberlebende.

**Katrin Hirseland** ist Leiterin des Leitungsstabs im Bundesamt für Migration und Flüchtlinge in Nürnberg.

**Dr. Christoph Jantzen** arbeitet als wissenschaftlicher Mitarbeiter für Lehre im Arbeitsbereich Deutschdidaktik der Universität Hamburg.

**Angela Kalmutzke**, Diplom-Sozialpädagogin, Systemische Familientherapeutin und Lehrbeauftragte an der Universität Hamburg, arbeitet mit straffälligen Jugendlichen.

**Natascha Khakpour** arbeitet als wissenschaftliche Mitarbeiterin im Bereich Deutsch als Zweitsprache an der Universität Wien.

**Dr. Andreas Körber** arbeitet als Professor für Erziehungswissenschaft unter besonderer Berücksichtigung der Didaktik der Geschichte an der Universität Hamburg.

**Anne Krull**, Gymnasiallehrerin, arbeitet an der Kooperativen Gesamtschule in Pattensen.

**Beate Leßmann** arbeitet als Studienleiterin für das Fach Deutsch in der Aus- und Fortbildung am Institut für Qualitätsentwicklung an Schulen in Schleswig-Holstein (IQSH).

**Gesa Markmann**, Sonderpädagogin, arbeitet als wissenschaftliche Mitarbeiterin im Bereich Schulpädagogik an der Universität Hamburg.

**Franka Metzner**, Diplom-Psychologin, arbeitet als wissenschaftliche Mitarbeiterin am Institut für Medizinische Psychologie des Universitätsklinikums Hamburg-Eppendorf.

**Carolin Mogk**, Psychologische Psychotherapeutin, arbeitet als Verhaltenstherapeutin mit Kindern und Jugendlichen sowie mit Erwachsenen. Sie ist für das Ambulanzzentrum des Universitätsklinikums Hamburg-Eppendorf in der Flüchtlingsambulanz sowie im Zentrum für Psychosoziale Medizin tätig.

**Dr. Ingelore Oomen-Welke**, Lehrerin, ist Professorin für Sprachwissenschaft/Sprachdidaktik Deutsch/Mehrsprachigkeit, im Ruhestand.

**Dr. Claudia Osburg**, Sonder- und Diplompädagogin, arbeitet als Professorin für Erziehungswissenschaft im Bereich Schulpädagogik an der Universität Hamburg.

**Andrea Pahl**, Grundschullehrerin, arbeitet als wissenschaftliche Mitarbeiterin beim Projekt „Eine Welt in der Schule" beim Grundschulverband e.V.

**Dr. Rita Panesar** ist Organisationsberaterin und Erwachsenenbildnerin. Sie arbeitet als Referentin der Koordinierungsstelle Weiterbildung und Beschäftigung Hamburg e.V. im Projekt BQM Beratung Qualifizierung Migration.

**Dr. Katja Reinecke** ist Linguistin und konzipiert Weiterbildungen im Bereich DaZ und Alphabetisierung für die KWB e.V., Hamburg.

**Lea Reinhart** ist Schülerin der Kooperativen Gesamtschule in Pattensen und Hobbyfotografin.

**Uta Rieger**, Diplom-Sozialwirtin, ist Mitarbeiterin beim Flüchtlingshilfswerk der Vereinten Nationen (UNHCR) in der Zweigstelle in Nürnberg und dort u.a. zuständig für Flüchtlingskinder.

**Dr. Christoph Schiefele**, Diplom-Pädagoge und Sonderschullehrer, arbeitet an einem sonderpädagogischen Bildungs- und Beratungszentrum mit dem Schwerpunkt Sprache. Zurzeit ist er Vertretungsprofessor an der Pädagogischen Hochschule Ludwigsburg im sonderpädagogischen Förderschwerpunkt Sprache.

**Katrin Schock**, Dipl. Psych., arbeitet bei Refugio Bremen e.V. – Psychosoziales Behandlungszentrum für Flüchtlinge und Folterüberlebende und ist Leiterin der Arbeitsgruppe Trauma und Migration der Deutschen Gesellschaft für Psychotraumatologie (DeGPT).

**Dr. Joachim Schroeder** ist Professor für Pädagogik und Didaktik bei Beeinträchtigungen des Lernens an der Fakultät Erziehungswissenschaft der Universität Hamburg.

**Patrizia Seidl** arbeitet als wissenschaftliche Mitarbeiterin im Handlungsfeld „Inklusion" des Projekts „Professionelles Lehrerhandeln zur Förderung fachlichen Lernens unter sich verändernden gesellschaftlichen Bedingungen (ProfaLe)" an der Universität Hamburg.

**Kirsten Ullmann** ist Sprachlehrforscherin mit dem Schwerpunkt Deutsch als Fremdsprache, Soziologin und Mediatorin. Zurzeit arbeitet sie als Lehrerin in der Ausbildungsvorbereitung für Migranten (AV-M) in Hamburg.

**Katharina Waldmann**, Gymnasiallehrerin, arbeitet an der Kooperativen Gesamtschule in Pattensen.

**Dr. André Zimpel**, Diplom-Psychologe, Heilpraktiker für Psychotherapie, Sonder- und Diplompädagoge, arbeitet als Professor für Erziehungswissenschaft an der Universität Hamburg.